praxis
Technik

Herausgeber
Hans Kaminski

Autoren
Rainer Bührig
Britta Fugel
Robert Künstner

westermann

Mit Beiträgen von Rainer Bührig, Gerd Engbarth, Karsten Ex, Gerhard Hagenmayer, Heinrich Hübscher, Dieter Jauernig, Jürgen Klaue, Stephan Sausel, Mike Thielert

Westermann Schroedel Diesterweg Schöningh Winklers GmbH, Braunschweig
www.westermann.de

Druck A [2] / Jahr 2016
Alle Drucke der Serie A sind im Unterricht parallel verwendbar.

Redaktion: Marion Martens
Herstellung: Andreas Losse
Umschlaggestaltung: piou grafik design, Braunschweig
Innenkonzept: init. Büro für Gestaltung, Bielefeld
Satz: AndersARTig Werbung & Verlag GmbH, Braunschweig
Druck und Bindung: westermann druck GmbH, Braunschweig

ISBN 978-3-14-**116123**-6

IV Natur und Technik 140

Der Aufbau der Kapitel

Arbeitsaufträge

Die Arbeitsaufträge stehen immer unten auf der Seite und sind durchnummeriert.

Methodenseiten

Auf extra gekennzeichneten Methodenseiten (M) findet ihr die Arbeitstechniken, die euch helfen sollen, die Aufgaben zu lösen.

Lernbilanzseiten

Am Ende eines jeden Kapitels findet ihr zwei Lernbilanzseiten, mit denen ihr den Inhalt des Kapitels noch einmal nachvollziehen könnt. (L)

Beispieltexte

Auf den Kapitelseiten findet ihr manchmal ein großes B. Dieses markiert Texte, in denen alltägliche Situationen beispielhaft dargestellt werden.

Viel Spaß und Erfolg mit dem Buch.

Technik überall

Immer und überall begegnet man der Technik, ob es in Unternehmen, im privaten Haushalt oder in der Öffentlichkeit ist. Technik hilft nicht nur unseren Alltag besser zu bewältigen, Technik ist in Unternehmen bei der Erstellung von Produkten und der Bereitstellung von Dienstleistungen unverzichtbar. Und nicht selten unterscheidet sich die Leistungsfähigkeit der Länder auch in der Entwicklung und Anwendung von Technik in allen Bereichen des gesellschaftlichen Lebens.

In diesem Arbeitsbuch werdet ihr euch mit vier großen Handlungsbereichen auseinandersetzen:

1. Arbeiten und Produzieren

In diesem Bereich lernt ihr nicht nur die ganze Vielfalt der Werkstoffe, sondern auch den sparsamen Umgang mit ihnen kennen. Sehr interessant wird es sein, die wichtigen Schritte bei der Fertigung eines Werkstückes zu erkennen und zu überlegen, welche Aspekte dabei zu berücksichtigen sind. Solche Aspekte sind nicht nur die Grundlagen für die Entwicklung einer Entwurfsskizze, sondern auch die Beachtung von Sicherheitsvorschriften und die Kalkulation der verwendeten Materialien.

2. Energie und Technik

Hier lernt ihr nicht nur die verschiedenen Energiearten und ihre Umwandlung in nutzbare Energieformen kennen, sondern auch die unterschiedlichen Antriebssysteme. Angesichts der hohen Kosten für Energie bekommen die Energiekosten eine immer größere Bedeutung. Was gilt es bei der Gestaltung von energiearmen Bauwerken zu berücksichtigen?

3. Information und Kommunikation

Ihr werdet euch in diesem Bereich mit elektrischen Bauteilen und Schaltungen auseinandersetzen und mit den Grundprinzipien der Steuerungs- und Regelungstechnik befassen. Und wer einen Computer beurteilen will, muss auch über einige technische Kenntnisse verfügen, sonst wird der Computereinsatz in der Fertigung von Produkten immer ein „Buch mit sieben Siegeln" bleiben.

4. Natur und Technik

Hier geht es um sehr aktuelle Fragen für die Weiterentwicklung von Wirtschaft und Gesellschaft. Um die künftigen Herausforderungen zu bewältigen, die mit der Energiewende verbunden sind, solltet ihr die sog. regenerativen Energien (z. B. Wasserkraft, Windkraft, Solarstrahlung, Biomasse usw.) sowie die Verfahren und Möglichkeiten zu ihrer Nutzung kennen. Aber Menschen können auch viel aus der Beobachtung der Natur lernen und technische Lösungen aus ihr ableiten, die uns im Alltag helfen.

I Arbeiten und Produzieren

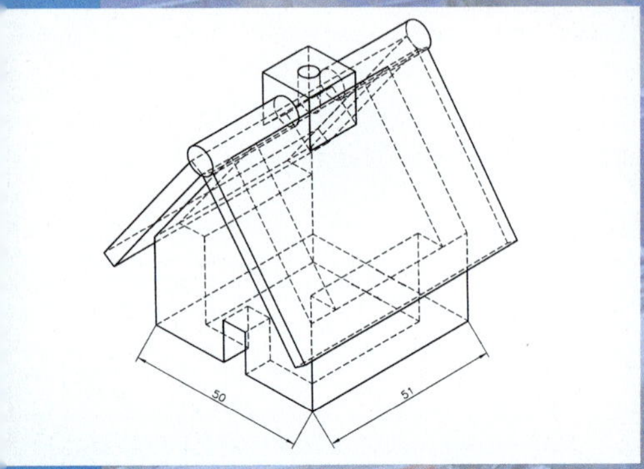

Hier erfahrt ihr etwas über die Werkstoffauswahl, wie die Fertigung vorbereitet wird und welche Planungsunterlagen ihr braucht. Außerdem lernt ihr viel über technische Zeichnungen.

AP
max. 5 Stück
max. 6 Stück
max. 11 Stück

1 Die Vielfalt der Werkstoffe

Zusammenstellung von Gegenständen aus Kunststoff

B Im Unterricht soll ein Getränketräger angefertigt werden. In diesem Zusammenhang stellt sich die Frage: Welchen Werkstoff nutzen wir? In der Klasse entwickelt sich sofort eine lebhafte Diskussion. Edgar schlägt vor, für das Produkt Holz zu verwenden, da es schön aussieht und leicht zu bearbeiten ist. Lara meint dagegen, man sollte Kunststoff verwenden, dann bräuchte man das Produkt nicht zu streichen und haltbarer wäre es außerdem. Heike möchte lieber Metall verwenden. Damit wäre das Produkt stabil und könnte auch einmal herunterfallen. Da meldet sich Wolfgang und weist darauf hin, dass es verschiedene Holzarten gibt und man sich daher erst einmal für eine Holzart entscheiden müsse. Andere Schüler werfen ein, dass es auch verschiedene Kunststoffe und Metalle gibt.

Am Ende der Diskussion steht die Erkenntnis: Die Entscheidung über den zu nutzenden Werkstoff ist gar nicht so einfach. Wir müssen uns genauer mit den verschiedenen Werkstoffen befassen, um dann den geeignetsten auszuwählen.

Wenn wir uns in unserer Umgebung umsehen, entdecken wir die unterschiedlichsten Werkstoffe. Es muss also zunächst versucht werden, sie auf irgendeine Weise zu ordnen.

Die vorangegangene Diskussion hat bereits eine erste Orientierung gebracht: Wir unterscheiden nach Metallen, Holz und Kunststoffen. Wenn wir fragen, welche Werkstoffe uns noch bekannt sind, fallen uns sofort weitere ein: Glas, Leder, Gummi, Textilien, Ton, Steine.

Eine erste einfache Einteilung der Werkstoffe wäre möglich in:

Metalle	Naturstoffe	Kunststoffe
Stahl Aluminium Kupfer Zink Chrom Nickel Bronze	Holz Glas Keramik Marmor Ton Leder Naturgummi Baumwolle Wolle Leinen	PVC Polystyrol Polyäthylen Acrylglas Kunstfasern

1. Untersucht, welche Werkstoffe in eurer Wohnung am häufigsten anzutreffen sind. Welche Gründe gibt es dafür?

Eine solche Einteilung ist zunächst nur eine grobe Übersicht über die Werkstoffe. Sie sagt etwas über ihre **Herkunft** aus. Für die Auswahl eines geeigneten Werkstoffes für die Fertigung eines bestimmten Produktes ist diese Einteilung aber wenig hilfreich. Dazu brauchen wir eine Aussage über die **Eigenschaften** der Werkstoffe. Solche Eigenschaften sind:

Werkstoffeigenschaften	
hart	weich
elastisch	plastisch
spröde	zäh
starr	biegsam
leicht	schwer
witterungsbeständig	witterungsunbeständig
wärmeleitend	wärmedämmend
elektrisch leitend	isolierend
durchsichtig	undurchsichtig
umweltverträglich	umweltbelastend

Für die Fertigung eines bestimmten Produktes sind die Werkstoffeigenschaften von entscheidender Bedeutung, da sie wesentlich seine Gebrauchseigenschaften bestimmen. So muss z. B. der Werkstoff für den Fahrradrahmen eines Mountainbikes zäh sein, damit er bei einer Fahrt durch das Gelände nicht bricht. Die Werkstoffe für die Schneiden am Betonbohrer müssen wiederum sehr hart sein, damit sie in den Beton eindringen können.

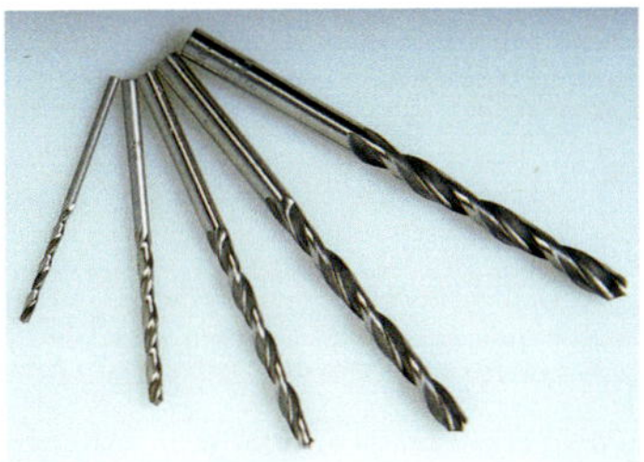

Spiralbohrer

Um aus einem Werkstoff ein bestimmtes Produkt zu fertigen, muss man den Werkstoff in der Regel erst bearbeiten. Deshalb sind neben den Gebrauchseigenschaften auch die **Be- und Verarbeitungseigenschaften** wichtig. So muss man unter Umständen auf den Einsatz eines bestimmten Werkstoffes verzichten, weil sich die gewünschte Form des Produktes mit diesem Werkstoff nicht erreichen lässt oder die Bearbeitung sehr aufwendig und damit teuer ist.

Bei vielen Werkstoffen kann man die Bearbeitbarkeit durch Erwärmung verändern. So lässt sich Stahl im warmen Zustand viel leichter umformen. Diese Eigenschaft macht sich das Schmiedehandwerk schon seit vielen Jahrhunderten zunutze. Das gilt auch für die Möglichkeit, Metalle zu verflüssigen und sie dann in eine gewünschte Form zu gießen.

Historische Darstellung einer Schmiede

Viele Kunststoffe sind bei Raumtemperatur elastisch und lassen sich daher kaum umformen. Bei Erwärmung werden sie plastisch und damit leicht umformbar. Das gilt auch für das im kalten Zustand sehr spröde Glas. Bei Ton ist es genau umgekehrt. Er wird durch Erhitzen hart und kaum noch bearbeitbar.

Badeente aus Kunststoff

Holzhäuser

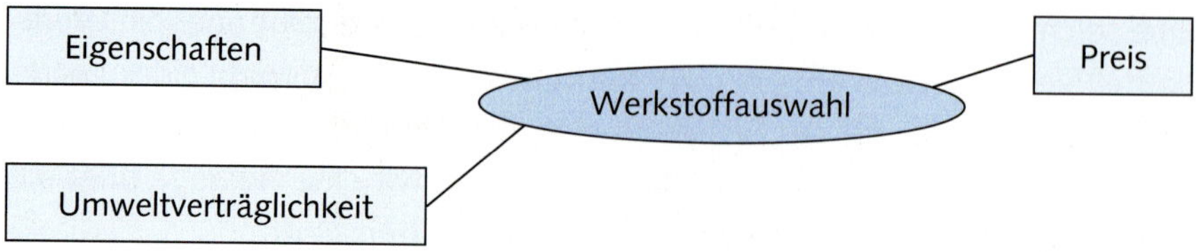

Um die Werkstoffauswahl für ein herzustellendes Produkt zu erleichtern, ist es sinnvoll, Proben verschiedener Werkstoffe auf ihre Gebrauchseigenschaften und Be- und Verarbeitungseigenschaften hin zu untersuchen.

Ein wichtiger Gesichtspunkt für die Werkstoffauswahl ist natürlich der **Preis**. Hohe Werkstoffkosten verteuern das Produkt. Dabei nimmt die Wahrscheinlichkeit ab, dass dieses Produkt oft verkauft werden kann.

Bei der Werkstoffauswahl sollte unbedingt auch auf seine **Umweltverträglichkeit** geachtet werden. Wird für die Herstellung des Produktes viel Energie verbraucht und damit die Umwelt belastet? Ist der Werkstoff recycelbar?

Das Bemühen um immer vielseitigere Werkstoffe mit ganz bestimmten Eigenschaften, z. B. hohe Festigkeit und geringes Gewicht bei Fahrzeugen, die Konzentration vieler Bauteile auf kleinstem Raum bei Computern, hat in den letzten Jahren zu großen Fortschritten in der Werkstoffentwicklung geführt. So werden ganz gezielt Werkstoffe für bestimmte Gebrauchseigenschaften entwickelt, z. B. Folien, die die Aufgabe von Leiterplatten übernehmen, Aluminiumlegierungen, die eine wesentliche Gewichtsreduzierung bei Verbrennungsmotoren ermöglichen.

Um die unterschiedlichen Eigenschaften einzelner Werkstoffe für eine bestimmte Gebrauchseigenschaft zu nutzen, versucht man in verstärktem Maße verschiedene Werkstoffe zu kombinieren und erhält sogenannte Verbundwerkstoffe. Typisch dafür sind die glasfaserverstärkten Kunststoffe. Hier hat man die Härte und Festigkeit des Glases mit der Elastizität des Kunststoffes vereinigt. Das Ergebnis ist ein elastischer Werkstoff mit hoher Festigkeit, der im Fahrzeug- und Schiffbau sowie für Angelruten genutzt wird.

Ein Aspekt der Werkstoffentwicklung ist das Bemühen, verstärkt nachwachsende Rohstoffe zu nutzen. So gewinnt Holz als Konstruktionswerkstoff wieder an Bedeutung. Zum Beispiel werden Wohnhäuser, Sporthallen u. Ä. immer häufiger aus Holz hergestellt. Im Automobilbau gewinnen Naturfaserstoffe wie Baumwollfasern, Kokosfasern usw. für die Polsterung und Schalldämmung ebenfalls an Bedeutung. Solche Naturstoffe haben den großen Vorteil, dass sie nach ihrer Nutzung umweltschonend zu entsorgen sind.

1. Sucht Beispiele aus eurer Umgebung, wo nachwachsende Rohstoffe als Werkstoffe genutzt werden.

Erdölförderung

Abbau von Tropenholz

2 Sparsamer Umgang mit Werkstoffen – warum?

Wir wissen, dass Werkstoffe nicht unbegrenzt zur Verfügung stehen. Das betrifft sowohl Naturstoffe wie Holz als auch Materialien, die aus Naturstoffen hergestellt werden, z. B. Metalle, Kunststoffe. So ist bereits absehbar, dass aufgrund der begrenzten Vorräte das Erdöl in den nächsten Jahrzehnten knapp und damit teurer wird. Erdöl ist aber der wichtigste Grundstoff für die Kunststoffe. Auch bei den nachwachsenden Rohstoffen gibt es Grenzen. So wurde durch Raubbau bereits ein Großteil der Regenwälder Brasiliens vernichtet. Damit verringert sich nicht nur das Angebot an tropischen Hölzern. Dies führt auch zu nachhaltigen Klimaveränderungen mit weitreichenden Folgen für die Menschen. Es ist daher zwingend notwendig, mit Werkstoffen sparsam umzugehen, um auch zukünftigen Generationen die Lebensgrundlagen zu erhalten.

Welche Möglichkeiten zum sparsamen Umgang mit Werkstoffen gibt es?
- Materialsparende konstruktive Gestaltung der Produkte,
- Entwicklung neuer Werkstoffe oder Kombination von Werkstoffen (Verbundwerkstoffe) mit besseren Gebrauchseigenschaften bei geringerem Materialeinsatz,
- Ersatz von Kunststoffen durch nachwachsende Rohstoffe,
- Mehrfachverwendung von Produkten (z. B. Mehrwegflaschen),
- Rückgewinnung von Rohstoffen aus Altmaterial (Recycling),
- Recyclingfreundliche Gestaltung der Produkte (z. B. Autos).

Die konsequente Umsetzung dieser Möglichkeiten sichert nicht nur ausreichende Werkstoffe in der Zukunft, sondern leistet einen wichtigen Beitrag zur Schonung der Umwelt. Es kommt deshalb bei der Planung und Fertigung von Produkten in der Schule bereits darauf an, bei der Werkstoffauswahl und -verarbeitung die werkstoffsparsamste Variante zu finden.

1. Nennt Beispiele aus dem Haushalt, wo an technischen Geräten durch veränderten Werkstoffeinsatz Materialeinsparungen erzielt wurden.

INFO

Recycling-Arten
Im Allgemeinen unterscheidet man drei Arten:
- Die Wiederverwendung von **Produkten**: Das bekannteste Beispiel ist die Wiederverwendung von Flaschen (Mehrwegflaschen).
- **Materialrecycling**: Rückgewinnung von Rohstoffen aus Altmaterial als Sekundärrohstoffe. Beispiele dafür sind: Glas aus Altglas, Papier aus Altpapier oder Baumaterial aus Bauschutt.
- **Energierecycling**: Abfallmaterial wird nicht nur verbrannt, sondern zur Energiegewinnung eingesetzt.

Bestimmen der Be- und Verarbeitungseigenschaften von Werkstoffen

Ziel des Experimentes ist es, zu untersuchen, wie sich die verschiedenen Werkstoffe bearbeiten lassen. Es soll dazu beitragen, die Werkstoffeigenschaften genauer kennenzulernen. Zur Planung und Durchführung des Experiments wird eine Schrittfolge vorgeschlagen und typische Fragestellungen werden vorgestellt. Diese Schrittfolge ist auch nutzbar, wenn im Fachunterricht Experimente durchgeführt werden sollen.

Zielsetzung

1. Zielsetzung

Auf den vorangegangenen Seiten habt ihr kennengelernt, dass es sehr unterschiedliche Werkstoffe gibt, die sehr unterschiedliche Eigenschaften besitzen. Diese Kenntnisse sind die Voraussetzung, um für die Fertigung eines Werkstückes die richtigen Werkstoffe auswählen zu können. Um noch tiefere Einsichten zu den Eigenschaften der Werkstoffe, insbesondere ihre Bearbeitungseigenschaften, zu gewinnen, sollen entsprechende Experimente durchgeführt werden. Die Vorgehensweise bei der Vorbereitung und Durchführung von Experimenten ist immer ähnlich. Deshalb ist die hier beschriebene Schrittfolge auch auf andere experimentelle Untersuchungen übertragbar. Um die Zielsetzung des Experiments genauer zu bestimmen, ist es zweckmäßig, dazu vorher einige Leitfragen zu formulieren.

Vermutung zum Ergebnis

Leitfragen

- Welche Werkstoffe sollen untersucht werden?
- Welche Werkstoffeigenschaften interessieren uns besonders?
- Welche Möglichkeiten haben wir in der Schule, die Bearbeitungseigenschaften von Werkstoffen zu überprüfen?
- Haben wir ähnliche Untersuchungen schon im Werkunterricht gemacht?
- Wie müssen die Werkstoffproben gestaltet sein?
- Welche Werkzeuge und Vorrichtungen brauchen wir für das Experiment?
- Wie soll das Experiment organisiert sein? Überprüft jeder Schüler alle Werkstoffe oder richten wir Stationen ein, an denen nur bestimmte Untersuchungen durchgeführt werden?
- Welche Arbeitschutzbestimmungen müssen wir beachten?

Diese Leitfragen sind nur als Orientierung gedacht. Ihr müsst selbst entscheiden, welche Fragestellungen ihr im Rahmen des Experiments lösen wollt.

Schulwerkstatt

2. Vermutung zum Ergebnis

Werkstoffe lassen sich unterschiedlich gut mechanisch bearbeiten. Durch Erwärmung lässt sich die Verformbarkeit verbessern. Das geht aber nicht bei allen Werkstoffen.

Es ist zweckmäßig, vor dem Experiment Vermutungen zum Ergebnis festzuhalten. Einmal können damit bereits vorhandene Erfahrungen aktiviert werden. Zum anderen hilft es, das Experiment zielgerichteter durchzuführen.

3. Planung des Experiments

Um die unterschiedlichen Werkstoffeigenschaften ermitteln zu können, wird ein einziger Versuch nicht ausreichen. Wir brauchen daher mehrere Stationen mit unterschiedlichen Untersuchungsmethoden.

Das könnten sein:

1. Ein Arbeitsplatz, an dem der Werkstoff durch Feilen oder Bohren mechanisch bearbeitet wird.
2. Ein Arbeitsplatz, an dem Biegeversuche mit Werkstoffproben durchgeführt werden.
3. Ein Arbeitsplatz, an dem die Proben erwärmt und anschließend gebogen werden (Arbeits- und Brandschutz beachten!).
4. Ein Arbeitsplatz, an dem man versucht, auf die Werkstoffproben eine Farbschicht aufzutragen.
5. Ein Arbeitsplatz, an dem man versucht, unterschiedliche Werkstoffproben durch Kleben zu verbinden.

Es sind noch weitere Untersuchungen denkbar. Ihr müsst selbst entscheiden, welche für euch bei der Bestimmung der Werkstoffeigenschaften wichtig sind. Achtet immer auf die Einhaltung der Arbeits- und Brandschutzbestimmungen.

4. Durchführung des Experiments

An jeder Station arbeiten zwei bis drei Schüler und untersuchen die verschiedenen Werkstoffproben. Sie werten das Ergebnis gemeinsam aus und tragen es in eine Tabelle ein.

5. Auswertung des Experiments

Die Untersuchungsergebnisse der einzelnen Stationen werden zusammengetragen und in der Tabelle ergänzt. In der anschließenden Diskussion wird erörtert, welcher Werkstoff für das zu fertigende Werkstück besonders geeignet erscheint. Zur Auswertung gehört auch eine Nachbetrachtung zur Zweckmäßigkeit des Vorgehens beim Experimentieren.

Es sollten Fragen erörtert werden wie:

- Waren die Experimente richtig ausgewählt?
- Haben die Untersuchungen die erwarteten Erkenntnisse gebracht oder sind noch weitere Experimente notwendig?
- War die Vorgehensweise zweckmäßig?
- Welche Vor- und Nachteile hat das Experimentieren auf der Basis von Stationen?
- Was ist zu verbessern?

Planung

Durchführung

Auswertung

3 Die Fertigung eines Werkstückes

Holzarten

Vorbereitung der Fertigung

Bei der Planung und Vorbereitung der Fertigung eines Werkstückes ist es zunächst sinnvoll, einige grundlegende Fragen zu klären, um sicher zu sein, dass das geplante Ergebnis auch erreicht werden kann.

1. Welche Grundfertigkeiten, Fähigkeiten und Kenntnisse sind für die Fertigung dieses Werkstückes besonders wichtig?

Bei der Auswahl des zu fertigenden Gebrauchsgegenstandes ist zu beachten:

- Welche Fertigkeiten sind dazu erforderlich?
- Beherrschen alle Schüler diese Fertigkeiten?
- Sind die notwendigen Kenntnisse vorhanden?

Werkstatt

2. In welche Teilschritte können wir unser Vorhaben zerlegen? Welche Arbeitsschritte sind notwendig?

Eine entscheidende Voraussetzung für den Erfolg der Fertigungsaufgabe ist eine gründliche Planung der Vorgehensweise. Für die Fertigung von Gebrauchsgegenständen ist es notwendig, die einzelnen Arbeitsschritte genau zu planen.

3. Wer ist für welche Aktivitäten und anfallenden Arbeiten verantwortlich? Wer übernimmt welche Aufgaben?

Bei der Festlegung, wer welche Aufgaben bei der Planung, Fertigung und beim Verkauf des Gebrauchsgegenstandes übernimmt, sollten die Interessen der einzelnen Schüler berücksichtigt, aber auch ihre Fertigkeiten in der Werkstoffbearbeitung beachtet werden. Nur die notwendigen Fähigkeiten und Fertigkeiten sichern die Qualität des Produktes.

Werkzeuge

4. Welche Materialien und Hilfsmittel benötigen wir?

- Welche Materialien und Werkstoffe benötigen wir für die Fertigung des Gebrauchsgegenstandes?
- Sind die Materialien kostengünstig zu beschaffen?
- Sind die notwendigen Werkzeuge und Maschinen in der Schulwerkstatt vorhanden?
- Müssen zusätzliche Vorrichtungen oder Schablonen hergestellt werden?
- Reichen die vorhandenen Kenntnisse oder sind zusätzlich Fachbücher notwendig?

5. Welche Personen, Institutionen und Organisationen können uns bei der Umsetzung unseres Vorhabens unterstützen?

Sind z. B. Unternehmen in der Region bereit, Materialabfälle günstig abzugeben, die für die Fertigung des Gebrauchsgegenstandes geeignet sind?

6. Welche Probleme und Schwierigkeiten könnte es im Verlauf der Fertigung des Werkstückes geben?

Auf einige typische Probleme könnte man sich durchaus vorbereiten: Was machen wir,

- wenn das Material nicht preisgünstig beschaffbar ist?
- wenn zu viel Ausschuss produziert wird und dadurch das Material nicht ausreicht?

7. Wie lassen sich unsere Ergebnisse auswerten?

Die Auswertung könnte zunächst in den einzelnen Arbeitsgruppen und danach mit der gesamten Klasse erfolgen. Der Verlauf der Fertigung könnte in Videos oder Wandzeitungen festgehalten werden.

Stiftehalter

Bedarfsanalyse

Zunächst ist zu überlegen, welchen Gebrauchsgegenstand wir fertigen wollen. Es sollten nur Gegenstände hergestellt werden, für die ein Bedarf vorhanden ist. Nur so kann ein eventueller Verkauf gesichert werden. Von den auf der Randspalte dargestellten Beispielen sind sicherlich die Verkaufaussichten für den Getränketräger am günstigsten.

Kerzenständer

Die Wahl von Werkstücken und Werkstoffen

Nach der Bedarfsanalyse der für die Fertigung vorgeschlagenen Werkstücke muss die Entscheidung für ein Werkstück fallen. Zugleich ist zu klären, aus welchem Werkstoff das Produkt gefertigt werden sollte. Bei der Werkstoffauswahl ist neben dem Materialpreis die Bearbeitbarkeit, die Belastbarkeit und das Gewicht zu beachten.

Zur Klärung der Auswahl könnte auch eine experimentelle Untersuchung verschiedener Werkstoffe durchführt werden (siehe dazu S. 12–13).

Es muss weiterhin untersucht werden:

- Ist das notwendige Material preiswert zu beschaffen?
- Stehen die für die Fertigung notwendigen Werkzeuge und Maschinen zur Verfügung?
- Reichen unsere Fähigkeiten und Kenntnisse zur Werkstoffbearbeitung aus, um das Werkstück qualitätsgerecht zu fertigen?

Getränketräger

Um die Auswahl des zu fertigenden Produktes zu erleichtern, sollte man die verschiedenen Vorschläge nach bestimmten Kriterien vergleichen.

So zum Beispiel: Die Fertigung von **Kerzenständern** wäre möglich. Vielfältige Formen sind denkbar. Eine ästhetische Gestaltung ist Voraussetzung für einen Verkaufserfolg. Sie erfordert aber handwerkliches Geschick. Als Material könnte Metall oder eine Kombination von Holz und Metall eingesetzt werden.

Ein **Getränketräger** kann in der Schulwerkstatt gefertigt werden. Es könnte eine arbeitsteilige Fertigung organisiert werden. Da es ein praktischer Gebrauchsgegenstand ist, bestehen gute Verkaufschancen.
Eine weitere Möglichkeit ist die Fertigung eines **Stiftehalters**. Einzelne Schülergruppen können unter Berücksichtigung ihrer praktischen Fertigkeiten unterschiedliche Stiftehalter entwerfen und fertigen. Eine Fertigung in der Schulwerkstatt wäre sicher möglich.

Ermittlung des für die Fertigung in der Schulwerkstatt geeigneten Erzeugnisses

Erzeugnis / Anforderungen	Kerzenständer	Getränketräger	Stiftehalter
Arbeitsaufwand			
Verkaufschancen			
Verkaufspreis			
Gebrauchswert			
Materialbedarf			
Eignung für Fertigung in der Schulwerkstatt			
++ sehr gut, sehr hoch; + gut, hoch; – ausreichend, gering; – – ungenügend, sehr gering			

Die möglichen Varianten können auf der Grundlage der oben stehenden Tabelle bewertet werden. Auf der Grundlage der Bewertung ist dann die Entscheidung zu fällen, welches Produkt in der Schulwerkstatt gefertigt werden soll.

Die Planungsunterlagen für die Gestaltung des Fertigungsprozesses

Wenn die Entscheidung gefallen ist, welches Werkstück gefertigt werden soll (z. B. der Getränketräger), kann die Planung für die Fertigung beginnen. Zunächst wird eine **Skizze** von dem zu fertigenden Werkstück erstellt. Daraus wird eine **technische Zeichnung** entwickelt, in der die Form und die Maße der Bauteile für das Werkstück enthalten sind. Der Getränketräger besteht aus mehreren Einzelteilen, die in unterschiedlicher Stückzahl benötigt werden. Um eine ständige Übersicht zu haben, welche Teile für das Werkstück benötigt werden, welche Abmessungen sie haben müssen und welcher Werkstoff dazu notwendig ist, wird eine **Stückliste** angefertigt.

1. Wählt nach den in der Tabelle aufgeführten Kriterien das für die Fertigung in der Schulwerkstatt geeignete Produkt aus.

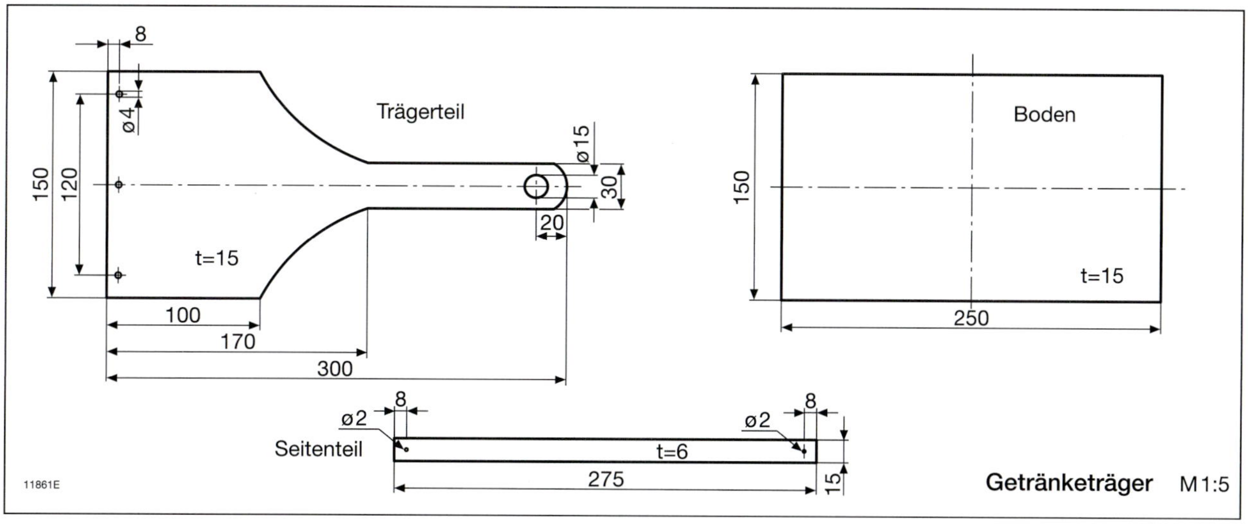

Technische Zeichnung des Getränketrägers

Stückliste für Getränketräger				
Lfd. Nr.	**Anzahl**	**Benennung**	**Material**	**Maße in mm**
1	2	Trägerteil	Holz	300 x 150 x 15
2	1	Boden	Holz	250 x 150 x 15
3	6	Seitenteil	Holz	275 x 15 x 6
4	1	Tragestange	Holz	Ø 15 x 280
5	6	Holzschraube	Stahl verzinkt	3 x 35
6	12	Holzschraube	Stahl verzinkt	1,5 x 15

CAD-Arbeitsplatz

In der Vergangenheit mussten die technischen Zeichnungen und Stücklisten in mühevoller Handarbeit von Konstrukteuren und Technischen Zeichner/-innen gefertigt werden. Heute wird diese Arbeit meist am Computer erledigt.

Die Werkstücke werden am Bildschirm mithilfe spezieller Computerprogramme (CAD = Computer Aided Design) konstruiert. Auf dieser Grundlage erstellt der Computer dann die Zeichnungen und die Stückliste.

Auf diese Weise können bei der Entwicklung neuer Produkte viel Zeit und Kosten gespart werden.

1. Welche Vorteile bietet die Konstruktion von Erzeugnissen mithilfe von CAD?

2. Wie verändern sich die Anforderungen an den Beruf der Technischen Zeichnerin mit der Einführung von CAD?

Materialkostenerfassung

Zur Vorbereitung des Fertigungsprozesses gehört auch die Erfassung der **Materialkosten**. Nur so kann ermittelt werden, welche Geldmittel notwendig sind, um das Material zu beschaffen und wie hoch die Materialkosten für einen Getränketräger sind.

Aus der Stückliste kann man den Materialbedarf für einen Getränketräger entnehmen. Für ein Stück benötigen wir:

Bauteil	**Material**	**Maße in mm**
Trägerteil	Brett aus Fichtenholz	2 Stück 300 x 150 x 15
Boden	Brett aus Fichtenholz	1 Stück 250 x 150 x 15
Seitenteil	Holzleisten	6 Stück 275 x 15 x 6
Tragestange	Rundstab aus Holz	1 Stück 15 x 280
Holzschraube	Stahl verzinkt	6 Stück 3 x 35
Holzschraube	Stahl verzinkt	12 Stück 1,5 x 15

Für einen Getränketräger wird also folgendes Material gebraucht:
- Ein Brett 150 mm x 15 mm von einer Länge von 850 mm (Trägerteile plus Boden)
- Eine Holzleiste 15 mm x 6 mm von einer Länge von 1650 mm
- Ein Rundstab von 15 mm Durchmesser mit einer Länge von 280 mm
- 6 Holzschrauben 3 mm x 35 mm
- 12 Holzschrauben 1,5 mm x 15 mm

Um die Getränketräger möglichst kostengünstig produzieren zu können, ist es zweckmäßig, bei verschiedenen Anbietern (z. B. Baumärkten, Holzhandlungen) Angebote einzuholen.

Holzhandel

Fertigungsablaufplan

Bei der Vorbereitung der Fertigung muss zunächst entschieden werden, ob der Getränketräger in **Einzel-** oder **Serienfertigung** hergestellt werden soll. Bei der Einzelfertigung stellt jeder „sein" Produkt her. Bei der Serienfertigung stellt jeder nur bestimmte Teile her. Die Einzelfertigung hat den Vorteil, dass jeder Schüler alle Arbeitsgänge durchführt und so den gesamten Fertigungsprozess kennenlernt. Es besteht allerdings die Gefahr, dass der Gebrauchsgegenstand entsprechend der unterschiedlichen Fähigkeiten eine sehr unterschiedliche Qualität hat. Bei der Serienfertigung kann jeder entsprechend seinen Fähigkeiten eingesetzt werden. Da der Einzelne immer wieder das gleiche Einzelteil fertigt, können die Teile sicherlich schneller und in gleichmäßiger Qualität hergestellt werden.

Einzelfertigung

Serienfertigung

Vor Beginn der Produktion sollten auch Überlegungen angestellt werden, welche **ökonomischen** und **ökologischen** Gesichtspunkte zu beachten sind. Zu den ökonomischen Fragen zählt, wo auf Baumärkten u. Ä. nach Brettresten nachgefragt werden kann, die dann billig zu erwerben sind. Beim Anreißen der einzelnen Bauteile ist darauf zu achten, dass möglichst wenig Abfall entsteht. Aus ökologischen Gründen sollten auf jeden Fall einheimische Schnitthölzer und keine Tropenhölzer genutzt werden. Für die Oberflächenbehandlung der Bauteile sollten möglichst lösungsmittelfreie Anstriche gewählt werden. Damit wird eine Umweltbelastung vermieden.

Abholzung des Regenwaldes

Fertigungsplanung

Um ein Werkstück rationell und in der richtigen Reihenfolge herstellen zu können, ist eine Fertigungsplanung notwendig. Damit wird Folgendes festgelegt.

- das Fertigungsverfahren (z. B. Bohren, Sägen),
- die Arbeitsmittel und Arbeitsplätze,
- die Arbeitsabläufe (Fertigungsformen und Fertigungstypen).

Diese Daten werden in einer Tabelle, dem Arbeitsplan, zusammengefasst. Zuerst ermittelt man die Arbeitsschritte.

1. Arbeitsschritt: Trägerteil anreißen: An einem Brettstück mit den Maßen von mindestens 310 mm x 160 mm werden zunächst zwei Seiten rechtwinklig zueinander gesägt. Sie werden dann mit der Raspel oder Schleifpapier weiterbearbeitet, um die notwendige Genauigkeit zu erreichen. Damit sind zwei Maßbezugsebenen vorhanden. Davon ausgehend werden mit Lineal und Bleistift zunächst die Mittellinie und die weiteren Maße des Trägerteils angerissen.

2. Arbeitsschritt: Aussägen der Grundmaße: Die Grundmaße 300 mm x 150 mm werden ausgesägt.

3. Arbeitsschritt: Aussägen der Form des Trägerteils: Die angerissene Form des Trägerteils (siehe Zeichnung auf S. 17) wird an beiden Seiten ausgesägt. Die Bögen sollten abschnittsweise ausgesägt und dann mit der Raspel bzw. Feile nachgearbeitet werden. Dazu ist es sinnvoll, eine Schablone von der Form der Bögen anzufertigen und sie dann als Prüfmittel zu nutzen. Sie erleichtert die Arbeit und sichert die Genauigkeit der Bögen.

4. Arbeitsschritt: Anreißen der Bohrungen: Die Bohrungen werden erst mit einem Bleistift angerissen und anschließend vorgestochen.

5. Arbeitsschritt: Bohren der Durchbrüche für die Tragestange und die Holzschrauben: Mit der Bohrmaschine werden die Bohrungen für die Holzschrauben und anschließend für die Tragestange angebracht.

6. Arbeitsschritt: Säubern und Glätten der Schnittflächen: Mit einer Feile werden alle Schnittflächen nachbearbeitet, um die Maßgenauigkeit zu sichern. Um eine ebene und glatte Oberfläche zu erhalten, werden alle Schnittflächen mit Schleifpapier bearbeitet.

7. Arbeitsschritt: Qualitätskontrolle: Alle Maße des fertigen Werkstückes werden überprüft. Abschließend wird die Oberflächenbeschaffenheit durch Vergleich mit einem bereits kontrollierten Werkstück überprüft.

Benennung: Trägerteil **Werkstoff:** Holz **Abmessungen:** 300 x 150 x 15		**Zeichnungs-Nr.:** 1 **Losgröße:** 2	
Arbeits-folge	**Arbeitsvorgang**	**Arbeitsplatz**	**Werkzeug Vorrichtung**
1	Trägerteil anreißen	Werkbank	Stahlmaßstab, Winkel, Schablone, Bleistift
2	Aussägen der Grundmaße	Werkbank	Schraubstock, Feinsäge
3	Aussägen der Form des Trägerteils	Werkbank	Schraubstock, Feinsäge
4	Anreißen der Bohrungen	Werkbank	Bleistift, Lineal, Vorstecher
5	Bohren	Werkbank, Ständerbohrmaschine	Bohrmaschine, Bohrer
6	Säubern und Glätten der Schnittflächen	Werkbank	Feile, Schleifpapier
7	Qualitätskontrolle	Werkbank	Lineal, Winkel

1. Welche Vor- und Nachteile hat eine Einzelfertigung?

2. Nennt Beispiele für Produkte, bei denen eine Einzelfertigung sinnvoll ist.

Nach der Erstellung aller Arbeitspläne muss die Fertigungsform ausgewählt werden. Bei einer **Insel-/Gruppenfertigung** werden alle Einzelteile in Inseln/Gruppen gefertigt und anschließend montiert.
Eine andere Fertigungsform ist die **Reihenfertigung**. Die Materialien und Werkzeuge sind in der Reihenfolge der Arbeitsgänge angeordnet. Es werden keine Gruppen gebildet, sondern jeder Schüler hat eine kleine Aufgabe bei der Fertigung des Produktes.

Die einzelnen Fertigungsformen haben Vor- und Nachteile:
Bei der Inselfertigung entwickelt sich eine echte Teamarbeit. Die Arbeitsaufgaben können gewechselt und damit abwechslungsreicher gestaltet werden.

Bei der Reihenfertigung können Werkzeuge und Maschinen rationell genutzt und die unterschiedlichen Fähigkeiten der Schüler beachtet werden.

Nach der Montage erfolgt die Farbgebung durch eine Lasur.

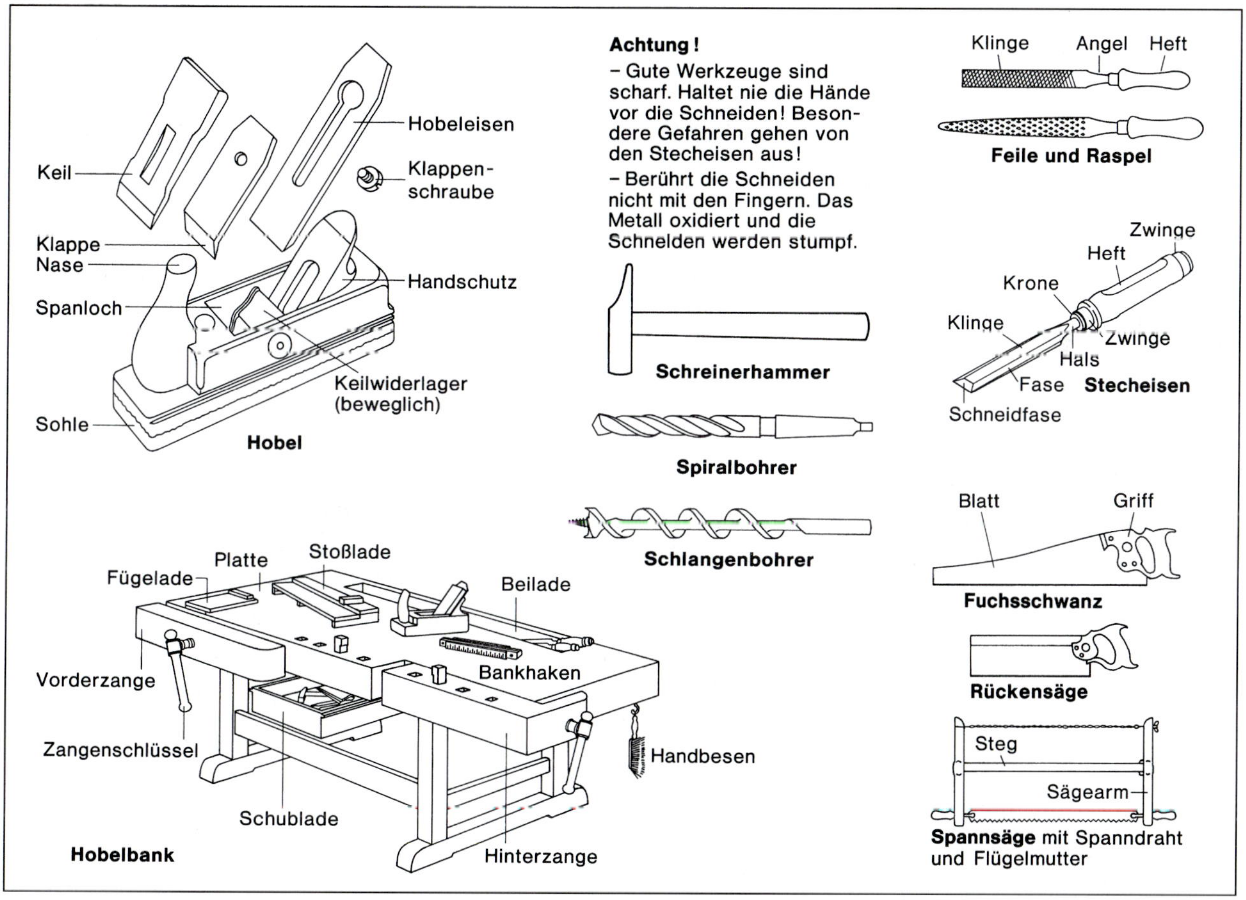

Werkzeuge zur Holzverarbeitung

1. Erstellt eine Fertigungsplanung für ein Produkt, das ihr fertigen wollt.

Arbeitssicherheit und Arbeitsschutz

B **Eine ganz „normale" Technikstunde**

Nachdem die Fachlehrerin den Technikraum aufgeschlossen hatte, warfen die Schüler ihre Jacken und Taschen schnell an ihre Plätze. Jeder wollte zuerst an Material und Werkzeug heran. Einige liefen schon eilig mit ihrem Werkzeug zu den Tischen. Ein Schüler, der sich mit Werkzeug beladen aus dem Gedrängel vor den Werkzeugschränken befreite, stolperte über eine hinter ihm liegende Schultasche. Dabei bohrte er einem Mitschüler einen Vorstecher ins Bein. Dieser wich vor Schmerz zurück, stieß dabei einen weiteren Mitschüler von hinten an, der in einem Stapel Holzabfällen auf seinem Arbeitstisch nach einem passenden Stück Holz suchte und durch den Anstoß seinen Daumen in die Klinge eines darunter verborgenen Stechbeitels rammte. Beide Schüler mussten im Krankenhaus behandelt werden.

Sicherheit im Technikraum

Im Technikraum deiner Schule können sich, wie die kleine Geschichte zeigt, Unfälle ereignen. Häufigste Gründe für Unfälle sind oftmals Unordnung, Hektik und immer wieder leichtfertiger und unsachgemäßer Umgang mit scharfen Werkzeugen und elektrischen Maschinen. Deshalb müssen im Technikraum bestimmte Regeln eingehalten werden, die DEINE Gesundheit schützen helfen.

Regel Nummer 1: Den Weisungen der Fachlehrerin/des Fachlehrers ist unbedingt Folge zu leisten.

Beim Aufenthalt und der Arbeit im Technikraum gelten folgende Grundregeln:

- **Angemessenes Verhalten:** Herumtoben, Schubsen, Drängeln und Stoßen von Mitschülern im Technikraum und besonders im Bereich von Maschinen ist strengstens verboten! Essen und Trinken sind ebenfalls verboten. Dies gilt besonders bei Lötarbeiten. Hier können giftige Schwermetalle in den Körper gelangen.
- **Ordnung und Sauberkeit** verhüten Unfälle: Werkzeuge, Material oder Unterlagen, die nicht unmittelbar gebraucht werden, bleiben in Schränken und Taschen. Herumliegende Materialreste und Staub auf Fußboden und Arbeitstischen sorgen für Unübersichtlichkeit. Deswegen: rechtzeitig beseitigen.
- **Feuerlöscheinrichtungen:** Feuerlöscher und Löschdecken sind nicht zum Spielen! Wenn sie im Notfall nicht einsatzbereit sind, kann dies tödliche Folgen haben!
- Jacken, Schals u. Ä. gehören an die **Garderobe,** sie liegen sonst im Weg und können Stolperfallen werden.
- **Taschen** sind so zu verstauen, dass sie nicht im Weg liegen, am besten unter dem Tisch. So bilden sich keine Stolperfallen.

INFO

- Werkzeuge nur bestimmungsgemäß einsetzen
- sicherheitsbewusst arbeiten
- Gefährdungen erkennen

Regeln für den Umgang mit Werkzeugen

Entnahme:

- Achtet auf Spitzen und Schneiden. Von ihnen droht Verletzungsgefahr. Werkzeuge deshalb nur an den Griffen anfassen und vor allem nicht vor den Werkzeugschränken herumdrängeln!
- Vor Beginn der Arbeit werden Werkzeuge auf festen Sitz, Beschädigungen und Funktionsfähigkeit geprüft. Besonders elektrische Geräte, wie z. B. Lötkolben, müssen vor jedem Einsatz auf Beschädigungen der Netzkabel überprüft werden.

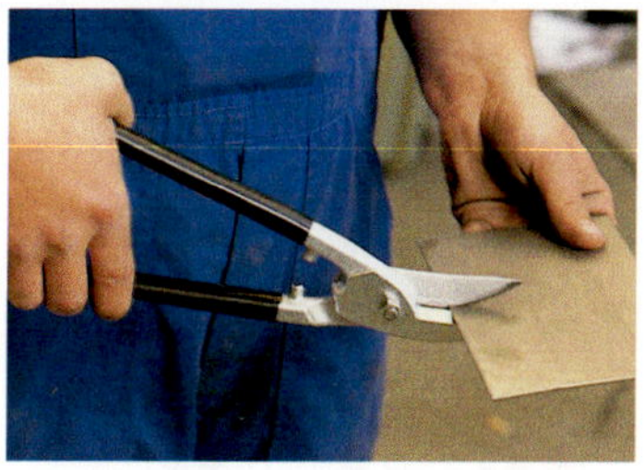

Korrekter Umgang mit Werkzeug

Transport:

- Spitzen und Schneiden der Werkzeuge werden nach unten und niemals in Richtung Körper oder gar auf Mitschüler gerichtet.
- Werkzeuge zum Transport nie in Hosen- oder Jackentaschen stecken.
- Bei der Übergabe von Werkzeugen an Mitschüler werden diesen immer die Griffteile zugereicht. Und sie werden nicht geworfen!
- Maschinen, z. B. Handbohrmaschinen, werden nur abgeschaltet weitergereicht.

Verwendung:

- Werkzeuge werden nur bestimmungsgemäß verwendet. Z. B. mit dem Beitel keine Schrauben ein- oder herausdrehen und gehärtete Metallflächen niemals gegeneinander schlagen (Hammer gegen Hammer). Es könnten leicht Metallsplitter abfliegen und dein Augenlicht zerstören. Weitere Informationen zum Umgang mit Werkzeugen bekommst du von deinem Techniklehrer bzw. deiner Techniklehrerin.

Rückgabe:

- Werkzeuge und Maschinen werden nur gereinigt in den Werkzeugschrank einsortiert.
- Maschinen müssen vor der Reinigung abgeschaltet werden.
- Beschädigte oder zerstörte Werkzeuge werden zur Begutachtung von einem Fachmann aussortiert.

Hier hat jemand den Beitel als Schraubendreher verwendet. Er ist damit reif für die Mülltonne. Auch Bohrer, deren Schneiden blau angelaufen oder verformt sind, werden entsorgt.

Hinweise und Prüfzeichen

Gefahren- und Sicherheitshinweise

Auf besondere Gefahren oder notwendige Arbeitsschutzmaßnahmen weisen i.d.R. genormte Schilder hin, die nicht nur im Technikraum, sondern auch in Werkstätten, Handwerksbetrieben und Fabriken zu finden sind. Auf Gefahren wird häufig in Form von Piktogrammen hingewiesen, man erkennt sofort die Gefahr und die notwendigen Vorsorgemaßnahmen.
VDE, GS und CE sind Prüfzeichen, die u.a. auf elektrischen Maschinen zu finden sind. Sie sagen aus, dass die Maschine oder das Werkzeug Sicherheitsüberprüfungen unterzogen wurde.

Der Bohrmaschinenführerschein

Teil 1: Aufbau einer Ständerbohrmaschine

In der Technik werden Anlagen, Gegenstände, Motoren etc. durch Verschrauben oder Vernieten zusammengehalten. Zur Aufnahme von Schrauben und Nieten oder als Lagerung von Wellen sind kreisrunde Löcher erforderlich. Bereits in der Steinzeit wurden Äxte zur Aufnahme eines Stiels mit einem Loch versehen. Dazu benutzten die Urmenschen einen Bohrapparat, der bereits einige Bauteile und Elemente heutiger Bohrmaschinen enthielt.

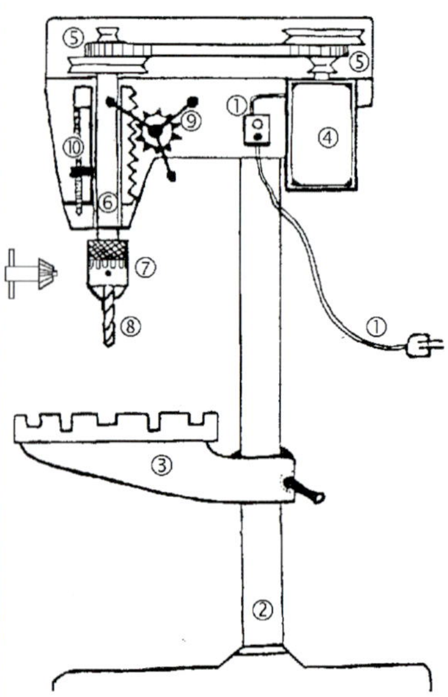

Eine moderne Tischbohrmaschine besteht im Wesentlichen aus folgenden Elementen:

① Elektrische Einrichtung: Dazu gehören die Zuleitung, der Ein- und Ausschalter und eventuell ein Not-Aus-Schalter.
② Ständer, Fuß: Sie dienen zur Aufnahme der einzelnen Baugruppen.
③ Bohrtisch: Er dient der Werkstückaufnahme.
④ Motor: Er dient als Antrieb.
⑤ Stufen- oder Riemenscheibengetriebe: Es überträgt die Kraft des Motors auf die
⑥ Bohrspindel: Sie nimmt das
⑦ Bohrfutter auf. Dieses nimmt das eigentliche Arbeitsteil auf, den
⑧ Bohrer.
⑨ Vorschubeinrichtung: Mit ihr werden Bohrspindel-, Futter und Bohrer gegen das Werkstück gedrückt.
⑩ Tiefenanschlag: Er erleichtert das Bohren von Löchern mit gleicher Tiefe.

Schema: Ständerbohrmaschine

1. Welche Bedeutung haben die Symbole? Wo findet ihr sie im Technik- bzw. im Maschinenraum?

2. Welche weiteren Gefahren- oder Arbeitsschutz-Symbole kennt ihr? Über Arbeitsschutz und Unfallverhütung, häufige Unfälle und ihre Ursachen könnt ihr euch beispielsweise bei Handwerkskammern informieren.

Das Zubehör einer Ständerbohrmaschine besteht hauptsächlich aus Spannschlüssel und Maschinenschraubstock mit Spannschrauben. Die Person, die die Bohrmaschine bedient, muss mit einer Schutzbrille ausgestattet sein. Da am Arbeitsplatz Sauberkeit herrschen muss, benötigt sie auch einen Handfeger.

Das wichtigste Zubehör sind natürlich die **Bohrer**. Der Wendel- oder Spiralbohrer ist der verbreitetste Typ. An seiner Spitze befinden sich die Schneiden, durch die Wendelnuten werden die Späne aus dem Bohrloch befördert, am Schaft wird er in das Bohrfutter eingespannt. Es gibt eine Vielzahl unterschiedlicher Typen und Größen von Bohrern. Für saubere Löcher im Holz eignen sich besonders gut Bohrer mit Zentrierspitze. Die in der Schule häufig verwendeten Bohrertypen und ihr Einsatzgebiet findest du in der Tabelle.

Es gibt natürlich noch viele weitere Bohrertypen, der bekannteste ist der Hartmetallbohrer. Hier sind an den Schneiden Hartmetallplättchen angebracht. Diese Bohrer werden vor allem zum Bohren von Mauerwerk und Beton verwendet. Dazu benötigt man Schlagbohrmaschinen. Diese werden im Technikunterricht aber kaum verwendet. Schlangenbohrer gibt es bestimmt in deinem Technikraum, sie dürfen aber nur in handbetriebene Bohrmaschinen eingesetzt werden. Mehr Informationen über Bohrer kannst du in einem Techniklexikon oder ähnlichen Nachschlagewerken finden.

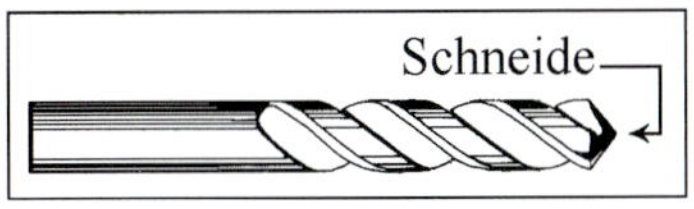

Spiralbohrer

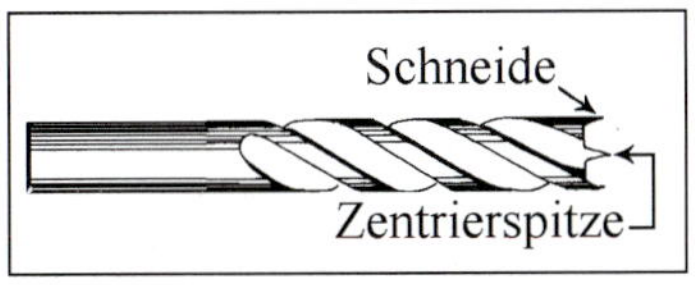

Spiralbohrer mit Zentrierspitze

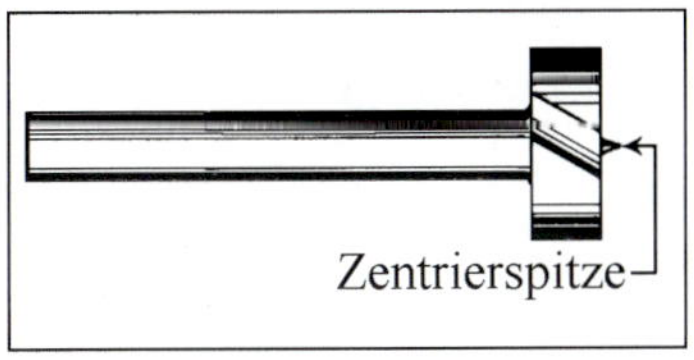

Forstnerbohrer

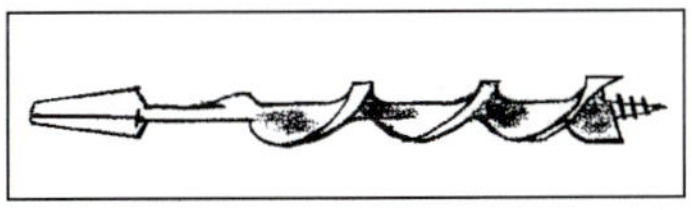
Schlangenbohrer

Die wichtigsten Bohrertypen

Bezeichnung	Eignung
Spiralbohrer	Für Holz, Metall, Kunststoff, Löcher mit 1–25 mm Ø
Spiralbohrer mit Zentrierspitze	Besonders gut für Holz und beschichtetes Holz; Löcher mit 4–20 mm Ø
Forstnerbohrer (oder Kunstbohrer)	Für Holz und beschichtetes Holz; Löcher mit 8–70 mm Ø

Der Schlangenbohrer gehört weder in eine elektrische Hand- noch in eine Tischbohrmaschine!

Teil 2: Sicherheitsregeln für den Umgang mit der Ständerbohrmaschine

Beim Umgang mit einer Ständerbohrmaschine sind folgende Regeln unbedingt zu beachten. Ihr müsst sie in- und auswendig kennen und natürlich auch anwenden. Am besten, ihr hängt sie zusätzlich gut sichtbar an der Wand über der Bohrmaschine auf.

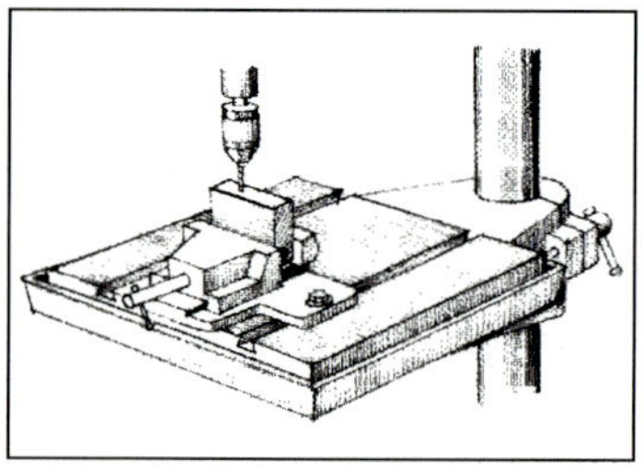

So wird ein Werkstück in den Maschinenschraubstock eingespannt und gegen Herumschlagen oder Wegkippen gesichert.

Sicherheitsregeln

1. Nur eng anliegende Pullover oder Arbeitskleidung tragen.
2. Schals, Halstücher, lose Bänder, Ringe, Armbanduhren unbedingt ablegen.
3. Lange Haare durch Haarspangen oder eng anliegende Zöpfe sichern.
4. Keine (Arbeits-)Handschuhe tragen.
5. Beim Bohren von sprödem Material Schutzbrille tragen.
6. Werkstück vor Herumschlagen oder Umkippen sichern. Dazu Maschinenschraubstock und/oder Anschläge benutzen.
7. Nie den Spannschlüssel im Bohrfutter stecken lassen.
8. Späne nicht mit der Hand entfernen, sondern immer Handfeger, Pinsel oder Spänehaken verwenden.
9. Zum Reinigen nicht an der laufenden Spindel vorbeigreifen.
10. Nur eine Person arbeitet an der Maschine. Andere halten mindestens einen Meter Abstand.
11. Auf die Verwendung des richtigen Bohrers achten (Holzbohrer, Metallbohrer, …)
12. Darauf achten, dass nur scharfe Bohrer verwendet werden.
13. Falls die Maschine über die Funktion „Ändern der Drehrichtung" verfügt, auf die richtige Drehrichtung achten.

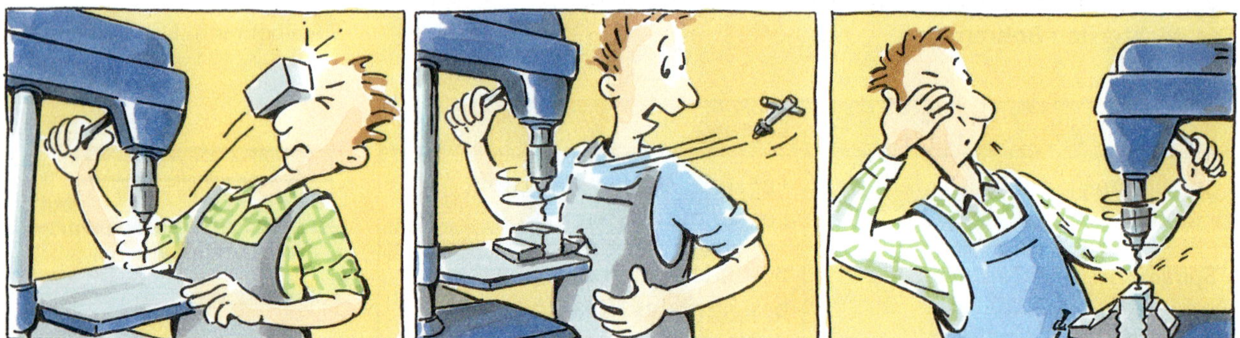

Gefahrenquellen …

… an der Ständerbohrmaschine

Berufsbilder

Bei der Fertigung des Getränketrägers ist sicher deutlich geworden, dass dafür unterschiedliche Fähigkeiten benötigt werden. In der betrieblichen Praxis ist es nicht möglich, dass alle diese verschiedenen Tätigkeiten von einem Einzelnen erledigt werden. Dafür sind auch die notwendigen Fähigkeiten zu unterschiedlich. Deshalb sind in Betrieben an der Entwicklung, Fertigung und dem Absatz von Produkten Menschen mit sehr unterschiedlichen Berufen beteiligt. Durch die laufende Verbesserung der Technik verändern sich die Anforderungen an die Berufe. Deshalb erfordert eine erfolgreiche berufliche Tätigkeit eine ständige Weiterbildung.

Assistent für Produktdesign

Für die Entwicklung eines Produktes sind Konstrukteure und Designer zuständig. Sie werden häufig unterstützt von **Assistenten/Assistentinnen für Produktdesign**. Diese wirken bei der Entwicklung und Gestaltung von Produkten mit. Sie helfen als Teil eines Teams Gestaltungsvarianten zu entwerfen, Werkstoffe und Farben auszuwählen. Für ihre Tätigkeit brauchen sie technologisches Wissen, damit sie die Produkte auch fertigungsgerecht gestalten. Sie müssen auch wissen, ob die neu entwickelten Erzeugnisse absetzbar sind. Die Ausbildung zum/zur Produktdesign-Assistent/in erfolgt im Rahmen einer schulischen Ausbildung und dauert zwei Jahre. Voraussetzung ist ein mittlerer Bildungsabschluss.

Technischer Systemplaner

Wenn die Entwicklung eines Produktes abgeschlossen ist, muss seine Fertigung vorbereitet werden. Dazu müssen zunächst technische Zeichnungen von dem Produkt angefertigt werden. Das ist die Aufgabe von **Technischen Systemplanern/-innen**. Sie setzen die Entwürfe der Konstrukteure bzw. Designer in technische Zeichnungen und andere Planungsunterlagen um. Sie erstellen die Zeichnungen und Stücklisten für die Fertigung meist am Computer mit CAD-Systemen (spezielle Computerprogramme zum Entwerfen und Zeichnen von technischen Gegenständen). Da solche Zeichnungen häufig sehr komplex sind, ist ein gutes Raumvorstellungsvermögen notwendig. Technische Systemplaner/-innen müssen die Zeichnungsnormen der entsprechenden Fachrichtung (Holztechnik, Elektrotechnik) beherrschen sowie technologische Kenntnisse zur Fertigung und Montage von Produkten besitzen, um fertigungsgerechte Zeichnungen herstellen zu können. Um den unterschiedlichen betrieblichen Anforderungen gerecht zu werden, wird die Ausbildung in folgenden Fachrichtungen angeboten: Elektrotechnik, Heizungs-, Klima- und Sanitärtechnik, Holztechnik, Maschinen- und Anlagentechnik, Stahl- und Metalltechnik.
Die Ausbildung erfolgt sowohl im Handwerk als auch in der Industrie und dauert dreieinhalb Jahre. Technische Systemplaner/-innen arbeiten in der Regel in Konstruktionsbüros von Betrieben oder in speziellen Ingenieurbüros, aber auch in Heimarbeit, was durch Computer und Internet ermöglicht wurde.

INFO

Zum 1.8.2011 wurde der bisherige Ausbildungsberuf „Technische/-r Zeichner/-in" neu geordnet und in „Technische/-r Systemplaner/-in" umbenannt. Weitere Infos unter http://berufenet.arbeitsagentur.de.

Tischler

Nachdem alle Produktionsunterlagen erstellt sind, kann die Fertigung beginnen. Da unser Produkt Getränketräger aus Holz hergestellt werden soll, ist das die Aufgabe des **Tischlers/der Tischlerin**. Die Arbeit des Tischlers/der Tischlerin ist sehr vielfältig. So können sie in der Möbelfertigung, aber auch im Innenausbau von Gebäuden und bei Restaurierungsarbeiten von Möbeln und Inneneinrichtungen tätig sein. Sie erledigen oft auch vorbereitende Arbeiten wie Kundenberatung und Materialeinkauf. Der Arbeitsplatz von Tischler/-innen sind meist kleinere und mittlere Handwerksbetriebe. Die Ausbildung erfolgt im Handwerk und dauert drei Jahre.

Für die industrielle Fertigung von Produkten aus Holzwerkstoffen gibt es eine spezielle Ausbildung als **Holzmechaniker/Holzmechanikerin**. Sie wird in verschiedenen Fachrichtungen sowohl in der Industrie als auch im Handwerk angeboten und dauert ebenfalls drei Jahre.

INFO

Mehr Informationen zu den Berufen erhaltet ihr beim Berufsinformationszentrum der Bundesagentur für Arbeit (BIZ) oder im Internet im BERUFEnet unter http://berufenet.arbeitsagentur.de.

Die Fertigung von Gebrauchsgütern in Betrieben ist nicht nur eine technische Aufgabe. Genau so wichtig ist die exakte Berechnung der Produktionskosten, die Kalkulation des Verkaufspreises und das Marketing. Nur, wenn der Verkaufserlös höher ist als die Produktionskosten, lohnt sich die Produktion für den Betrieb, im umgekehrten Fall würde der Betrieb Verluste machen und früher oder später pleitegehen. Deshalb beschäftigen die Betriebe immer Mitarbeiter, die diese kaufmännischen Aufgaben erledigen. Ein typischer Ausbildungsberuf für dieses Aufgabengebiet ist der/die **Kaufmännische Assistent/Kaufmännische Assistentin**. Sie können im Finanz- und Rechnungswesen, aber auch im Einkauf und Vertrieb tätig werden. Für ihre Tätigkeit nutzen sie meist moderne Informationsverarbeitungstechnik. In der Ausbildung spielen daher neben betriebswirtschaftlichen Inhalten die Datenverarbeitung und Fremdsprachen eine wichtige Rolle. Die Ausbildung erfolgt an Berufsfachschulen und dauert in der Regel zwei Jahre. Voraussetzung ist ein mittlerer Bildungsabschluss.

Berufsinformationszentrum

Unser Beispiel zeigt die Vielfalt beruflicher Tätigkeit bei der Fertigung eines relativ einfachen Gebrauchsgegenstandes. Durch neue Technologien (z. B. IT) entstehen neue Anforderungen und damit neue Berufsrichtungen. Im Rahmen der Arbeit am Getränketräger und anderen Produkten könnt ihr erste Erfahrungen erwerben, welche Berufsrichtung euren Interessen und Fähigkeiten am ehesten entspricht.

1. Informiert euch bei der Bundesagentur für Arbeit (www.arbeitsagentur.de) über die Ausbildungsmöglichkeiten für die genannten Berufe in Niedersachsen.

2. Ermittelt für weitere Produkte aus eurer Schulwerkstatt die beteiligten Berufe. Nutzt dazu die Broschüre „BERUF AKTUELL“ bzw. das Internet (http://berufenet.arbeitsagentur.de).

Bewertung des Fertigungsprozesses

Wenn die Fertigung erfolgreich abgeschlossen ist, sollte der Fertigungsablauf nochmals analysiert werden. Das ist wichtig, um bei zukünftigen Arbeiten die Erfahrungen nutzen zu können und aufgetretene Mängel und Fehler zukünftig zu vermeiden. Trotz guter Planung erkennt man oft erst im Verlauf der Fertigung, was man eventuell besser oder anders machen könnte. Eine solche Bewertung hilft auch, die eigene Arbeit kritisch einzuschätzen und aus den Erfahrungen zu lernen. Um eine systematische und begründete Bewertung vornehmen zu können, sind Bewertungskriterien notwendig.

1. Arbeitsorganisation

- Waren die Arbeitsunterlagen (Zeichnungen, Stückliste) vollständig und richtig?
- Welche Verbesserungen oder Ergänzungen der Arbeitsunterlagen werden vorgeschlagen?
- Waren die notwendigen Werkzeuge, Maschinen, Mess- und Prüfmittel sowie andere Hilfsmittel (z. B. Vorrichtungen) vorhanden?
- Waren alle Arbeitsmittel für das zu fertigende Werkstück geeignet oder hätte man andere Arbeitsmittel nutzen sollen?
- Wurde die Fertigung richtig organisiert (z. B. Einzelfertigung, Serienfertigung) oder wäre eine andere Fertigungsorganisation effektiver gewesen?
- War die Ausstattung der Arbeitsplätze mit Arbeitsmitteln richtig und vollständig?

2. Arbeitsweise

- Haben alle Schüler die Arbeitsmittel richtig eingesetzt?
- Erfolgte eine ständige Kontrolle des Arbeitsergebnisses, um die qualitätsgerechte Fertigung des Werkstückes zu sichern?
- War der Arbeitsrhythmus bei der Handhabung der Werkzeuge richtig, was muss noch verändert werden?

3. Arbeitssicherheit

- Welche Arbeitsschutzvorschriften mussten bei der Fertigung beachtet werden, wurden sie eingehalten?
- Welche Verstöße gegen die Arbeitssicherheit gab es?
- Was ist zu verbessern, um zukünftig die Arbeitssicherheit zu erhöhen?

4. Werkstoffeinsatz

- War der Werkstoff für das zu fertigende Werkstück geeignet?
- Durch welche Werkstoffe hätte er ersetzt werden können?
- Wurde der Werkstoff sparsam eingesetzt?
- Wo gäbe es Einsparmöglichkeiten?
- Wie hoch sind die Verluste durch Verschnitt und Ausschuss?

Sicher gibt es noch weitere Kriterien für die Bewertung des Fertigungsprozesses. Dabei sollten aber nur solche auswählt werden, die für die zukünftige Arbeit nützlich sind. Neben dem Fertigungsprozess sollte man auch das Arbeitsergebnis einer kritischen Wertung unterziehen. Vor allem ist zu untersuchen, ob die vorgesehenen Gebrauchseigenschaften erreicht worden sind.

Neben der Selbstbewertung sollte auch eine Fremdbewertung des Arbeitsergebnisses erfolgen. Auf diese Weise kann die Wertung objektiver werden. Die Fremdbewertung könnte durch Eltern und Bekannte, aber auch durch Fachleute (z. B. Tischler) erfolgen.

Um einheitliche Bewertungsmaßstäbe zu sichern, könnte eine Bewertungstabelle erarbeitet werden.

Schüler entwerfen eine Bewertungstabelle.

Bewertungstabelle für den Gebrauchsgegenstand

Eignung / Eigenschaft	sehr gut	gut	ausreichend	ungenügend
Aussehen				
Abmessungen				
Farbe				
Handhabung				
Funktionssicherheit				
Fertigungsqualität				

4 Grundlagen des technischen Zeichnens

Ideen- und Entwurfsskizzen, technische Skizzen

Ideen- bzw. Entwurfsskizzen dienen dazu, eigene Ideen und Formvorstellungen zu finden, zu klären und darzustellen. Technische Skizzen lassen sich wie Ideen- und Entwurfsskizzen mit wenig Aufwand anfertigen. Sie werden meist freihändig, ohne Zeichengeräte und nicht maßstäblich gezeichnet. Zur besseren Verständigung sollten aber die Maßverhältnisse und einige Grundnormen eingehalten werden: die Verwendung der Linienarten, die Anordnung der Ansichten, wesentliche Grundelemente der Maßeintragung. Die Verwendung von kleinkariertem Papier erleichtert das Skizzieren.

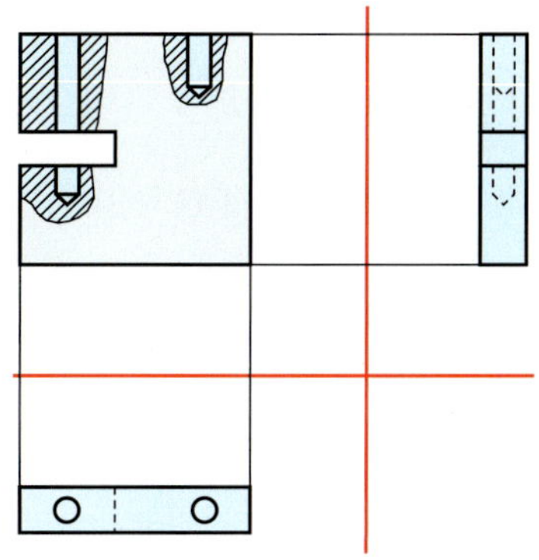

Grundkörper Schlüsselanhänger in drei Ansichten

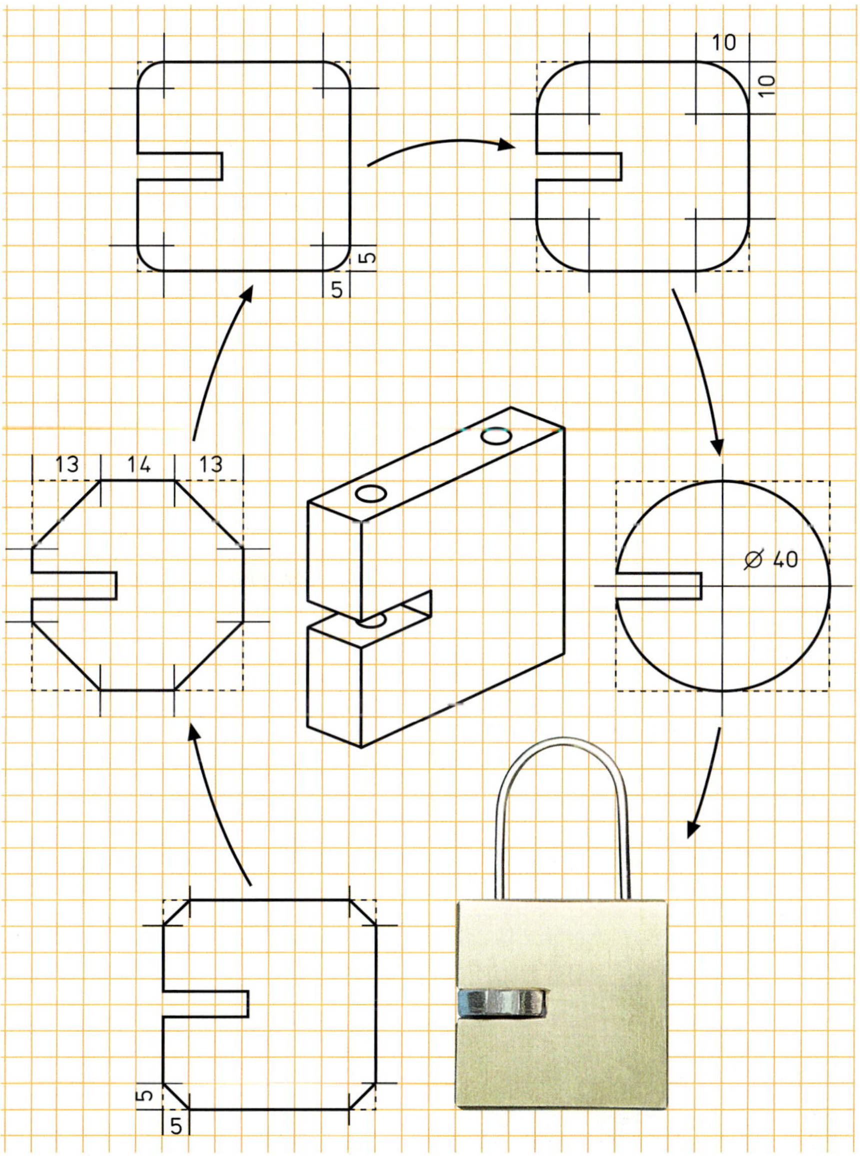

Entwurfsskizzen: Grundkörper Schlüsselanhänger (Varianten)

Die Schrittfolge beim Skizzieren und Zeichnen

Schrittfolge:
1. Vorzeichnen der Mittellinien
2. Vorzeichnen der Grundform
3. Vorzeichnen der Teilformen (Radien, Bohrungen, Fasen usw.) und evtl. Korrektur mit dem Radiergummi
4. Nachziehen der Körperkanten (Radien, Durchmesser, waagerechte und senkrechte Linien)
5. Bemaßung (Linienarten und Bemaßungsregeln beachten)

Um eine technische Skizze oder Zeichnung systematisch anfertigen zu können, sollten einige Hinweise beachtet werden.

Nachdem der Platzbedarf für das darzustellende Werkstück ermittelt und die Hauptansicht (notwendige Ansichten) festgelegt wurde, erfolgt das **Vorzeichnen** mit einem harten Bleistift (schmale Volllinien). Bei symmetrischen Werkstücken wird mit der Mittellinie begonnen.

Die Grundform des Werkstückes wird so gezeichnet, dass die Körperkanten für die spätere Maßeintragung über ihr Rohmaß hinausgehen. Die Darstellung der Teilformen erfolgt wie die der Grundform. Ist eine **Korrektur** notwendig, wird ein entsprechender Radiergummi verwendet.

Das **Nachziehen** der Körperkanten erfolgt mit einem weichen Bleistift (breite Volllinien). Nachdem Krümmungen, wie Radien und Bohrungen, nachgezogen wurden, zeichnet man die waagerechten Linien von links nach rechts und die senkrechten Linien von oben nach unten nach. Erst dann folgt die **Bemaßung**. Das **Schriftfeld** wird unter Beachtung der Normschrift (siehe S. 40 f.) ausgefüllt.

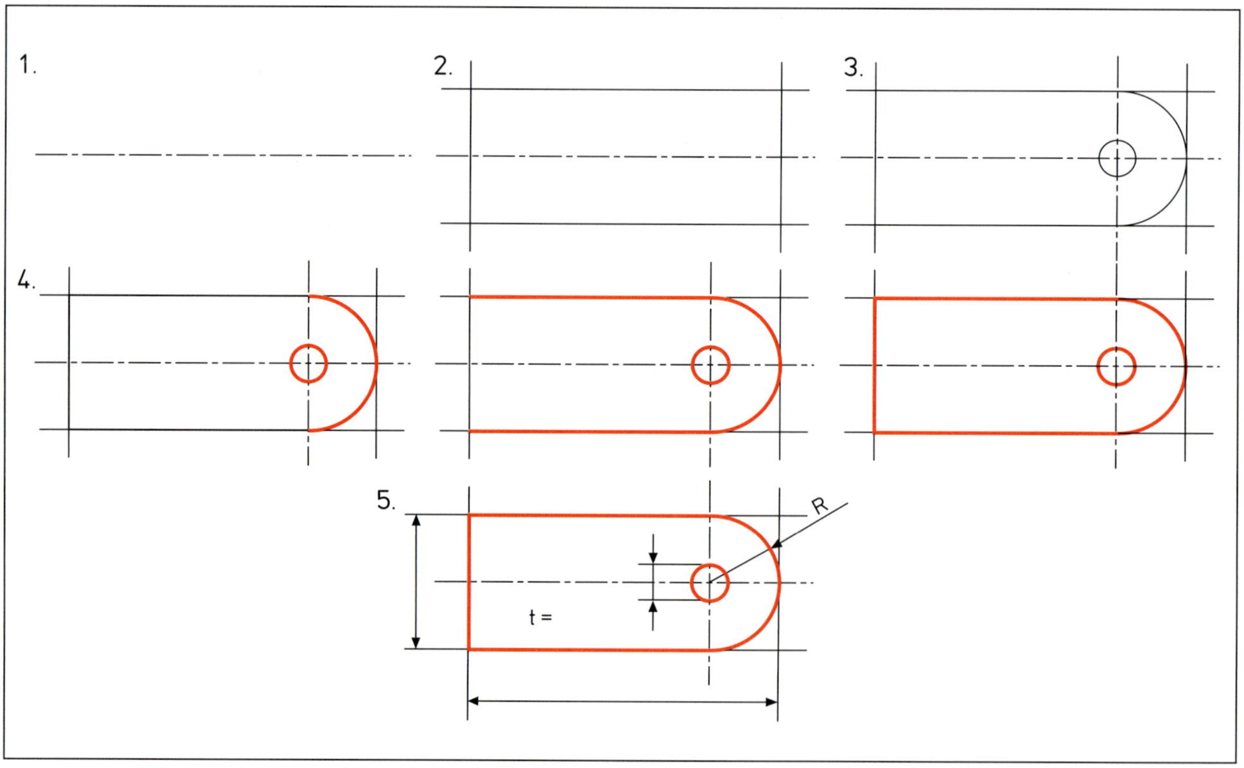

Die technische Zeichnung

Die technische Zeichnung wird angefertigt, wenn die technische Skizze fertiggestellt ist. Im Unterschied zur Skizze ist der Aufwand zur Anfertigung von technischen Zeichnungen größer. Sie werden mit Zeichengeräten und im entsprechenden Maßstab gezeichnet. Durch die Einhaltung der Normen ist die technische Zeichnung international verständlich. Die darin enthaltenen Informationen sind unbegrenzt anwendbar.

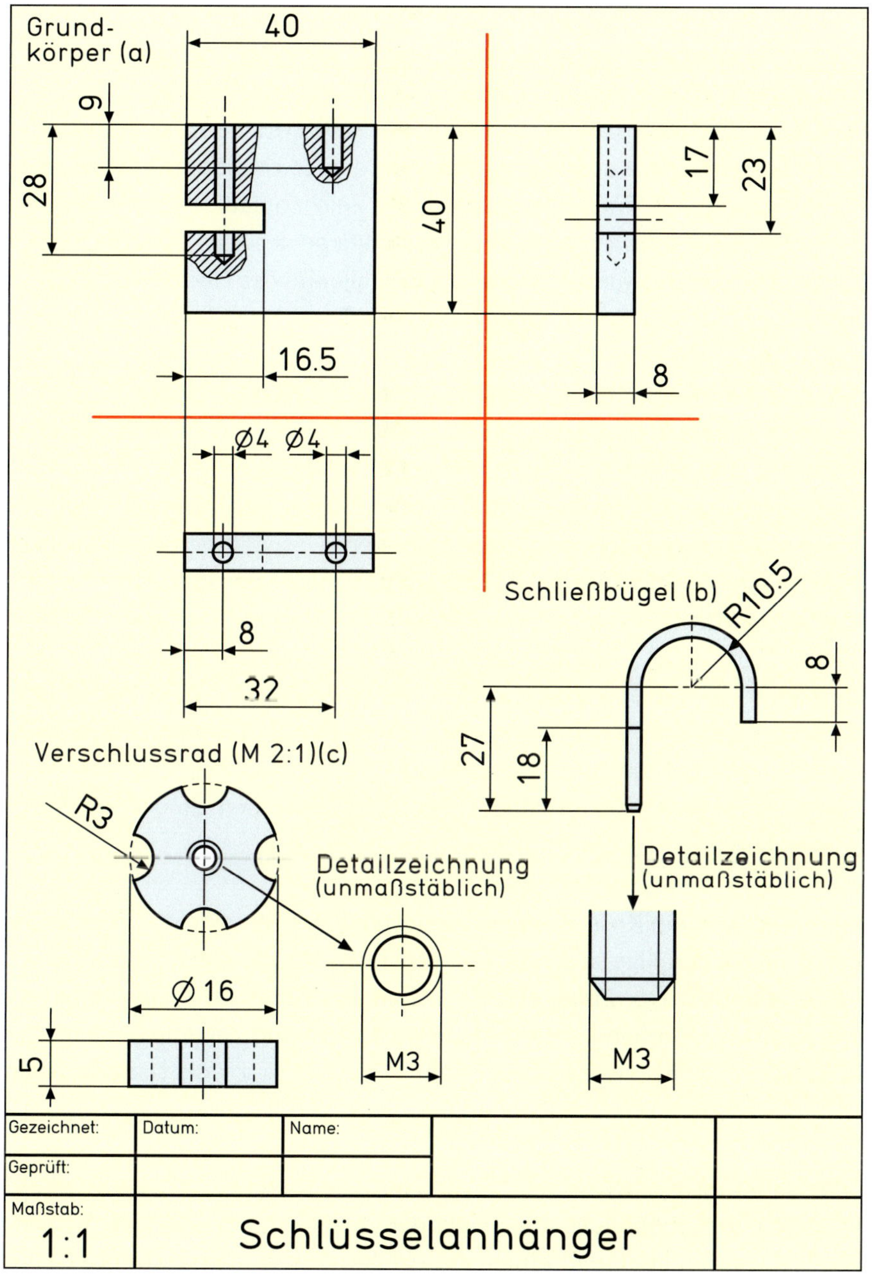

INFO

Die **Normung** ist die Vereinheitlichung, also die verbindliche Festlegung, von Regeln für eine sich wiederholende Aufgabe. Ziel ist eine rationale Fertigung.
In Deutschland trifft das Deutsche Institut für Normung e. V. (**DIN**) die Entscheidung über die Einführung und Neufassung von Normen. Auf internationaler Ebene ist die **ISO** (Abk. für engl. International Organization for Standardization; Internationaler Normenausschuss) zuständig. Sie bemüht sich um die Angleichung der Normen in den verschiedenen Staaten.

1. Notiere die Merkmale einer technischen Zeichnung.

Zeichengeräte

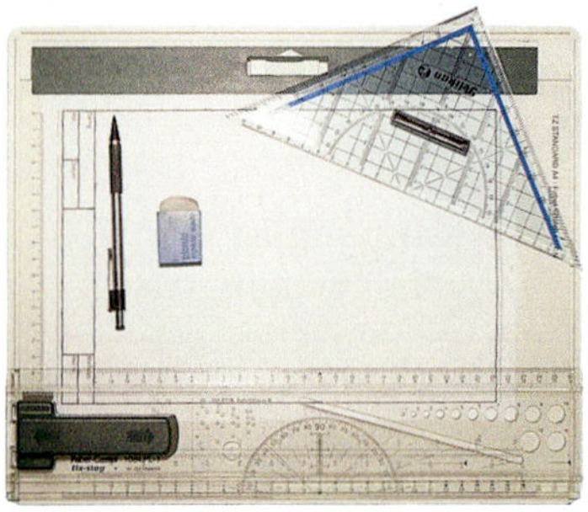
Zeichenwerkzeuge

Zur Anfertigung von präzisen technischen Zeichnungen werden geeignete Zeichengeräte benötigt:
- Zeichenplatte mit Schiene und Winkel,
- sauberer Radiergummi, der nicht schmiert,
- Bleistifte verschiedener Härte (Feinminenstifte erleichtern das Zeichnen unterschiedlicher Linienbreiten),
- Zeichendreiecke und Winkelmesser für verschiedene Winkel,
- Zirkel mit Einstellschraube für größere Kreise,
- Radienschablonen für kleine Kreise und Rundungen.

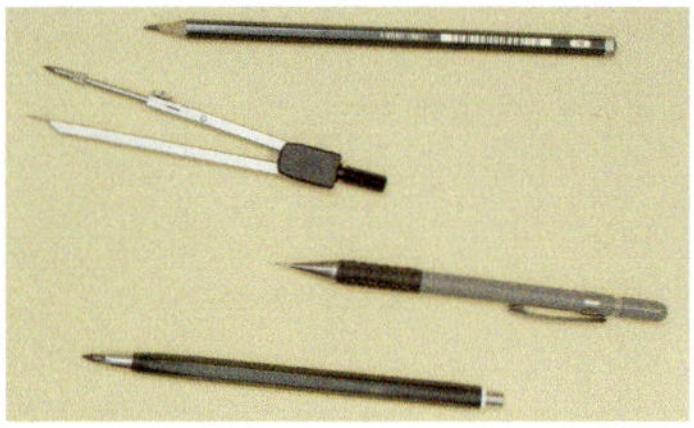
Zirkel, Minenhalter, Feinminenstift, Bleistift

Im Gegensatz zum früher verwendeten Reißbrett benutzt man heute Zeichenplatten aus Kunststoff, auf denen das Zeichenblatt mithilfe einer Klemmvorrichtung festgehalten wird. Jede Zeichenplatte ist mit einer Zeichenschiene ausgerüstet. Bei Gebrauch und Pflege der Zeichenplatte müssen ebenso wie bei allen anderen Geräten die Hinweise des Herstellers beachtet werden.

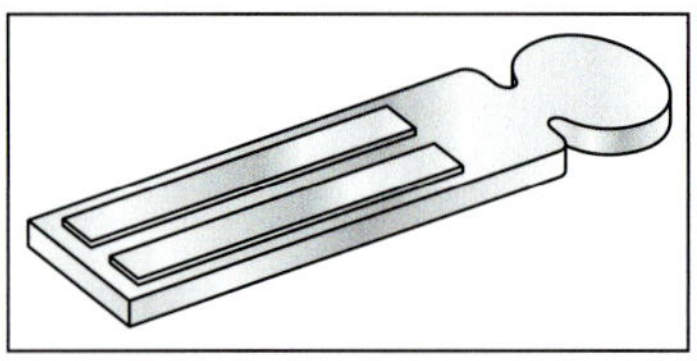
Schleifbrettchen

Bleistifte und Klemmstiftminen sind unterschiedlich hart. Der Härtegrad der Stifte ist durch die Buchstaben B (black), F (firm) und H (hard) gekennzeichnet. Die Härten B und H sind durch davorgesetzte Ziffern feingestuft. Für Skizzen werden gewöhnlich 3B-, B- oder HB-Minen benutzt, für Entwurfszeichnungen F-, H- oder 2H-Minen. Gespitzt werden die Minen mithilfe eines Schleifbrettchens in Keil-, Normal- und Spatenform (siehe Abbildungen).

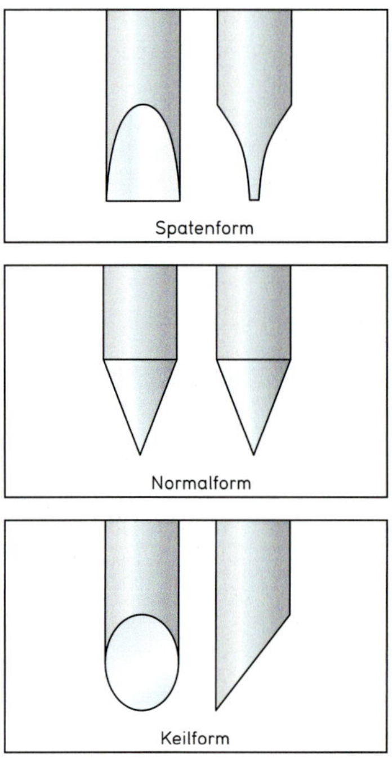

Minenformen

Zeichendreiecke, Kurvenlineale und Schablonen werden aus durchsichtigem Kunststoff gefertigt. Zeichendreiecke erleichtern das Zeichnen von Winkeln mit 30°, 45°, 60° und 90°. Kurvenlineale dienen dem Zeichnen von nicht kreisförmigen, stetig gekrümmten Linien. Schablonen enthalten Normschriftbuchstaben, Schaltzeichen, Sinnbilder und andere Symbole.

Zum Zeichnen von Kreisen wird ein robuster Zirkel verwendet. Zirkelminenspitze und Nadelspitze sollten sich bei senkrecht gehaltenem Zirkel in gleicher Höhe befinden. Der Zirkel wird leicht mit der Nadel im Kreismittelpunkt angesetzt, das Drehen erfolgt zwischen Daumen und Zeigefinger am Griff. Die beiden Schenkel werden soweit abgeknickt, dass sowohl Nadel als auch Mine senkrecht zum Papier stehen.

Gezeichnet wird auf Zeichenkarton und auf Transparentpapier, beide gibt es in unterschiedlichen Qualitäten. Einer der Qualitätsfaktoren ist die Angabe, wie viel Gramm ein Quadratmeter wiegt (für Tuschearbeit: Zeichenkarton etwa 100g/m^2, Transparentpapier etwa 80g/m^2). Vorder- und Rückseite der Papiere können unterschiedliche Qualitäten aufweisen.

Linienarten und -breiten

Bezeichnung der Linienarten		Anwendung und Form der Linienarten		Liniengruppen (in mm)		
				0,35	0,5	0,7
Volllinie	dick (breit)	für sichtbare (unverdeckte) Körperkanten und Umrisse	▬	0,35	0,5	0,7
	dünn (schmal)	für Maß- und Maßhilfslinien, Schraffuren, Gewindebegrenzungen, Bezugslinien und Querschnitte senkrecht zur Zeichenebene	—	0,18	0,25	0,35
Strichlinie		für verdeckte (nicht sichtbare) Körperkanten und verdeckte Umrisse, Gewindelinien, Fußkreise bei Zahnrädern und Schnecken	- - - -	0,25	0,35	0,5
Strich-Punkt-Linie dick (breit)		zur Angabe von Schnittebenen	▬·▬·▬	0,35	0,5	0,7
Strich-Punkt-Linie dünn (schmal)		für Mittellinien, zur Begrenzung unterbrochener Darstellungen, zur Umgrenzung heraus gezeichneter Einzelheiten, Teilkreise bei Zahnrädern, Grenzstellungen bei Hebeln, Kolben usw.	—·—·—	0,18	0,25	0,35
Freihandlinie		für Bruchlinien bei Metallen, Kunststoffen, Steinen, Holz usw. und zur Kennzeichnung von Holzquerschnitten	~~~	0,18	0,25	0,35

In einer technischen Zeichnung sind verschiedene Linienarten zu finden. Die zugehörigen Linienbreiten beziehen sich auf genormte Tuschfüller; bei Bleistiftzeichnungen sollte man nur dicke und dünne Linien unterscheiden. Hier verwendet man Druckbleistifte in den Stärken 0,3 mm, 0,5 mm und 0,7 mm. Die Linienbreiten werden zu Liniengruppen zusammengefasst. Für großformatige Zeichnungen wird eine große Liniengruppe, für kleinformatige eine kleine Liniengruppe benutzt. Die Liniengruppe 0,7 ist für DIN-A3-Zeichenblätter geeignet.

INFO

Die zeichnerische Darstellung von Werkstücken erfolgt nach ISO 128 in unterschiedlichen Linienarten und -breiten. Dadurch wird gewährleistet, dass Darstellungen einheitlich und eindeutig sind, Lese- und Interpretationsfehler werden vermieden.

1. Übe die Darstellung der Linienarten auf einem weißen Blatt Papier. Verwende dazu die nötigen Zeichengeräte.

2. Finde heraus, für welchen Bereich die unterschiedlichen Stärken der Minenbleistifte verwendet werden.

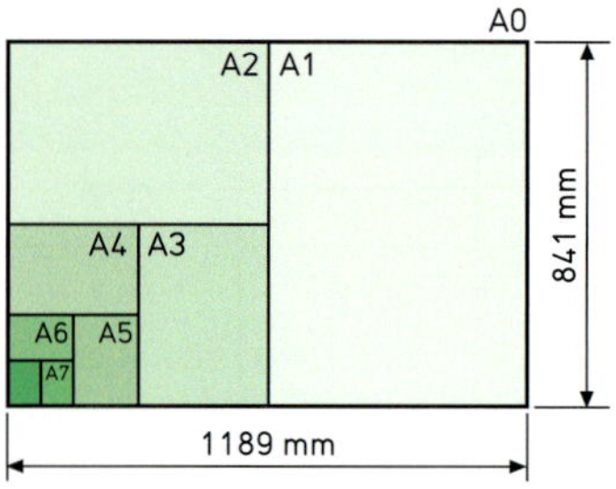

DIN-Formate

Skizzen- und Zeichenblätter

Um Zeichnungen in Ordner einheften zu können, müssen die Blätter zum DIN-A-4-Format gefaltet werden. Dabei ist zu beachten, dass das Schriftfeld der Zeichnung von oben eingesehen werden kann. Das Zeichenblatt wird mit Klebestreifen auf dem Reißbrett befestigt. Für kleinere Formate gibt es Spezialzeichenplatten mit Klemmschienen.

Das Zeichenblatt

Die Blattgröße für Papier ist in Formatreihen mit den Buchstaben DIN A, B, C usw. festgelegt. Am häufigsten wird die DIN-A-Reihe verwendet. Die Grundlage dieser Reihe bildet ein 1 m² großer Bogen mit den Maßen 841 x 1189 mm (DIN A 0), wobei die Seitenlängen im Verhältnis von 1 : √2 stehen. Durch fortgesetztes Querteilen entstehen die weiteren DIN-A-Formate.

Die Zusatzreihen DIN B usw. gelten für abhängige Papiergrößen wie z. B. Mappen, Ordner und Briefhüllen. Das Gewicht des Papiers ist ein Maß für die Papierdicke und wird in g/m² angegeben. Schreibpapiere haben etwa 70 g/m², dünne Zeichenpapiere etwa 100 g/m² und dicke Zeichenkartons 150 g/m²[20].

INFO

Blattgrößen nach DIN 823

Maße in mm

Format	kurze x lange Seite
DIN A0	841 x 1189
DIN A1	594 x 841
DIN A2	420 x 594
DIN A3	297 x 420
DIN A4	210 x 297
DIN A5	148 x 210
DIN A6	105 x 148

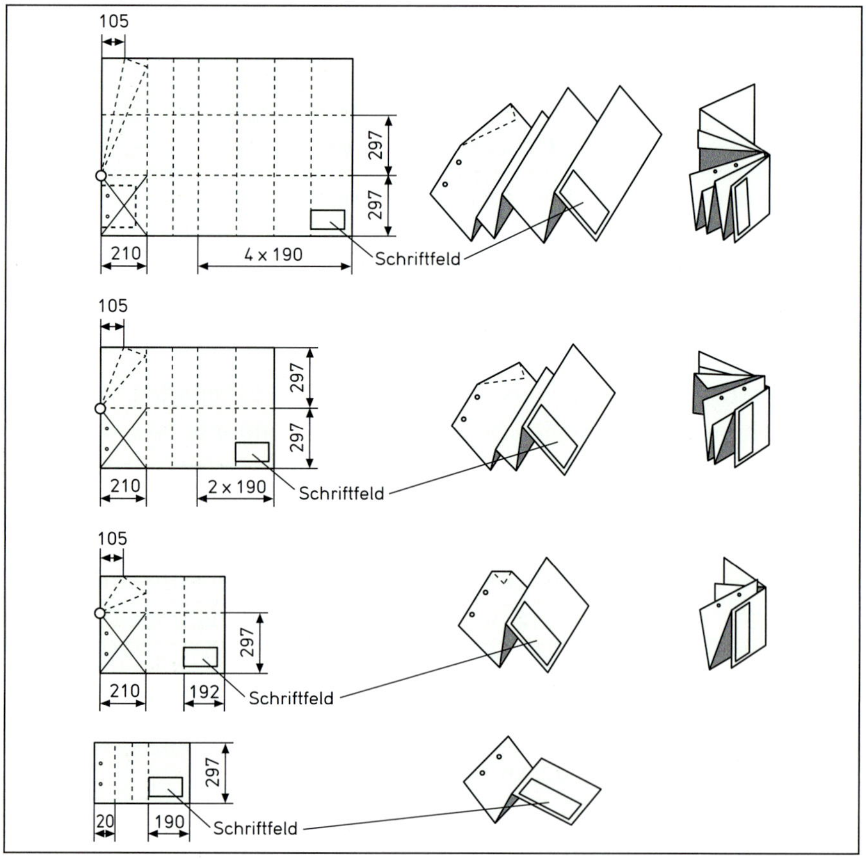

Falten von Zeichnungen

Aufbau von Skizzen- und Zeichenblättern

Skizzen- und Zeichenblätter bestehen aus einem Heftrand, Schutz- bzw. Seitenrändern, der Zeichenfläche und dem Schriftfeld. Das Grundschriftfeld ist nach einem Rastersystem aufgebaut, damit es maschinell beschriftet werden kann.

Die Konsole ist als Ständer für ein Funktionsmodell vorgesehen. Das Modell wird an einem Winkel mit Sechskantschrauben befestigt.

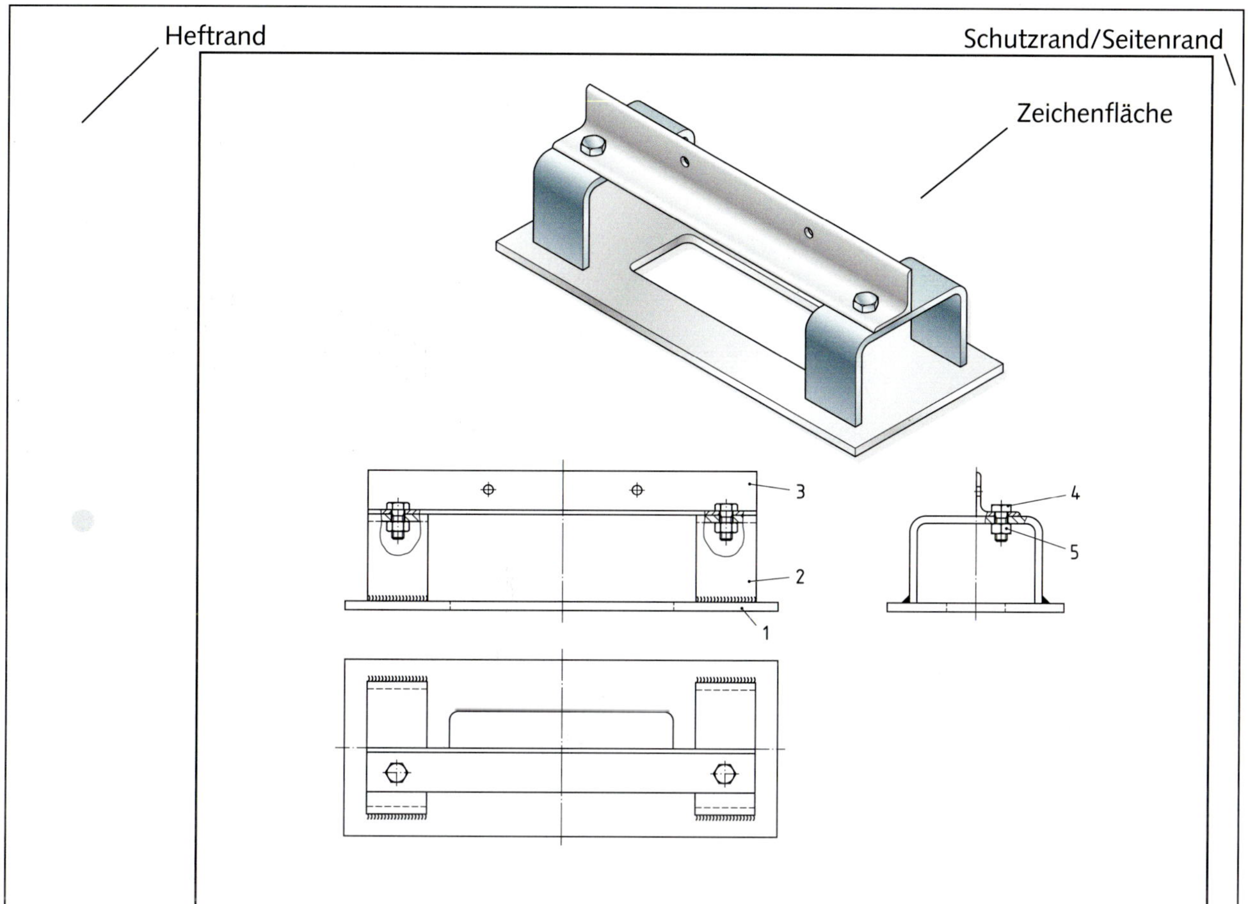

Stückliste

1 Pos.	2 Menge	3 Einheit	4 Benennung	5 Sachnummer / Norm-Kurzbezeichnung	6 Bemerkung
5	2	Stck.	Sechskantmutter	ISO 4032-M8	8
4	2	Stck.	Sechskantschraube	ISO 4017-M8x20	8.8
3	1	Stck.	Winkel	L EN 10056-1-30x30x3	Stahl EN 10025-S 235 JR
2	2	Stck.	Bügel	Fl DIN 1017 - 40x5	Stahl EN 10025-S 235 JR
1	1	Stck.	Grundplatte	Band EN 10051 - 6x125x302	Stahl EN 10025-S 235 JR

Schriftfeld

	Datum	Name	
Bearb.		G. Tiedt	Konsole
Gepr.			
Norm			
Abt.			

westermann

Blatt | Bl.

Zust. | Änderung | Datum | Name | Ursprung | Ersatz für: | Ersetzt durch:

INFO

Stückliste und Schriftfeld sind nach EN ISO 7200 genormt.
Das **Schriftfeld** wird in Normschrift gefüllt.

Schriftfeld und Stückliste

Für den Schulgebrauch werden vereinfachte Schriftfelder verwendet. Ein gebräuchliches ist in der unteren Abbildung dargestellt. Eine **Stückliste** ist eine geschlossene Tabelle, die die Teilenummer, die Benennung der Einzelteile, die Stückzahl, den Werkstoff und die Rohmaße des Werkstückes enthält.

Schriftfeld für den Schulgebrauch:

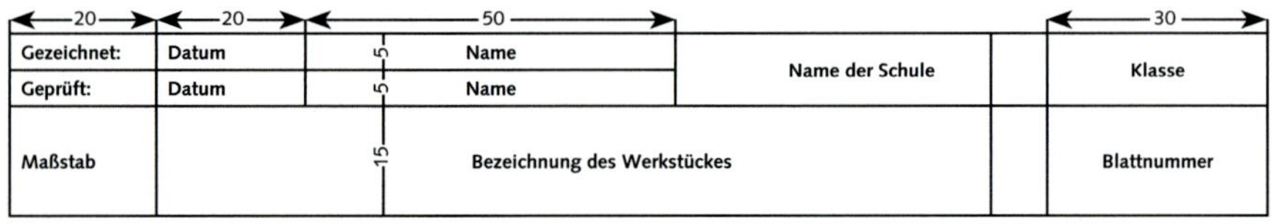

Lose Stückliste für den Schulgebrauch:

Teil-Nr.	Benennung	Stück	Werkstoff	Maße Breite x Höhe x Tiefe

Beispiel: Der Getränketräger von S. 17

Stückliste für Getränketräger				
Lfd. Nr.	**Anzahl**	**Benennung**	**Material**	**Maße in mm**
1	2	Trägerteil	Holz	300 x 150 x 15
2	1	Boden	Holz	250 x 150 x 15
3	6	Seitenteil	Holz	275 x 15 x 6
4	1	Tragestange	Holz	Ø 15 x 280
5	6	Holzschraube	Stahl verzinkt	3 x 35
6	12	Holzschraube	Stahl verzinkt	1,5 x 15

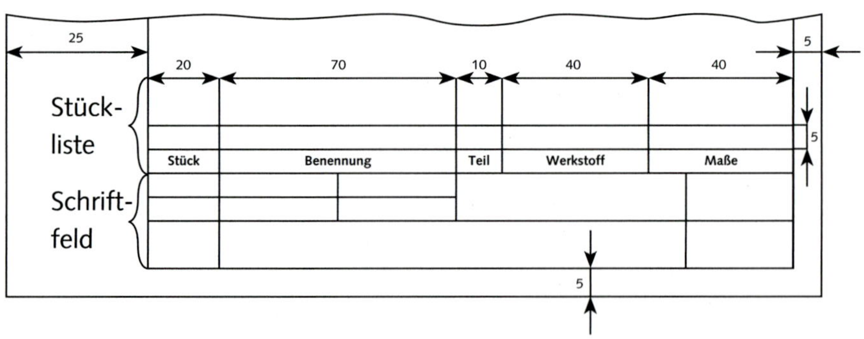

1. Fertige eine lose Stückliste an. Nutze dazu die Abbildung der Konsole auf S. 37.

Blattlage und Blatteinteilung

Skizzier- und Zeichenblätter können sowohl in Hoch- als auch in Querlage verwendet werden.

Blatteinteilung

Beim Anfertigen der Entwurfsskizze wird der Platzbedarf für den zu zeichnenden Gegenstand erkennbar. Er soll so auf dem Blatt platziert werden, dass er ungefähr in der Mitte des Zeichenfeldes liegt. Mithilfe der Skizze kann nun der Abstand zwischen Blattrand und einer vertikalen bzw. horizontalen Anfangslinie festgelegt werden. Die technische Zeichnung wird von diesen Linien aus „aufgebaut".

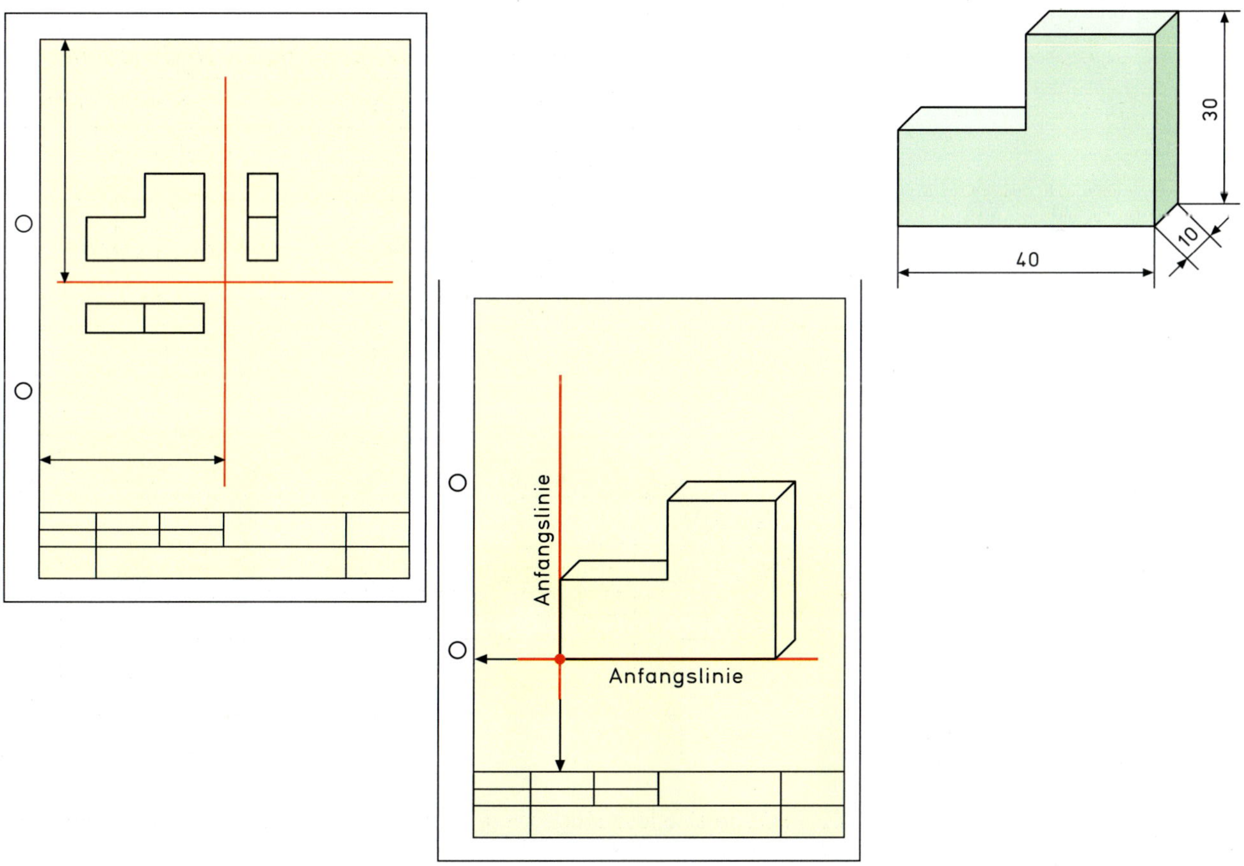

Schreiben in Normschrift

Technische Zeichnungen sind in der Regel so aussagekräftig, dass eine Beschreibung der dargestellten Gegenstände nicht erforderlich ist. Dennoch müssen zur Verdeutlichung schriftliche Hinweise in der Zeichnung erscheinen. Es ist außerdem notwendig, die Bemaßung bereits in der Zeichnung schriftlich anzugeben.
Damit die Klarheit des Schriftbildes und die Lesbarkeit – auch beim Austausch der Zeichnungen zwischen einzelnen Firmen, möglicherweise weltweit – nicht beeinträchtigt werden, hat man sich international auf die Verwendung einer bestimmten Schrift geeinigt. Einzelheiten dieser Schrift sind in den sog. Normblättern des Deutschen Normen-Ausschusses (DNA) festgelegt.

ÄÅBCDÊFGHIJKLMÑÖPQRSTÜVWXYZI1234567890∅
äåbcdêfghijklmñöpqrstüvwxyzß [(&?!:;'÷=+±×%)]

Schräge Mittelschrift (DIN 16)

ÄÅBCDÊFGHIJKLMÑÖPQRSTÜVWXYZI1234567890∅
äåbcdêfghijklmñöpqrstüvwxyzß [(&?!:;'÷=+±×%)]

Gerade Mittelschrift (DIN 17), häufig verwendet

Sollen Zeichnungen mikroverfilmt und rückvergrößert werden, so ist die Verwendung der Schrift nach ISO 3098 (International Organisation for Standardization) angebracht.

ÄBCDÊFGHIJKLMÑÖPQRSTÜVWXYŽI–∅0,123456789–
äabc,dêfghïjklmñöpqrstüvwxyžß□[(&?!:;'–=+±×:◇√%)]

Isonorm Typ B gerade (ISO 3098, DIN 6776)

Burmester-Kurven

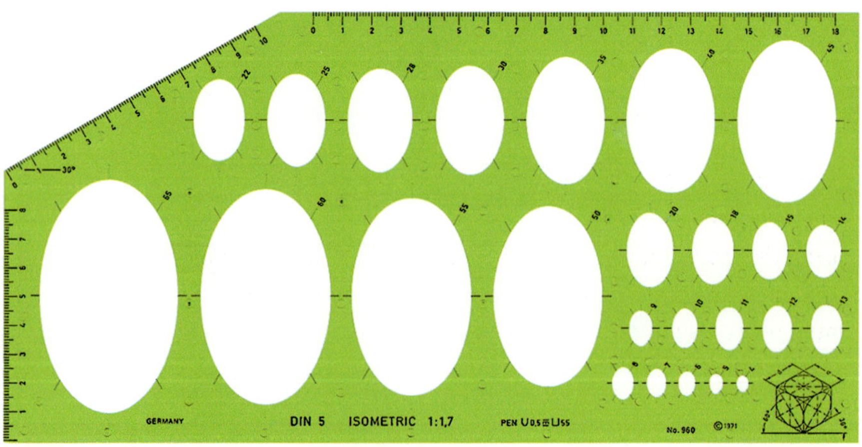

Für die Beschriftung technischer Zeichnungen werden genormte Schablonen verwendet. Die Schriftschablonen enthalten die Größen der Schriftzeichen. Größe und Abstand der Buchstaben sowie der Abstand zwischen den einzelnen Wörtern und andere Vorgaben sind ebenfalls festgelegt.

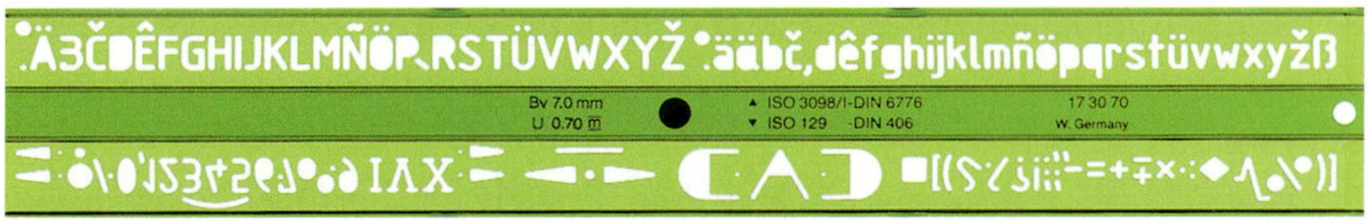

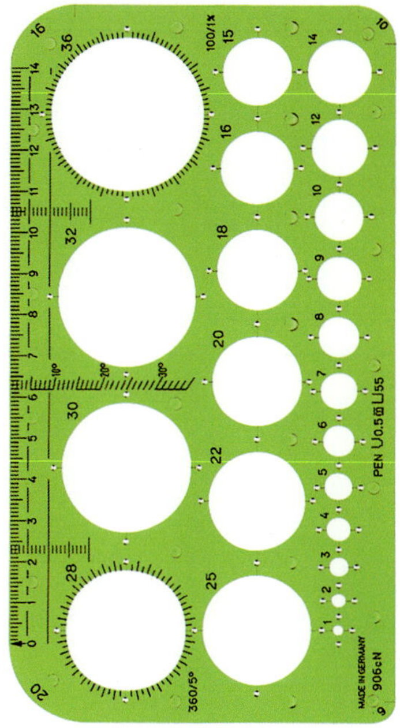
Kreisschablone

Mithilfe eines Faktors können z. B. Schriftgröße, Abstand zwischen den Schriftzeichen und der Abstand zwischen den Wörtern berechnet werden.

		Verhältnis	Maße in mm				
Höhe der Großbuchstaben	h	1 x h	2,5	3,5	5,0	7,0	10
Höhe der Kleinbuchstaben	c	0,7 x h	—	2,5	3,5	5,0	7
Abstand zwischen den Schriftzeichen	a	0,2 x h	0,5	0,7	1,0	1,4	2
Abstand zwischen den Wörtern	e	0,6 x h	1,5	2,1	3,0	4,2	6
Abstand zwischen den Grundlinien	b	1,6 x h	4,0	5,6	8,0	11,2	16
		1,4 x h	3,5	5,0	7,0	10,0	14

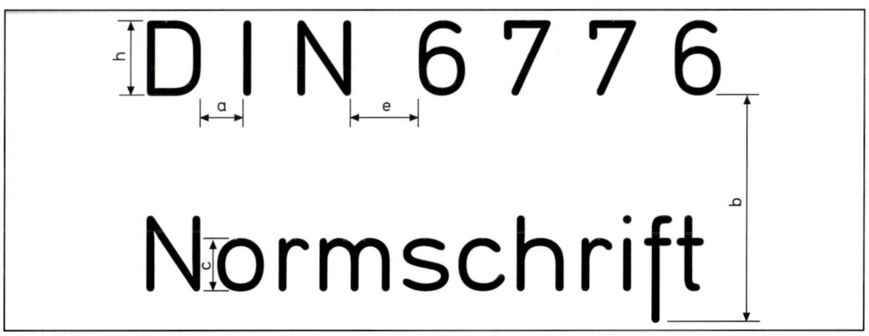

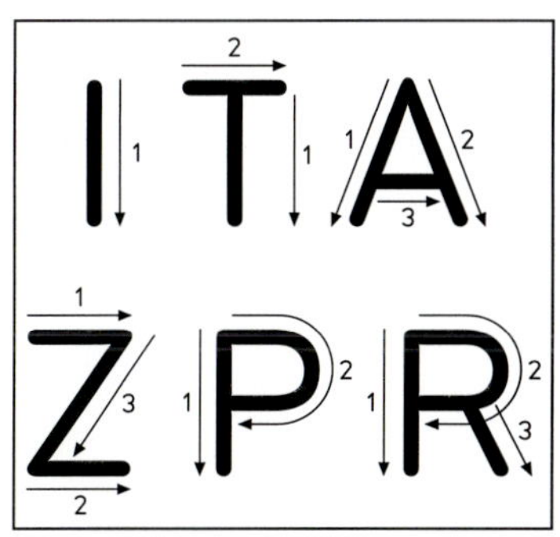

Der Einsatz von Schriftschablonen garantiert bei sachgemäßer Anwendung ein normgerechtes Schriftbild.
Durch die Verwendung von Hilfslinien und entsprechender Schriftübungen kann auch ohne Schablonen ein ansprechendes Schriftbild erreicht werden. Dabei muss aber die Reihenfolge der Linien zum Schreiben der Buchstaben beachtet werden.

1. Schreibe einen kurzen Text in Normschrift. Verwende dazu Hilfslinien.

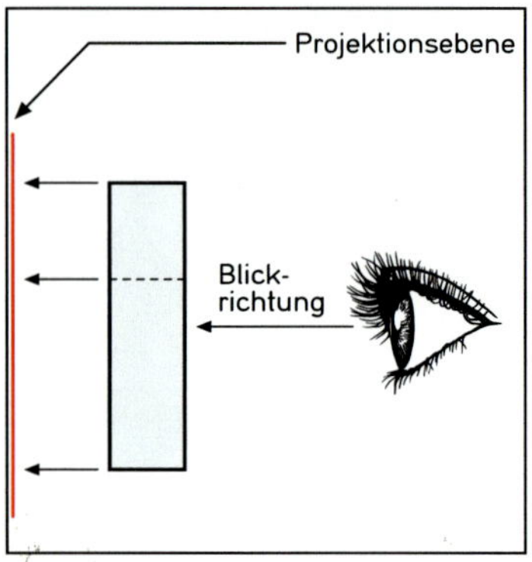

Projektionen

Für die Darstellung wesentlicher Bestandteile komplexer Werkstücke können verschiedene Projektionsmethoden angewendet werden. Beim Projizieren werden Punkte, Linien und Flächen eines Gegenstandes nach geometrischen Regeln auf verschiedene Ebenen (Projektionsebenen) übertragen. Ziel ist es, alle Formen und Größenverhältnisse eines Körpers mit wenig Aufwand sichtbar zu machen.
Da keine Methode diese Anforderungen gleichzeitig erfüllt, werden verschiedene Projektionsmethoden angewendet. Für das technische Zeichnen in der Schule werden die Projektionen nach DIN 5 (axonometrische Projektionen) und DIN 6 (rechtwinklige Parallelprojektion, Projektionsmethode 1) angewendet.

Projektionsmethode 1 nach DIN 6

Eine Zeichnung, nach der ein Gegenstand hergestellt werden soll, muss alle Informationen über Form und Maße enthalten. Darum werden komplizierte Werkstücke in mehreren Ansichten dargestellt.
Die unterschiedlichen Ansichten entstehen, indem man aus unterschiedlichen Richtungen jeweils rechtwinklig auf die Fläche eines Werkstückes blickt und die Projektionsebenen umklappt. Jede Ansicht zeigt dabei einen anderen Umriss (Abb. unten). Es sind maximal sechs Ansichten möglich. Grundsätzlich werden nur so viele Ansichten eines Werkstückes gezeichnet, wie für eine eindeutige Darstellung und Bemaßung erforderlich sind. In der Regel genügen bei den meisten Werkstücken zwei oder drei Ansichten.
Wichtig ist das Festlegen der Hauptansicht (Vorderansicht). Sie sollte wesentliche Bestandteile des darzustellenden Werkstückes zeigen. Diese Anordnung der Ansichten wird auch als die Projektionsmethode 1 bezeichnet. Die Projektionsmethode wird durch das Symbol eines Kegelstumpfes gekennzeichnet. Es steht entweder im Schriftfeld oder in dessen Nähe.

INFO

Symbol der Projektionsmethode 1

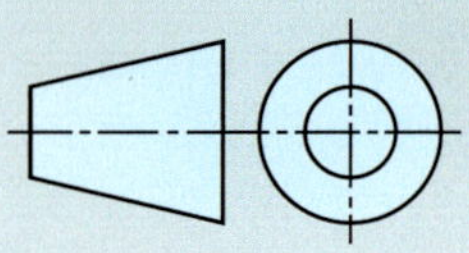

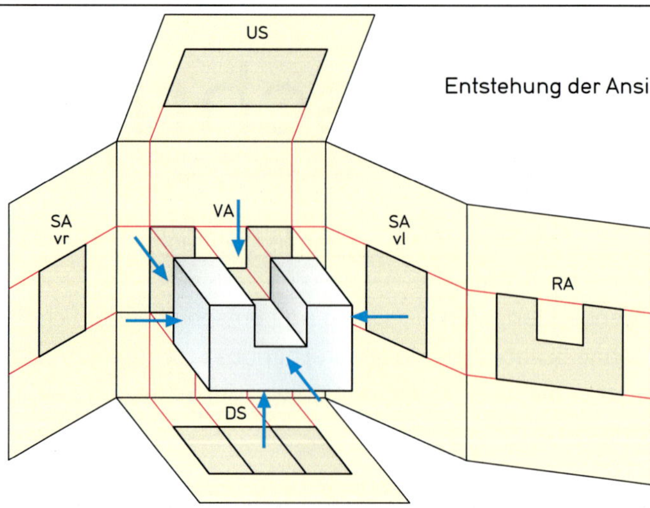

Entstehung der Ansichten

Auf einer Zeichnung sind die Ansichten eines Werkstückes nach einer bestimmten Systematik zueinander angeordnet.

- Von der **Vorderansicht (VA)** werden alle anderen Ansichten abgeleitet (Hauptansicht).
- Die **Seitenansicht von links (SA vl)** liegt rechts neben der Vorderansicht. Die Ansichten liegen auf gleicher Höhe.
- Die **Seitenansicht von rechts (SA vr)** liegt links neben der Vorderansicht auf gleicher Höhe.
- Die **Draufsicht (DS)** liegt senkrecht unter der Vorderansicht.
- Die **Unteransicht (US)** liegt oberhalb der Vorderansicht.
- Die **Rückansicht (RA)** liegt links oder rechts neben der Seitenansicht.

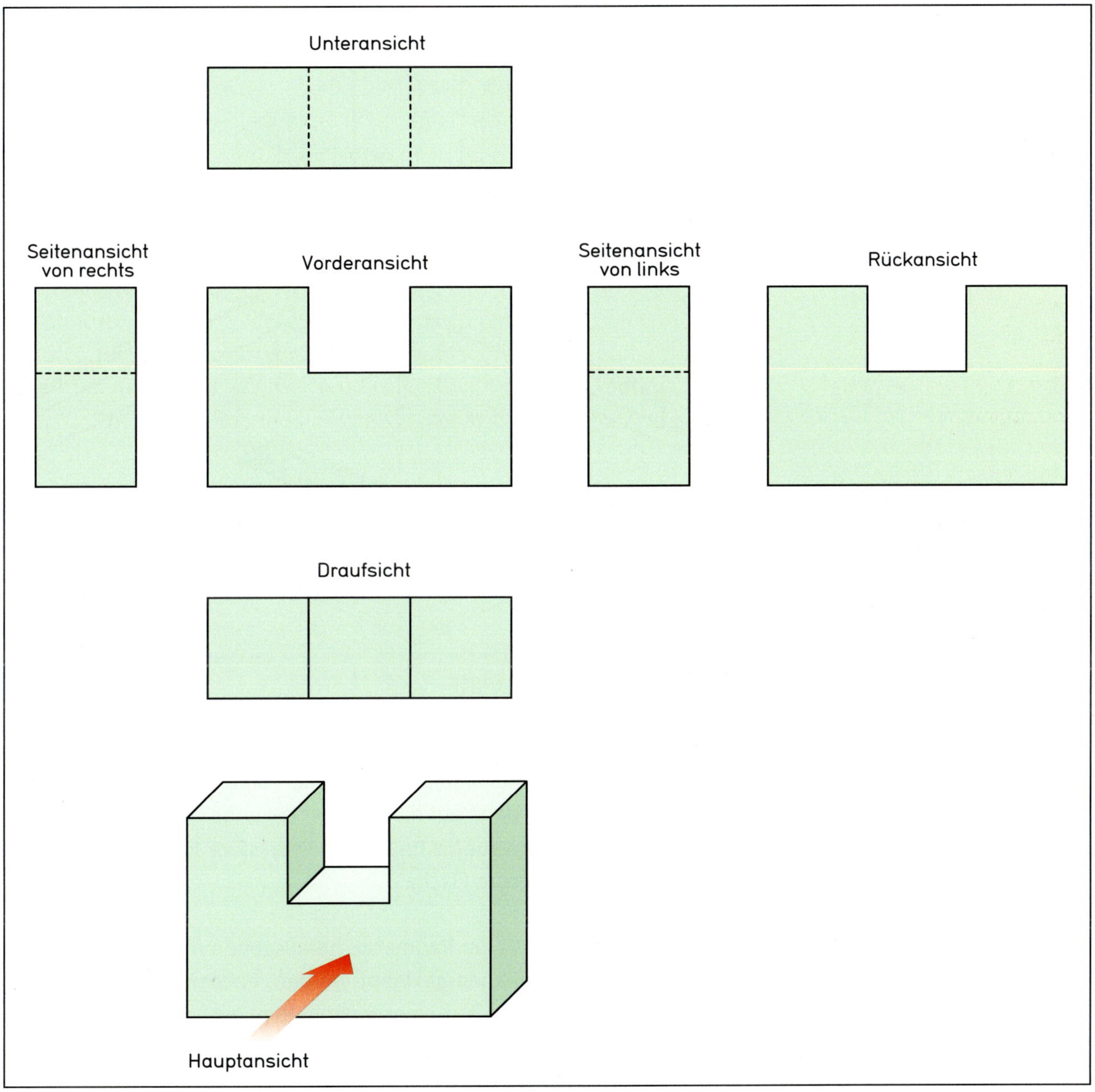

Schlüsselanhänger

Dreitafelprojektion

Die bei der Anfertigung von Zeichnungen am häufigsten verwendeten Ansichten sind die Vorderansicht, die Seitenansicht von links und die Draufsicht. Als Vorderansicht wird dabei die Ansicht gewählt, die wesentliche Formen des Werkstückes zeigt. Diese Darstellung nennt man Dreitafelprojektion. Damit lassen sich Werkstücke eindeutig darstellen.

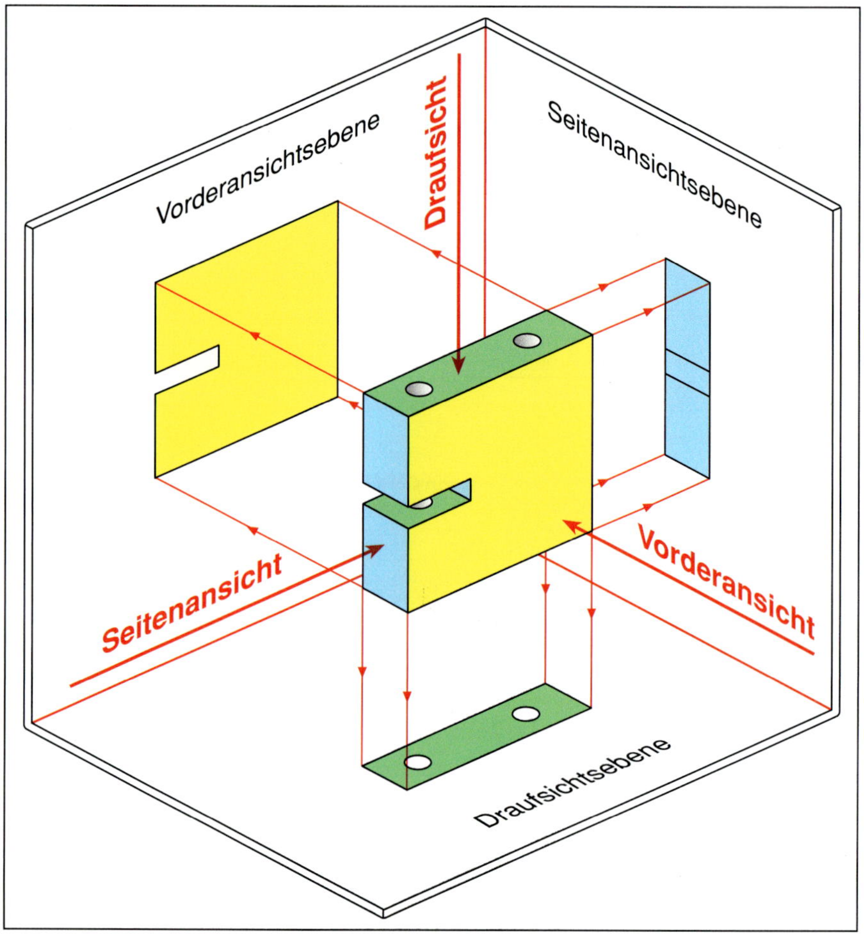

Grundkörper Schlüsselanhänger

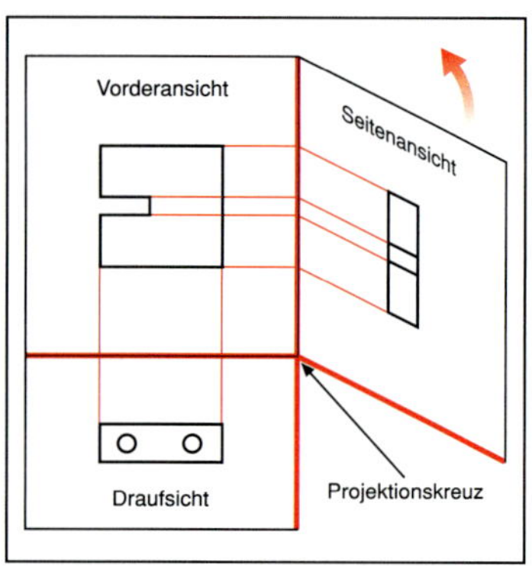

Die Dreitafelprojektion versteht man am besten, wenn man sich den zu zeichnenden Gegenstand in einer Raumecke vorstellt (siehe Abb. oben). Die Vorderansicht wird dann auf die dahinter liegende Fläche projiziert. Die Draufsicht projiziert man auf die unter dem Werkstück liegende Fläche, die Seitenansicht auf die rechte Fläche.

Wenn das Werkstück aus der Raumecke herausgenommen wird und wenn dann die Flächen auseinandergeklappt werden, entsteht eine Anordnung der drei Ansichten, wie sie auf einer technischen Zeichnung aussehen soll (siehe Abb. links). Die Klappkanten bilden das Projektionskreuz, das die Verteilung der Ansichten auf der Zeichnung bestimmt.

Schrittfolge für das Zeichnen in der Dreitafelprojektion

Wurde die Vorderansicht (Hauptansicht) des zu zeichnenden Werkstückes bestimmt, kann man in wenigen Schritten die Ansicht von links und die Draufsicht konstruieren. Dazu gibt es mehrere Möglichkeiten (siehe Abbildung rechts).

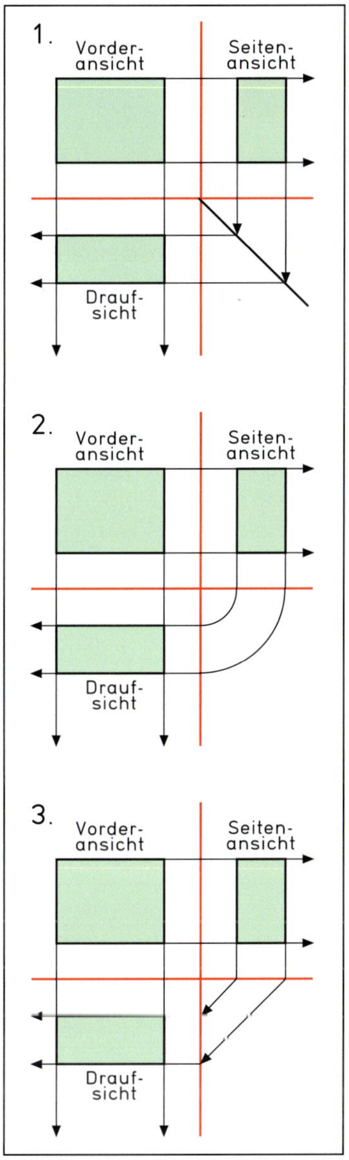

Für den Schulgebrauch hat sich folgende Schrittfolge bewährt: Das Projektionskreuz und die Projektionsachse (Winkel von 45°) werden so eingezeichnet, dass die Zeichnung ungefähr in der Blattmitte entsteht (vorzeichnen mit hartem Bleistift). Die Grundform der Vorderansicht wird maßstabsgerecht übertragen. Anschließend wird die Grundform der beiden anderen Ansichten konstruiert, indem die Körperkanten der Grundform der Vorderansicht bis in die Projektionsebenen der Seitenansicht und der Draufsicht verlängert werden. Es muss beachtet werden, dass der Abstand der Körperkanten zum Projektionskreuz in jeder Ansicht gleich groß ist. Ist die Tiefe in der Seitenansicht eingezeichnet, kann die Grundform der Draufsicht konstruiert werden. Erst, wenn alle Teilformen in die Ansichten gezeichnet wurden, können die sichtbaren Körperkanten mit einem weichen Bleistift nachgezogen werden.

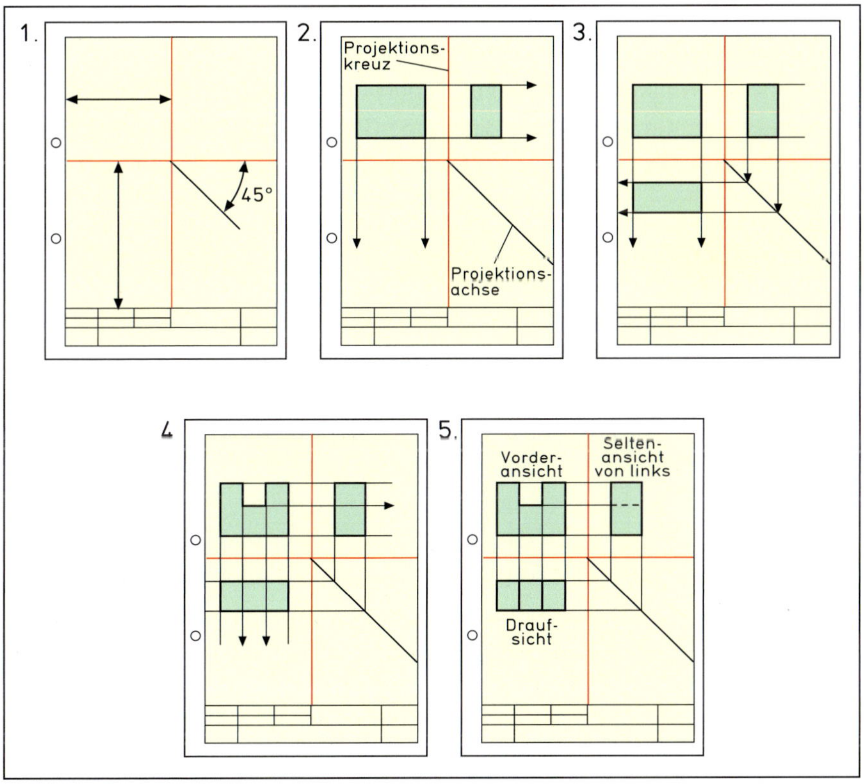

1. Zeichne den Grundkörper des Schlüsselanhängers maßstabsgerecht in der Dreitafelprojektion. Verwende die Abbildung auf S. 33. Hinweis: Die Bohrungen werden als nicht sichtbare Körperkanten dargestellt.

INFO

Perspektive ist abgeleitet vom lateinischen perspicere = erkennen, wahrnehmen, durchschauen.

Axonometrische Projektionen werden auch **Parallelprojektionen** genannt, weil die Kanten, die in der Wirklichkeit parallel verlaufen, auch in dieser Darstellung parallel bleiben. Es werden so die Funktion und die Form eines Werkstückes besser verdeutlicht.

Axonometrische Projektionen nach DIN 5

Bei axonometrischen Projektionen werden Körper aus verschiedenen Perspektiven betrachtet.

Da nur die Vorderansicht die Gestalt eines Körpers oft nicht eindeutig erkennen lässt, ist eine perspektivische Darstellung notwendig. Die Perspektive vermittelt eine klare Vorstellung vom abgebildeten Gegenstand, indem sie uns mehrere Seiten eines Körpers in einem Bild zeigt. Der Betrachter blickt dabei aus unterschiedlichen Winkeln auf den Gegenstand.

Nach DIN werden folgende axonometrische Projektionen unterschieden:

axonometrische Projektionen

rechtwinklige
- isometrische Projektion
- dimetrische Projektion

schiefwinklige
- planometrische Projektion
- Kabinett-Projektion
- Kavalier-Projektion

Bei der rechtwinkligen axonometrischen Projektion blickt der Betrachter senkrecht auf die Bildebene (Projektionsebene), während keine Körperkante des Gegenstandes parallel zu dieser Ebene verläuft.

Bei der schiefwinkligen axonometrischen Projektion blickt der Betrachter schräg auf den Körper und die Bildebene (Projektionsebene), während der Gegenstand mit xz- oder der yz-Ebene parallel zu dieser Ebene liegt.

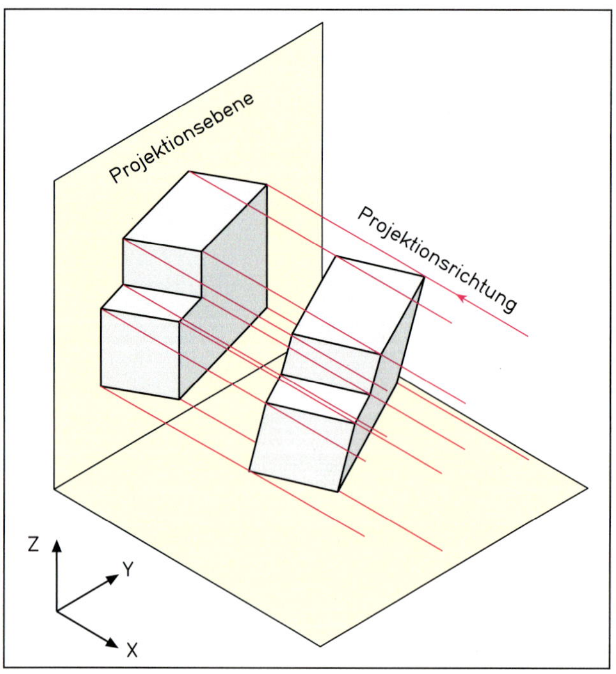

Rechtwinklige axonometrische Projektion

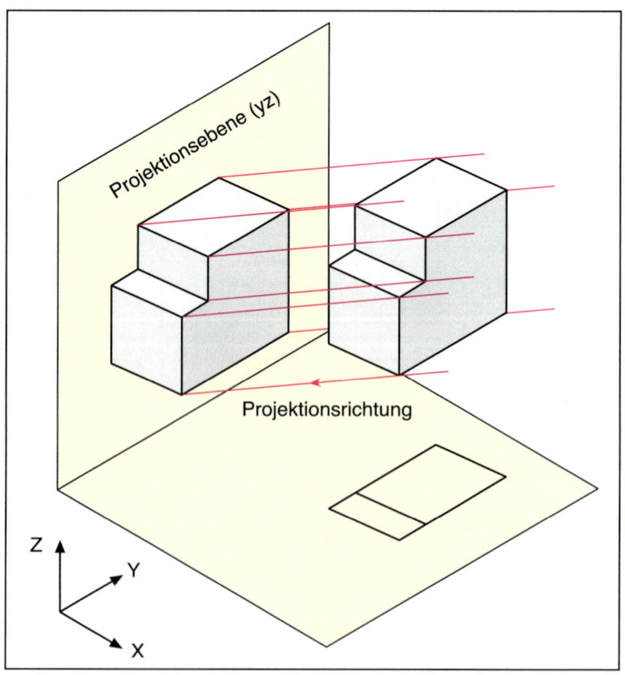

Schiefwinklige axonometrische Projektion

Kabinett-Projektion

Die Kabinett-Projektion ist eine schiefwinklige axonometrische Projektion. Dabei blickt der Betrachter schräg auf die Projektionsebene, wobei der Körper mit der Hauptansicht parallel zu dieser Ebene liegt. Vorder- und Rückflächen bleiben unverzerrt und werden maßstäblich gezeichnet. Seiten-, Deck- und Bodenflächen erscheinen verzerrt und werden um die Hälfte verkürzt in einem Winkel von 45° dargestellt.

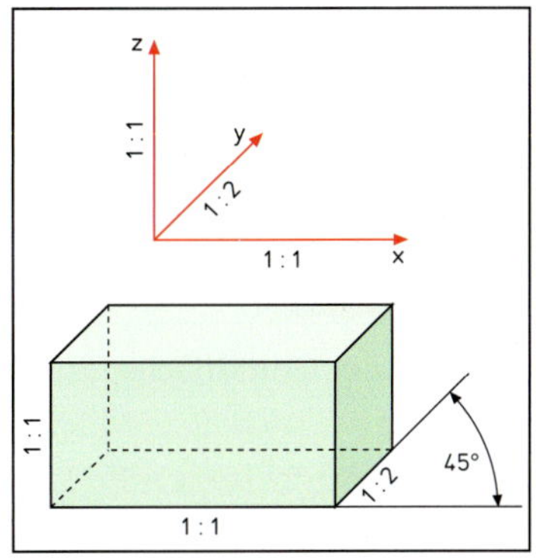

Die Konsole ist als Ständer für ein Funktionsmodell vorgesehen. Das Modell wird an einem Winkel mit Sechskantschrauben befestigt.

1. Die Vorderfläche wird gezeichnet.

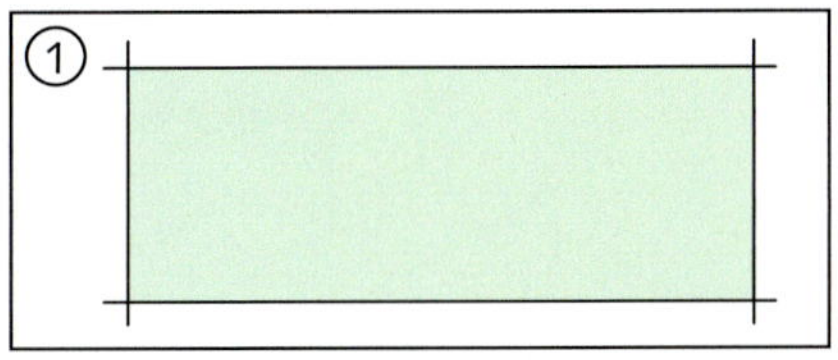

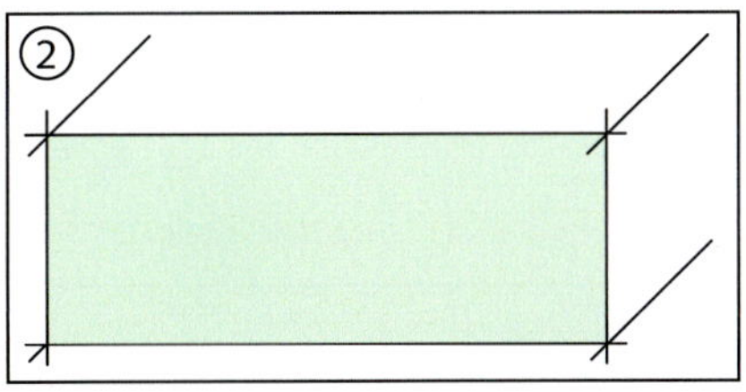

2. Die Tiefenlinien werden in einem Winkel von 45° angetragen.

3. Die Grundform wird vervollständigt (Seiten-, Deck- und Bodenfläche).

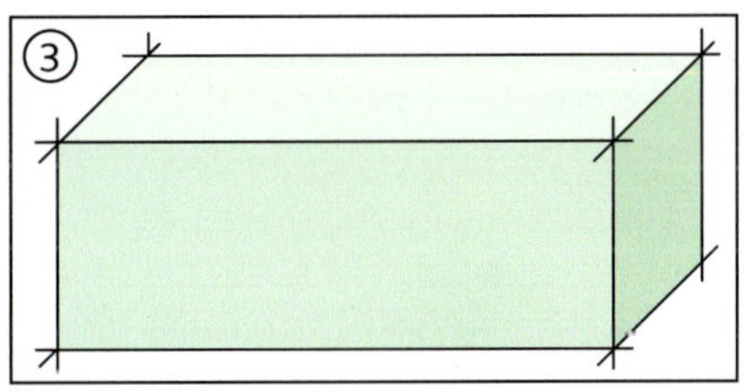

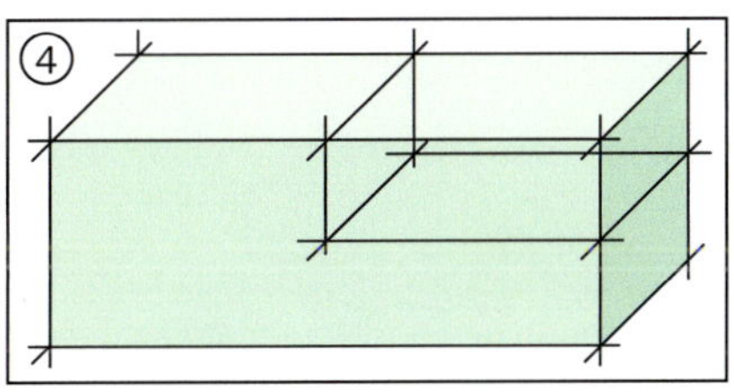

4. Die Teilform wird „abgetragen".

5. Sichtbare Körperkanten werden „nachgezogen".

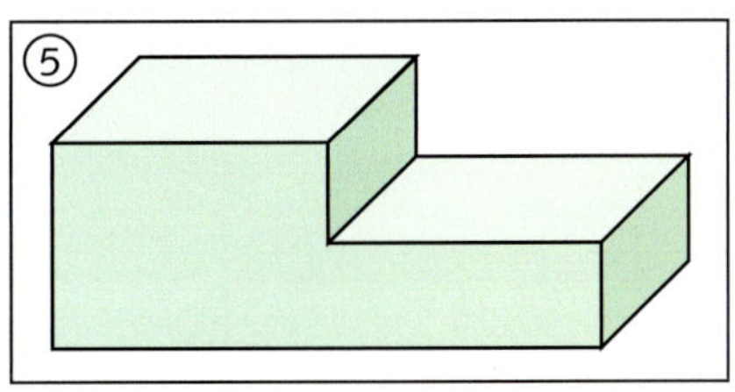

1. Notiere die Merkmale der Kabinettprojektion.

2. Zeichne das Werkstück mit ausmittiger Nut in der Kabinett-Projektion. Wähle einen geeigneten Maßstab.

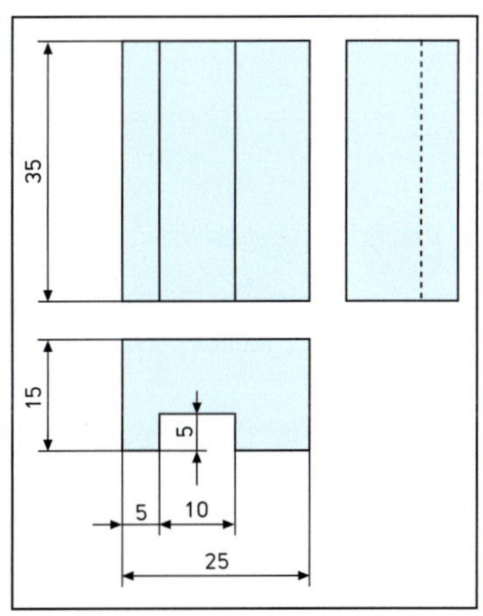

Werkstück mit ausmittiger Nut

Prismatische Grundformen mit:

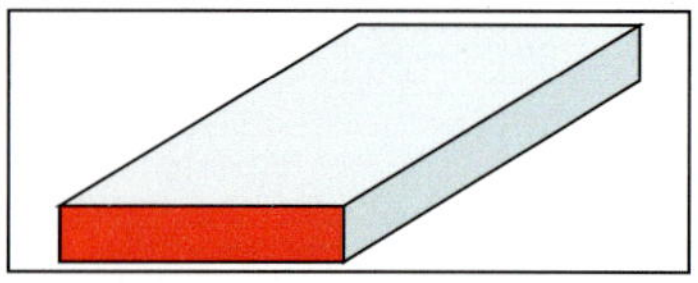

rechteckiger Grundfläche, z. B. Brett

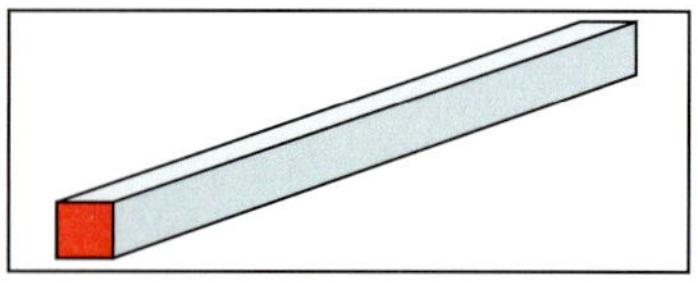

quadratischer Grundfläche, z. B. Leiste

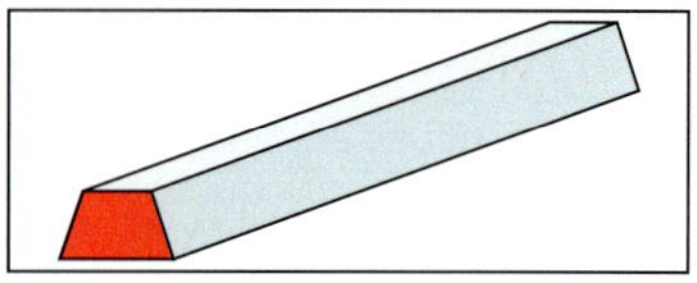

trapezförmiger Grundfläche, z. B. Schiene

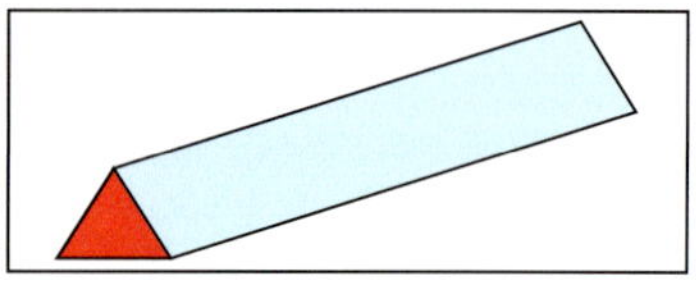

dreieckiger Grundfläche, z. B. Keil

Andere Grundformen:

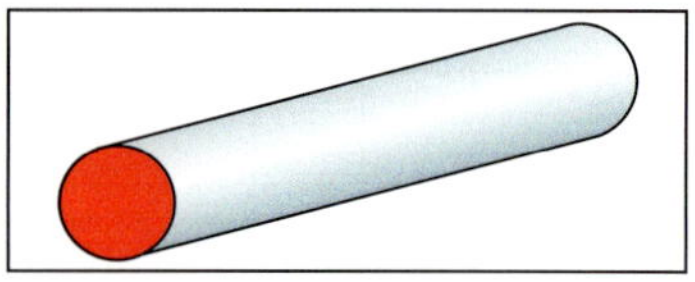

Zylinder, z. B. Achse, Welle

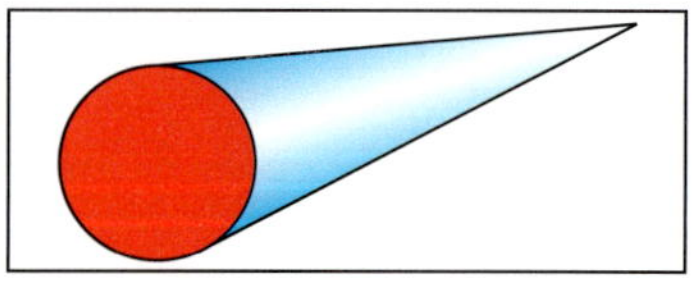

Kegel, z. B. Dorn

Lesen technischer Zeichnungen

Beim Lesen technischer Zeichnungen ist es wichtig, die Formen zu erkennen und mit Fachausdrücken zu benennen. Die meisten Formen lassen sich mit Begriffen aus der Geometrie, z. B. Rechteck, Quadrat, Zylinder, beschreiben. Es werden Grund- und Teilformen unterschieden. Die Grundform beschreibt die Ausgangsform (Umrisse), die Teilform einen genau zu bezeichnenden Teil (Veränderung) des Werkstückes. Die Angabe der Lage der Teilform beim Zeichnungslesen ist zum besseren Verständnis ebenfalls hilfreich.

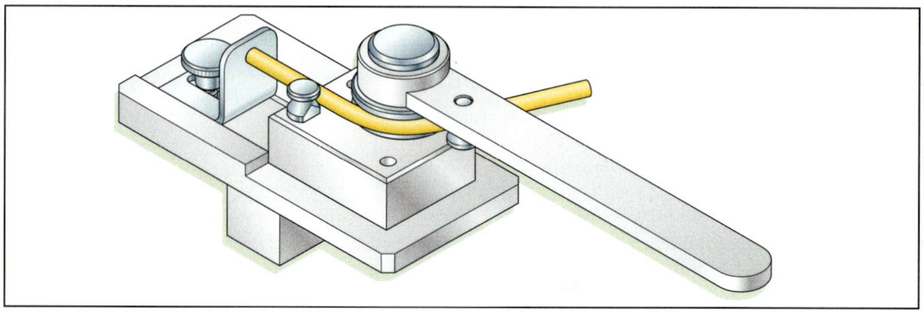

Biegevorrichtung

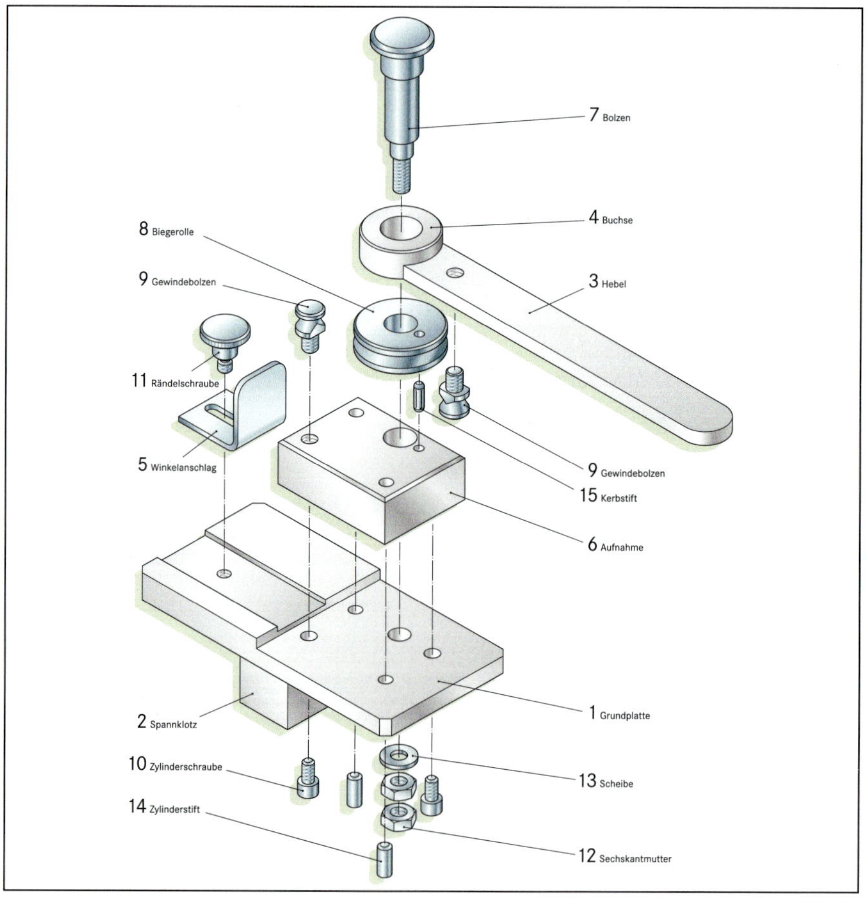

Einzelteilzeichnung der Biegevorrichtung

Teilformen (Veränderungen)

Die Veränderung der Grundform erfolgt durch das „Abtragen" oder „Ansetzen" eines oder mehrerer Teile (Teilform).

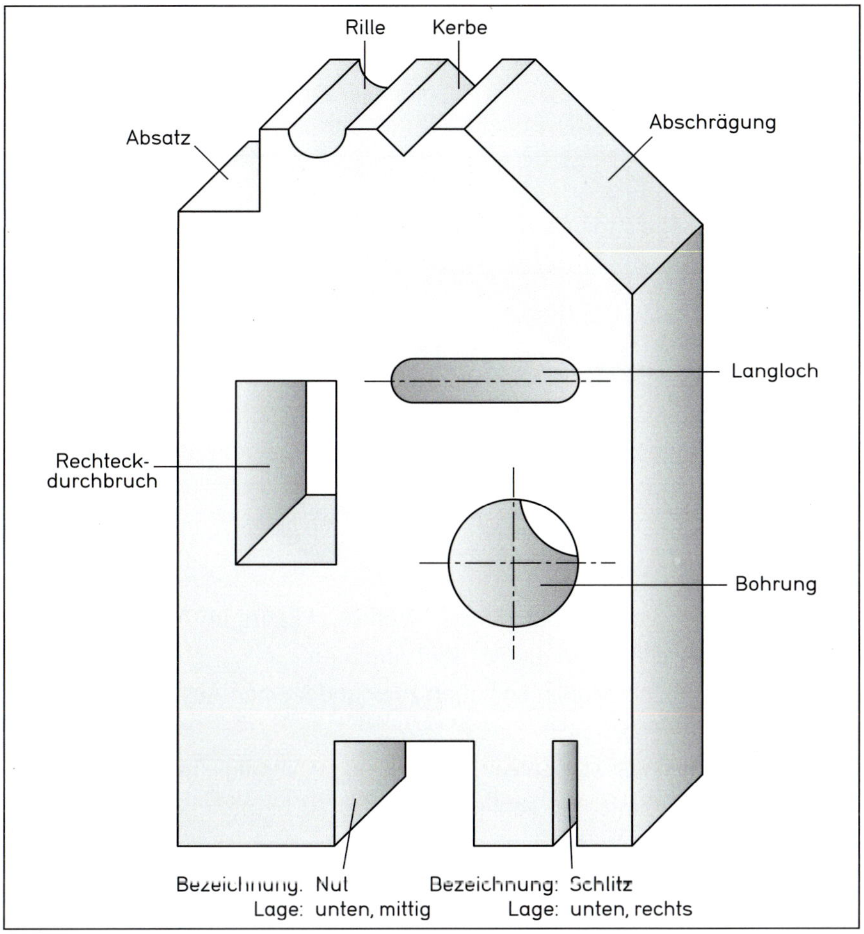

Abtragen von Teilen

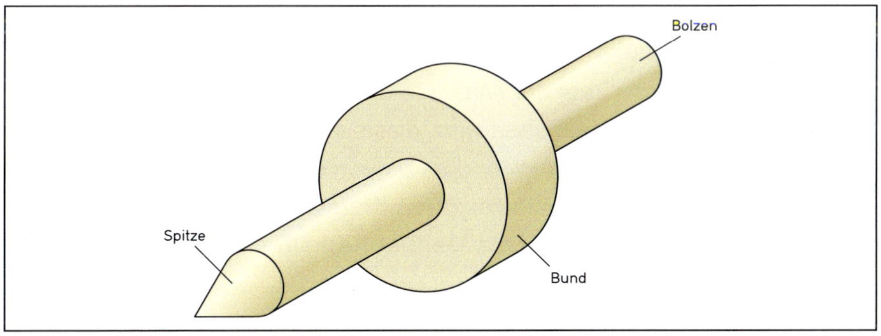

Ansetzen mehrerer Teile

1. Skizziere in eine rechteckige Grundform die Teilformen: Absatz, Rechteckdurchbruch und Nut. Lege selbst fest, wo die Teilformen liegen. Beschreibe deren Lage.

Maßeintragung

INFO

Die Regeln der Maßeintragung sind in DIN 406 festgelegt.

Zur Darstellung von Werkstücken sind Informationen über die Größe der Formen notwendig. Hierzu werden in technischen Zeichnungen alle Maße eingetragen, die zur Herstellung notwendig sind. Eine Maßangabe besteht aus den Elementen Maßlinie, Maßhilfslinie, Maßpfeil (Maßlinienbegrenzung) und Maßzahl.

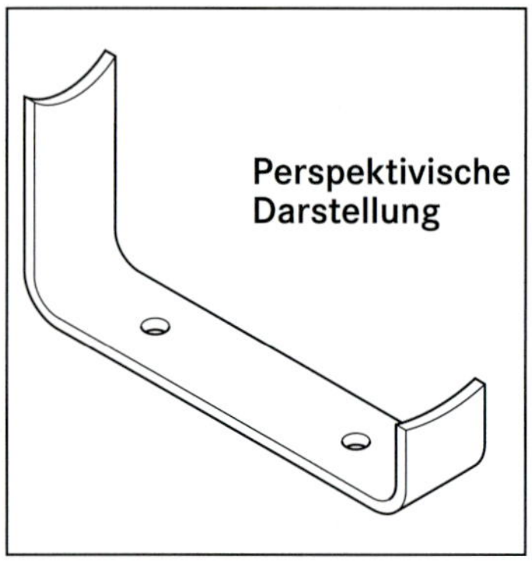

Perspektivische Darstellung der Halterung

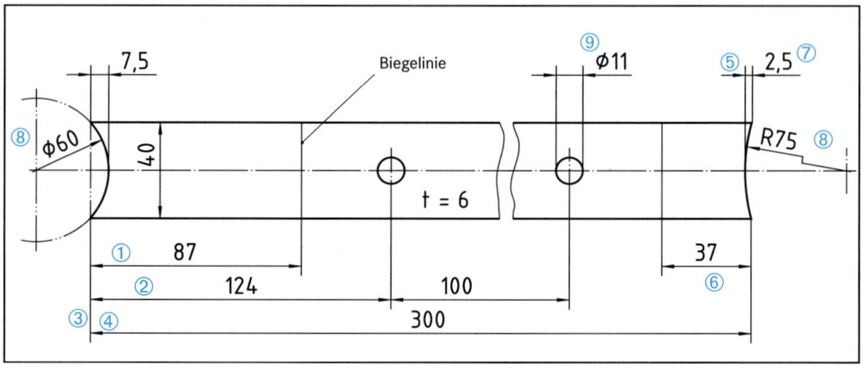

Maßeintragung

① Die Maßlinie verläuft parallel zur Werkstückkante im Abstand von ca. 10 mm, sie schließt an die Maßhilfslinien an.

② Mehrere parallele Maßlinien haben zueinander einen Abstand von jeweils 7 mm.

③ Die Maßhilfslinien stehen ca. 2 mm über die Maßlinie hinaus und senkrecht zur Maßlinie. Sie schließen an das zu bemaßende Element an. Maßlinien und Maßhilfslinien von unterschiedlichen Maßen sollen sich möglichst nicht kreuzen.

④ Als Maßlinienbegrenzung werden im Maschinenbau ausgefüllte Maßpfeile verwendet. Bei der Liniengruppe 0,5 sind sie ca. 2,5 mm lang und haben einen Öffnungswinkel von 15°.

⑤ Maßpfeile werden in der Regel zwischen die Maßhilfslinien gezeichnet. Bei Platzmangel werden sie von außen an die Maßhilfslinie geführt.

⑥ Die Maßzahl steht über der Maßlinie und zwischen den Maßhilfslinien. Maßzahlen haben die Einheit mm, diese wird jedoch nicht angegeben. Die Maße sind so einzutragen, dass sie von unten und von rechts lesbar sind. Maßzahlen werden in Normschrift geschrieben.

⑦ Bei Platzmangel wird die Maßzahl außerhalb über eine verlängerte Maßlinie geschrieben.

⑧ Rundungen werden durch Angabe des Radius (R) oder des Durchmessers (Ø) bemaßt. Der Mittelpunkt der Rundung wird nur dann gekennzeichnet, wenn seine Lage aus Funktions- oder Fertigungsgründen festgelegt sein muss.

⑨ Durchmessermaßen von Bohrungen wird immer das Symbol Ø vorangestellt.

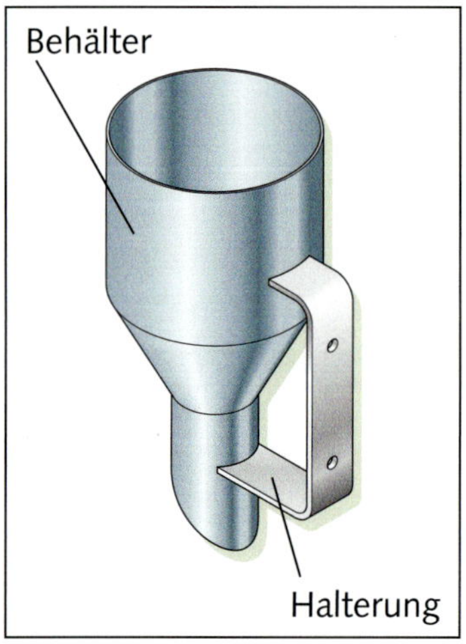

Trichter

Jede Form eines Werkstückes ist bestimmt durch seine Größe und Lage. Man unterscheidet Größen- und Lagemaße. Bei der Maßeintragung sollte deshalb systematisch vorgegangen werden. In den meisten Fällen erfolgt die Bemaßung nach der Reihenfolge der Fertigungsschritte. Empfehlenswert ist die Festlegung von Maßbezugskanten und Maßbezugslinien. Als Maßbezugskante können waagerechte und senkrechte Körperkanten dienen. Von diesen Körperkanten aus beginnt die Maßeintragung.

Es ist auch möglich, Mittellinien als Bezugslinien zu nutzen. Sie halbieren die waagerechten und senkrechten Maße. Lage- und Größenmaße der Teilformen werden entsprechend den Regeln der Maßeintragung eingezeichnet. Danach erfolgt die Bemaßung der Grundform. Beim Bemaßen der Ansichten sollte beachtet werden, dass sich möglichst viele Maße in der Vorderansicht wiederfinden, wobei zusammengehörende Maße in einer Ansicht eingetragen werden.

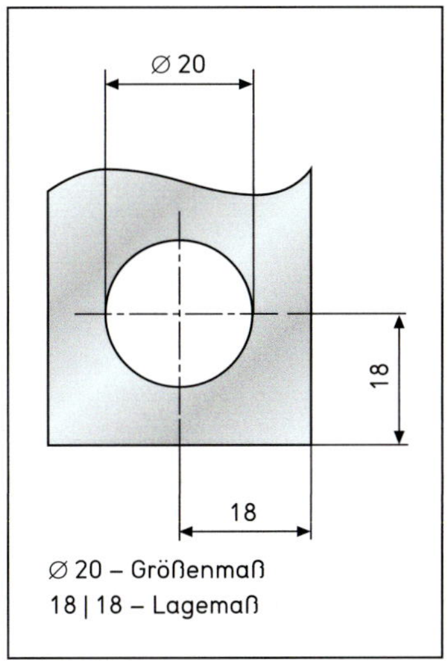

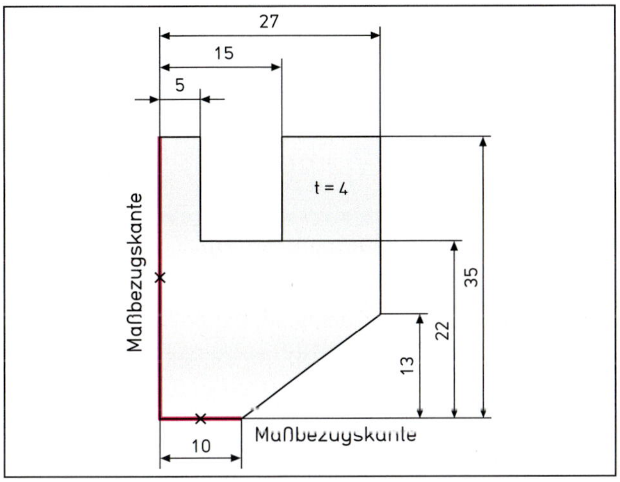

Körperkanten als Maßbezugskanten

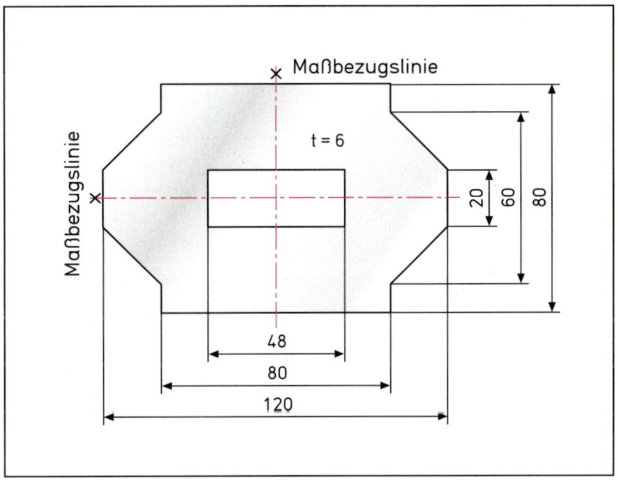

Mittellinien als Maßbezugslinien

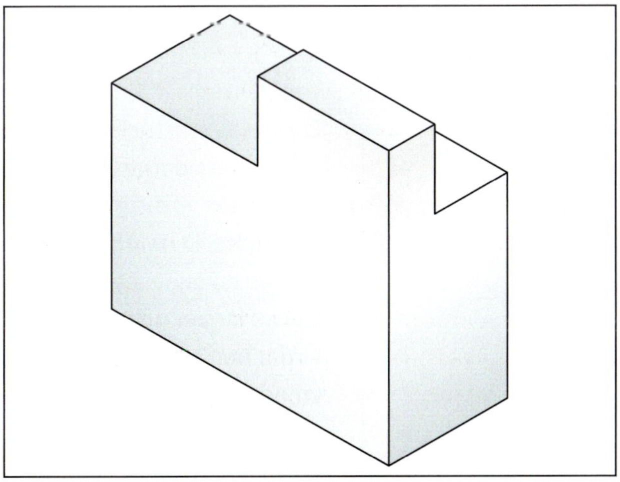

Körper in Perspektive

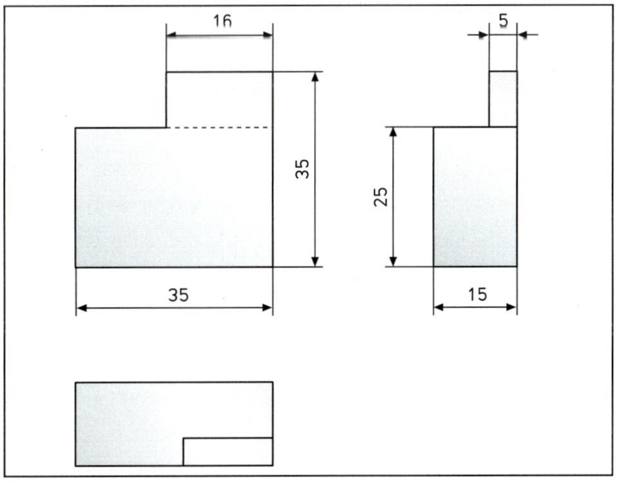

Körper in Dreitafelprojektion mit Bemaßung

Maßstabgerechtes Zeichnen

Viele Werkstücke sind so klein, dass eine Zeichnung in Originalgröße nur schwer zu zeichnen und zu lesen wäre. Darum werden kleine Werkstücke vergrößert dargestellt. Wird ein Werkstück in Originalgröße abgebildet, so hat die Zeichnung den Maßstab 1 : 1 (M 1 : 1).

Vergrößerungsmaßstäbe, die im Unterricht angewendet werden:

M 2 : 1: Die Zeichnung stellt die Abmessungen des Werkstücks in doppelter Größe dar.

M 5 : 1: Die Zeichnung stellt die Abmessungen des Werkstücks in fünffacher Größe dar.

M 10 : 1: Die Zeichnung stellt die Abmessungen des Werkstücks in zehnfacher Größe dar.

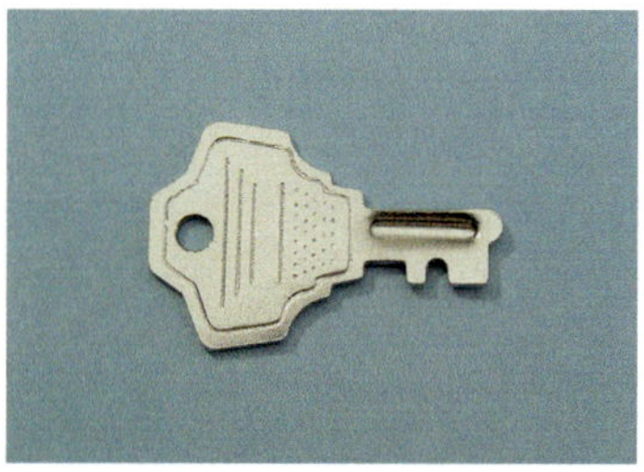

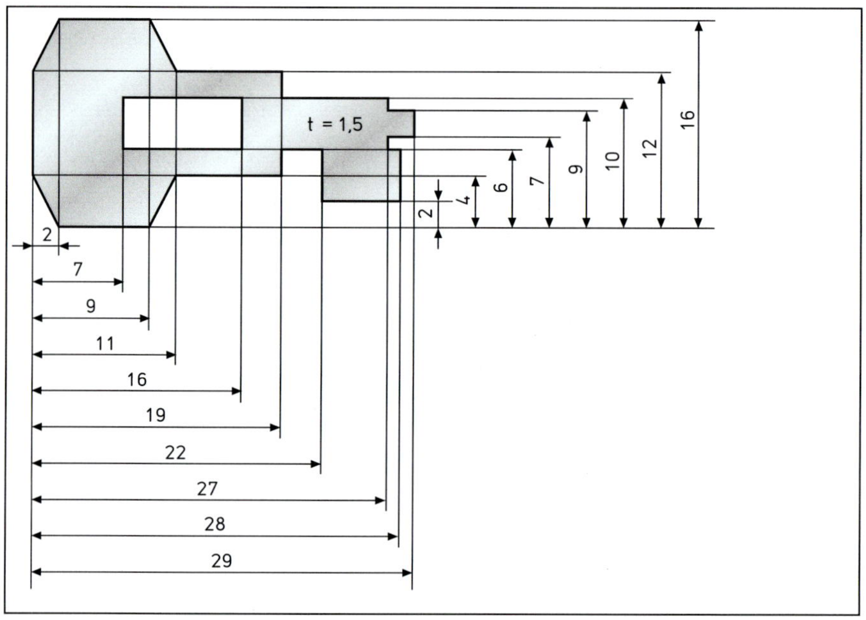

Schlüssel M 2 : 1

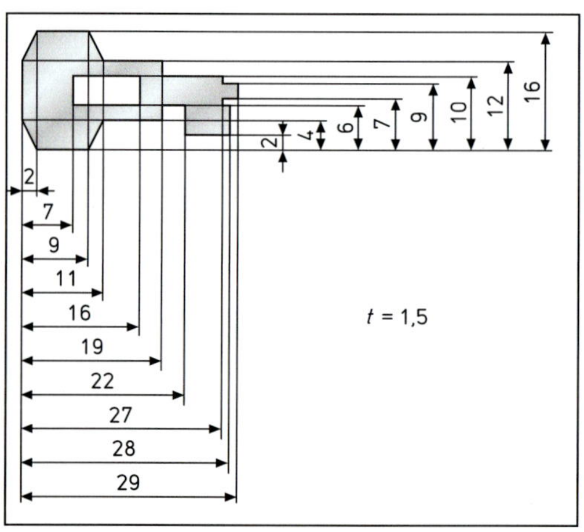

Schlüssel M 1 : 1

Große Werkstücke müssen verkleinert dargestellt werden. Dies ermöglicht eine deutliche Darstellung sehr großer Teile. Die Werkstücke lassen sich dann auch einfacher bemaßen. Angewendet wird die Verkleinerung vor allem in der Möbelindustrie, im Maschinenbau, bei Landkarten und Bauplänen.

Verkleinerungsmaßstäbe, die im Unterricht angewendet werden:

M 1 : 2: Die Zeichnung stellt die Abmessungen des Werkstücks in zweifacher Verkleinerung dar.

M 1 : 5: Die Zeichnung stellt die Abmessungen des Werkstücks in fünffacher Verkleinerung dar.

M 1 : 10: Die Zeichnung stellt die Abmessungen des Werkstücks in zehnfacher Verkleinerung dar.

Unabhängig vom gewählten Maßstab werden in der Zeichnung stets die Maßzahlen der wirklichen Abmessungen des Körpers eingetragen.

Beispiel eines verkleinert dargestellten Werkstücks:

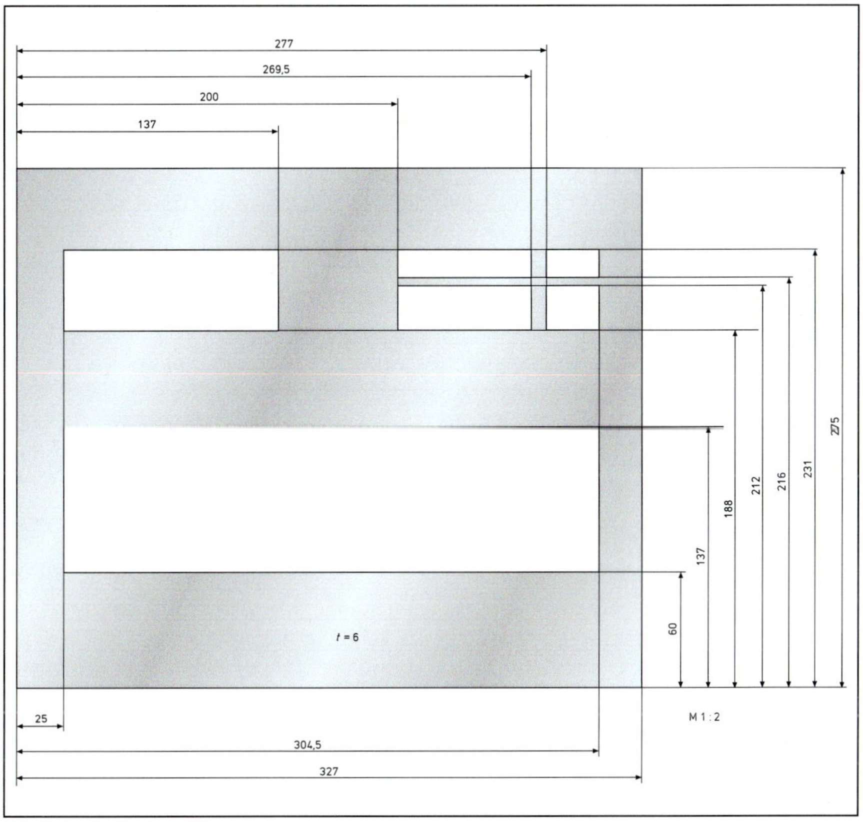

Verkleidung aus Aluminium, eloxiert

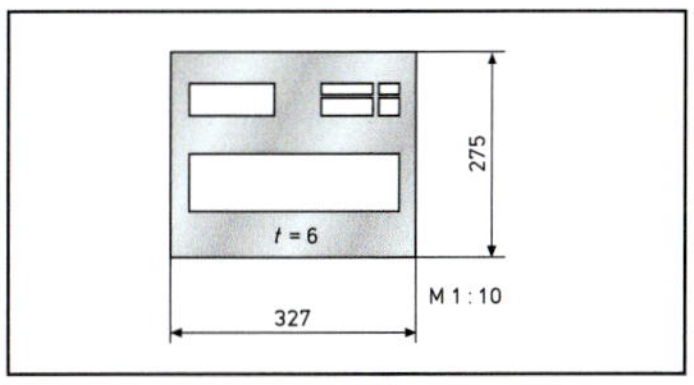

Die Verkleidung von oben im Maßstab 1 :10. Hier sind nur die Grundmaße angegeben.

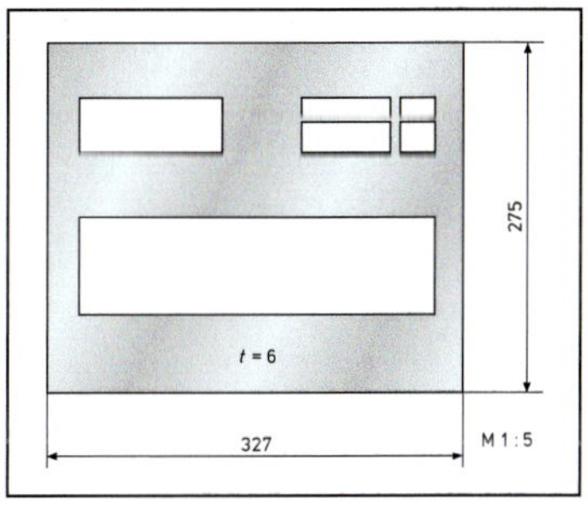

Die Verkleidung im Maßstab 1 : 5

Zusammenfassung:

- Manche Gegenstände müssen kleiner oder größer dargestellt werden, da die Darstellung in ihrer natürlichen Größe nicht möglich ist.
- Kleinere Werkstücke werden vergrößert dargestellt. Wir verwenden die Maßstäbe M 2 : 1, M 5 : 1, M 10 : 1.
- Große Werkstücke werden verkleinert dargestellt. Wir verwenden die Maßstäbe M 1 : 2, M 1 : 5, M 1 : 10.
- In der Zeichnung werden die wirklichen Abmessungen eingetragen.

In diesem Kapitel habt ihr gelernt,
- dass die Werkstoffauswahl nach verschiedenen Gesichtspunkten erfolgt und wie die Werkstoffeigenschaften ermittelt werden,
- dass Materialkosten für ein Produkt erfasst und minimiert werden können,
- dass eine Fertigungsplanung erfolgen muss und welche Unterlagen dazu erstellt werden,
- dass die Arbeitsmittel nach bestimmten Gesichtspunkten ausgewählt und wie sie sachgerecht gehandhabt werden,
- dass Vorschriften der Arbeitssicherheit und des Arbeitsschutzes bei der Fertigung beachtet werden müssen,
- dass der Fertigungsprozess nach bestimmten Gesichtspunkten bewertet werden kann,
- dass eine Bewertung des gefertigten Werkstücks erfolgen kann.
- dass die technische Zeichnung eine Form der technischen Kommunikation ist.

1. Zeichne das Werkstück im M 2 : 1.
Das Führungsblech soll aus 2 mm dickem Stahlblech gestanzt werden.

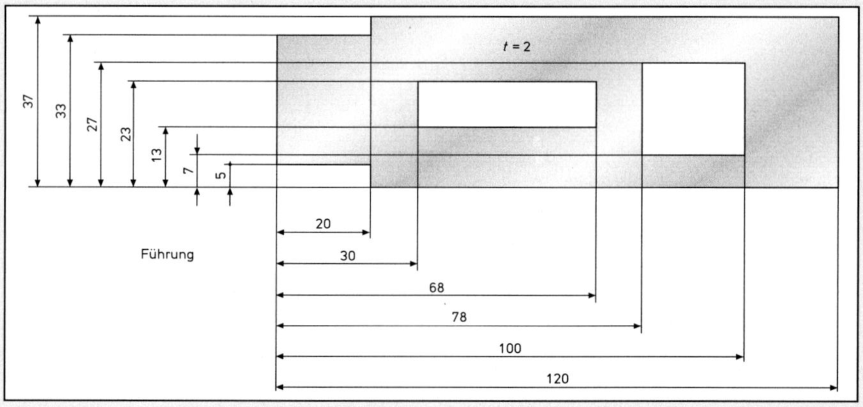

2. Zeichne die Schiene im Maßstab 1 : 1 in der Kabinettprojektion.

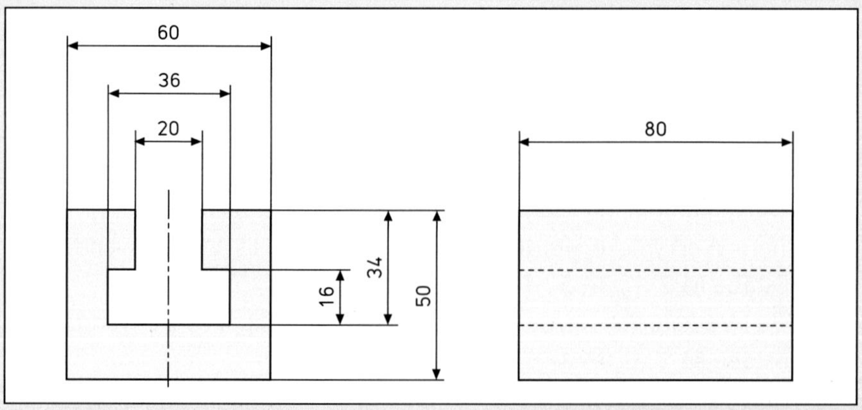

3. Zeichne das Werkstück im Maßstab 1 : 2 in der Dreitafelprojektion.

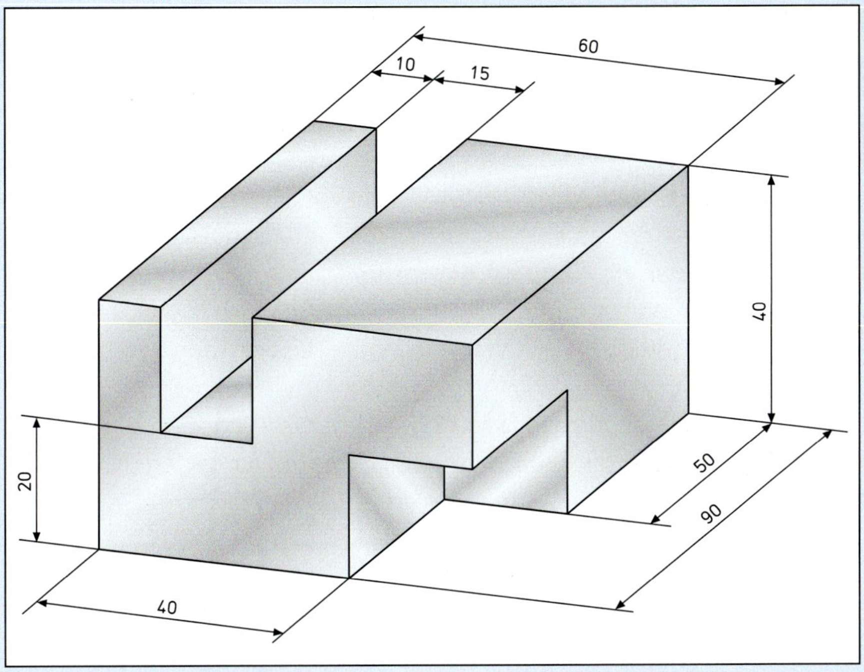

4. Es soll im Unterricht ein Bilderrahmen gefertigt werden.

a) Untersucht, welche Werkstoffe für den Bilderrahmen geeignet sind.

b) Erarbeitet die Planungsunterlagen für die Fertigung (technische Zeichnung, Stückliste, Fertigungsablauf, Arbeitsmittel).

c) Ermittelt den Materialbedarf und analysiert in verschiedenen Baumärkten den Preis für das Material, um die Bilderrahmen kostengünstig herstellen zu können.

d) Stellt die Bestimmungen des Arbeitsschutzes und der Arbeitssicherheit zusammen, die bei der Fertigung des Bilderrahmens zu beachten sind.

e) Erarbeitet Bewertungskriterien zum Vergleich mit industriell hergestellten Bilderrahmen.

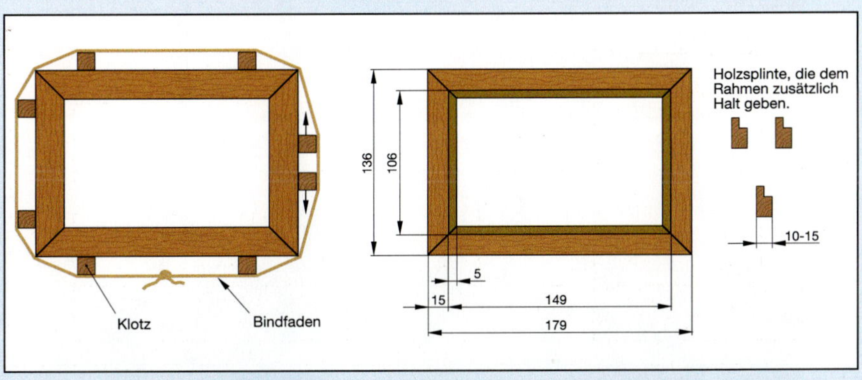

II Energie und Technik

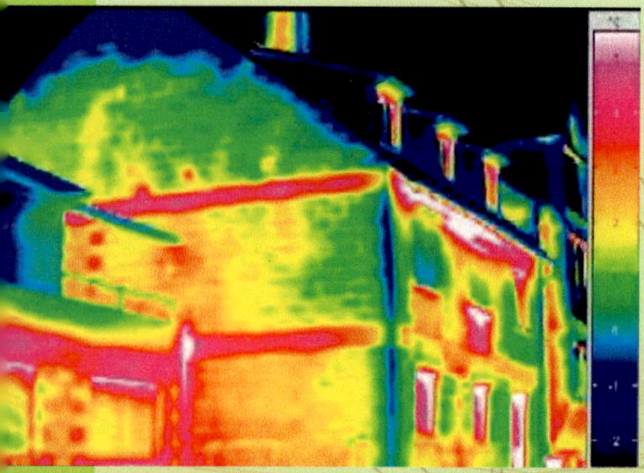

Ihr lernt verschiedene Energiearten und ihre Umwandlung in nutzbare Energieformen kennen sowie unterschiedliche Antriebssysteme. Weiterhin werden wesentliche technische Aspekte des modernen Bauens und Wohnens vorgestellt.

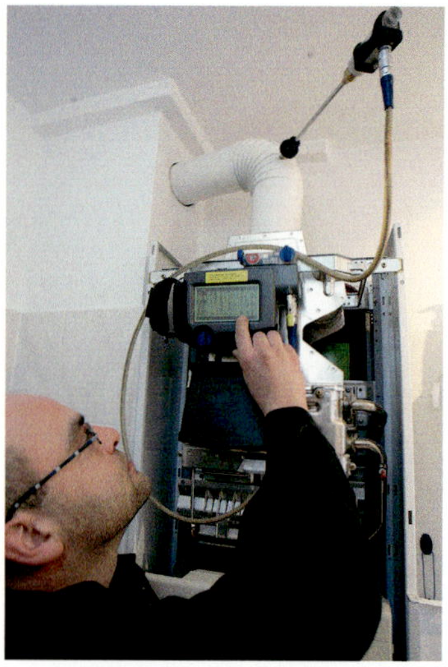

Gas-Etagenheizung

Erntemaschine

1 Energiewandlungssysteme

Der Begriff „Energie" begegnet uns in vielfältiger Weise im täglichen Leben. Man diskutiert über die Möglichkeiten der Energieeinsparung, um den Klimawandel zu stoppen, um die Risiken bei der Gewinnung von Energie zu verringern (Atomstrom). Man benutzt den Begriff aber auch im übertragenen Sinne, wenn man davon spricht, dass ein Mensch mit viel Energie seine Aufgaben bewältigt.

Was ist nun eigentlich Energie? Die Energie ist zunächst eine physikalische Größe, die in allen Bereichen unseres Lebens eine zentrale Rolle spielt. So ist Energie notwendig, um Gegenstände zu bewegen, z. B. Maschinen und Fahrzeuge. Auch für die Erzeugung von Wärme ist Energie erforderlich. Die Nutzung der modernen Kommunikationstechnik wie Computer oder Handy wäre ohne Energie nicht möglich. Ohne Energie gäbe es kein Leben auf der Erde, da auch Pflanzen, Tiere und Menschen für ihre Entwicklung und Existenz Energie benötigen.

Energiearten

Energie ist in unterschiedlichen Formen vorhanden. So unterscheidet man zwischen potenzieller Energie, kinetischer Energie, chemischer und thermischer Energie. **Potenzielle Energie** ist z. B. in einem Pumpspeicherwerk vorhanden. Dort wird zunächst Wasser in einen höher gelegenen See gepumpt. Diese potenzielle Energie des Wassers kann bei Bedarf genutzt werden, um damit Turbinen zu betreiben und elektrischen Strom zu erzeugen.

Pumpspeicherwerk

Kinetische Energie

Chemische Energie

Thermische Energie

Die **kinetische Energie** bezeichnet man auch als Bewegungsenergie. Die Größe der kinetischen Energie hängt von der Masse und Geschwindigkeit des Körpers ab, der sich bewegt, z. B. ein Auto. So hängt es von der kinetischen Energie eines Fahrzeuges ab, wie hoch die Schäden bei einem Unfall sind.

Chemische Energie entsteht beim Ablauf chemischer Prozesse, z. B. in einer Batterie.

Thermische Energie entsteht meist im Zusammenhang mit der Verbrennung von Stoffen.

Energie kann in verschiedene Formen umgewandelt werden, z. B. potenzielle Energie in kinetische Energie durch Nutzung der Muskelkraft beim Werfen eines Balles. Sie kann aber in einem geschlossenen System weder vergrößert noch vermindert werden (**Energieerhaltungssatz**).

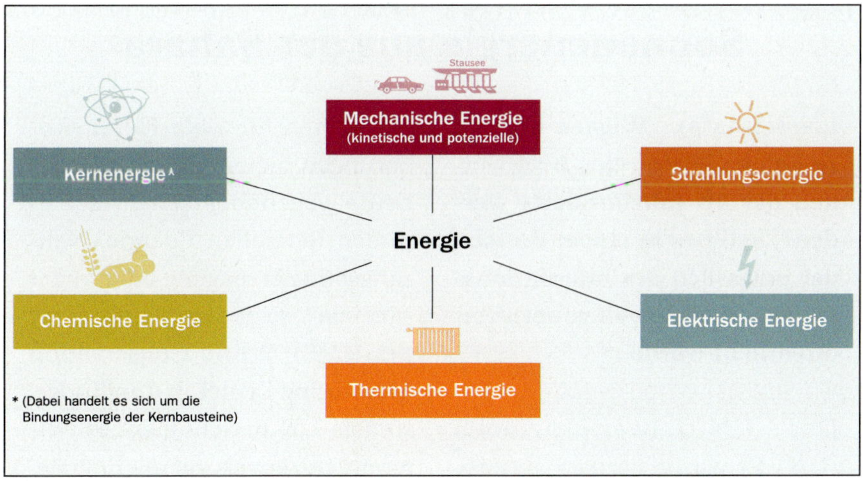

1. Nenne Beispiele für die Nutzung der verschiedenen Energiearten.

2. Was sind „Energieverluste", wenn Energie weder vergrößert noch vermindert werden kann (Energieerhaltungssatz)?

Energieträger

Als Energieträger bezeichnet man Stoffe oder physikalische Vorgänge, die Energie enthalten oder übertragen. Man unterscheidet zwischen **Primärenergieträgern** und sekundären Energieträgern. Primärenergieträger kommen in der Natur vor. **Sekundäre Energieträger** werden durch Umwandlung von Primärenergieträgern erzeugt und stehen dann als Nutzenergie zur Verfügung.

Primärenergieträger können sehr unterschiedlich sein:
- fossile Energieträger wie Kohle, Erdöl oder Erdgas,
- Sonnenenergie als nutzbare solare Energiestrahlung,
- Windenergie,
- Wasserkraft,
- Kernenergie,
- Erdwärme,
- Meeresströmung,
- Biomasse.

Auch Nahrungs- und Futtermittel gehören zu dieser Gruppe, da sie die Grundlage für die Energieaufnahme von Mensch und Tier sind.

Für die Bereitstellung von Energie für unsere Gesellschaft gewinnt die sogenannten erneuerbare Energie (z. B. Windenergie, Sonnenenergie) eine immer größere Bedeutung, da sie unbefristet zur Verfügung stehen und bei ihrer Nutzung keine Umweltschäden entstehen.

Sonnenkollektoren in der Sahara

Sonnenenergie aus der Sahara

London (afp). „Wüsten können zu kohlendioxidfreien Kraftwerken des 21. Jahrhunderts werden", heißt es in einem Bericht, der anlässlich des internationalen Tags der Umwelt gestern veröffentlicht wurde.

Das UN-Umweltprogramm (UNEP) warnt vor der Zerstörung der Wüsten. „Die Wüsten sind einzigartige und dynamische Ökosysteme. Wenn sie sorgsam behandelt werden, können sie Antworten für viele Herausforderungen bieten, denen wir uns heute gegenüber sehen, sei es in den Bereichen Energie, Nahrungsmittelerzeugung oder in der Medizin", sagte der Vizedirektor des UNEP World Conservation Monitoring Centre in Cambridge. In dem UN-Bericht heißt es weiter unter Verweis auf die Energiequellen Sonne und Wind, dass die Sahara genug Solarenergie für den gesamten Weltenergiebedarf hervorbringen könnte.

Die Vorräte der fossilen Energieträger, besonders das Erdöl, gehen in absehbarer Zeit zur Neige und müssen ersetzt werden. Außerdem entstehen durch die Verbrennung dieser Energieträger große Mengen CO_2, das unser Klima auf der Erde negativ beeinflusst. Die Nutzung der Kernenergie ist mit großen Risiken für Mensch und Natur verbunden, wie das Beispiel der Reaktorkatastrophe in Japan (2011) zeigt. Die Kernenergie muss daher ebenfalls in absehbarer Zeit ersetzt werden.

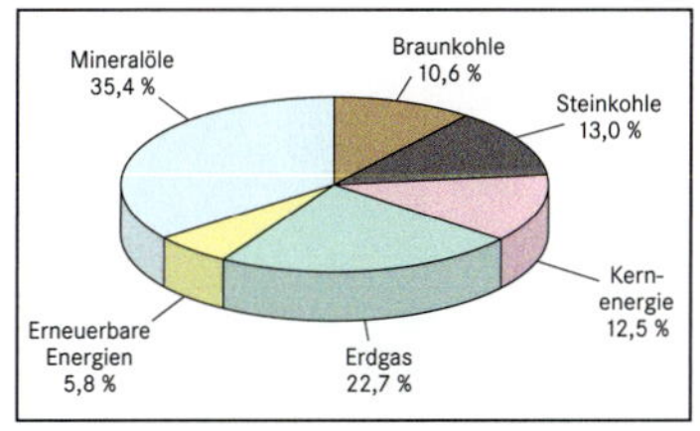

Anteile der Primärenergieträger

Sekundäre Energieträger sind vor allem elektrischer Strom, Heizöl, Benzin, Diesel, Flüssiggas, Wasserstoff, Druckluft und Fernwärme.

Die Vorteile der Sekundärenergie sind vor allem gute Transportfähigkeit (z. B. bei elektrischer Energie), einfache Lagerfähigkeit (z. B. bei Treibstoffen) und hohe Energiedichte.

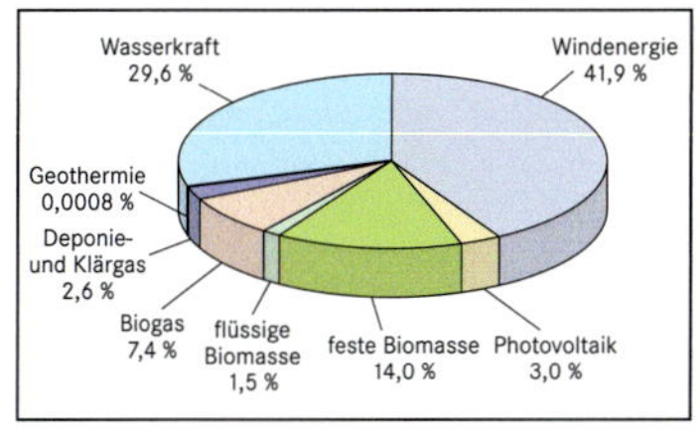

Anteile der erneuerbaren Energien

So hat z. B. Wasserstoff eine Energiedichte von 33,3 kWh/kg und Benzin 12,7 kWh/kg, d. h. mit 1 kg Wasserstoff kann man 33,3 kWh erzeugen. Mit 1 kg Wasserstoff hat man wesentlich mehr Energie zur Verfügung als mit 1 kg Benzin.
Bezieht man die Energiedichte aber auf das Volumen, so sieht das anders aus. Dann hat Benzin eine Energiedichte von 8760 kWh/m³, während Wasserstoffgas bei Normaldruck nur eine Energiedichte von 3 kWh/m³ hat. Mit 1 m³ Benzin steht wesentlich mehr Energie zur Verfügung als mit 1 m³ Wasserstoffgas.

Von allen sekundären Energieträgern hat die Elektroenergie die größte volkswirtschaftliche Bedeutung. Sie ist auch über weite Strecken übertragbar (Überlandleitungen) und sie kann vor Ort schnell in die gewünschte Energieform umgewandelt werden, z. B. in Wärmeenergie, in kinetische Energie in Motoren, in Licht, in chemische Energie bei der Elektrolyse.

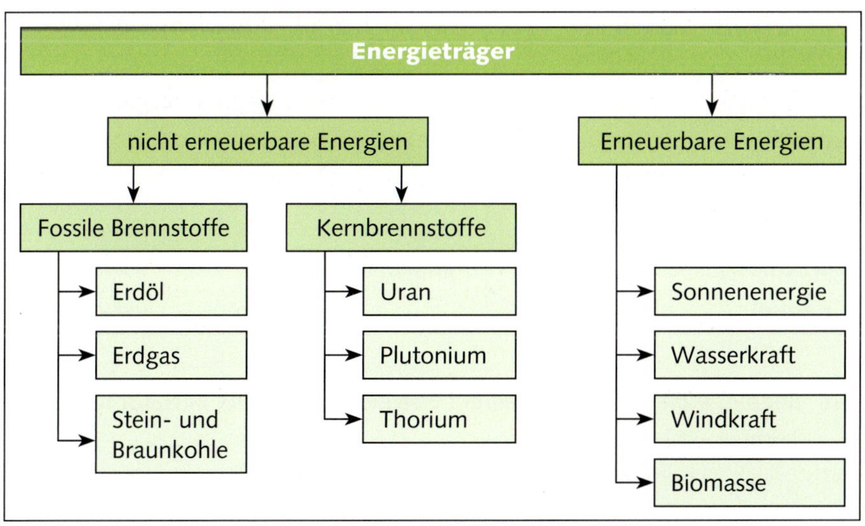

Getriebe

Solarkollektoren

Akkumulator

Energiewandler

Um Energie praktisch nutzen zu können, ist es meist notwendig, eine Energieform in eine andere umzuwandeln. So muss z. B. die chemische Energie einer Batterie zunächst in elektrische Energie und in einem Motor in kinetische Energie umgewandelt werden, um ein Gerät antreiben zu können.

Bei der Energieumwandlung ist es nicht möglich, eine Energieform zu 100 % in eine andere zu überführen. Es treten immer Verluste auf, da ein Teil der Energie in andere Energieformen umgewandelt wird, z. B. in Wärme, also thermische Energie.

Beispiele für Energiewandlung

von \ in	Mechanische Energie	Thermische Energie	Elektrische Energie	Chemische Energie
Mechanische Energie	Getriebe	Bremsen	Generator	
Thermische Energie	Dampfturbine	Wärmeübertrager	Thermoelement	Hochofen
Strahlungsenergie	Radiometer	Solarkollektor	Solarzelle	Photosynthese
Elektrische Energie	Elektromotor	Elektroherd	Transformator	Akkumulator
Chemische Energie	Muskel	Ölheizung	Brennstoffzelle	Kohlevergasung

1. Begründe die Notwendigkeit der Energieumwandlung in Natur und Technik.

2. Beschreibe an einem Beispiel den Vorgang der Energieumwandlung.

Energiewandlungsmaschinen

In Industrie und Haushalt werden je nach Verwendungszweck unterschiedliche Energieformen benötigt. Für den Betrieb z. B. eines Staubsaugers oder einer Waschmaschine ist kinetische Energie notwendig, um die Saugvorrichtung beim Staubsauger oder die Waschtrommel in Bewegung zu halten. In der Waschmaschine ist außerdem thermische Energie notwendig, um die Waschlauge zu erwärmen. Da aber im Haushalt meist nur elektrische Energie zur Verfügung steht, sind Maschinen und Geräte notwendig, um die Elektroenergie in die für den Arbeitsvorgang notwendige Energie umzuwandeln. Diese Maschinen und Geräte bezeichnet man meist als **Energiewandlungsmaschinen**.

Mechanisches Uhrwerk

Je nachdem, von welcher Energieform sie in eine andere Form umgewandelt werden soll, gibt es auch sehr unterschiedliche Energiewandlungsanlagen (siehe auch Tabelle S. 62). So wird in einer klassischen Uhr mit Uhrwerk zunächst durch das Spannen einer Spiralfeder (das Aufziehen einer Uhr) potenzielle Energie gespeichert, sie wird dann schrittweise im Uhrwerk in kinetische Energie umgewandelt und damit die Uhrzeiger in Bewegung gesetzt. Bei alten Pendeluhren nutzte man zur Energiespeicherung Gewichte. Die potenzielle Energie der Gewichte wurde ebenfalls im Uhrwerk in kinetische Energie umgewandelt.

Pendeluhr

Die häufigsten Formen von Energieumwandlungsmaschinen sind der Elektromotor und der Verbrennungsmotor. Im **Elektromotor** wird elektrische Energie in kinetische Energie umgewandelt. Er kann den konkreten Anforderungen zum Betrieb einer Maschinen oder Anlage gut angepasst werden und ist überall einsetzbar, wo Elektroenergie vorhanden ist.
Im **Verbrennungsmotor** wird zunächst chemische Energie (Treibstoff) in Wärmeenergie umgewandelt, die wiederum im Zylinder in kinetische Energie umgewandelt wird.

Elektromotor

Verbrennungsmotor

Turbinenanlage in einem Kraftwerk

Kohlekraftwerk

In vielen technischen Anlagen wird die Energie mehrfach umgewandelt, um die gewünschte Gebrauchsenergie zu erhalten.
So wird in einem Kohlekraftwerk zunächst Kohle verbrannt und damit chemische Energie in thermische Energie umgewandelt. Mit dieser thermischen Energie wird Wasser erhitzt und Wasserdampf erzeugt. Dieser enthält durch die Erhitzung potenzielle Energie. Der Wasserdampf wird in Turbinen geleitet und somit die potenzielle Energie in kinetische Energie umgewandelt. Die Turbinen wiederum treiben Generatoren an, die kinetische Energie in elektrische Energie umwandeln. Dieser Prozess kann sich fortsetzen, wenn die elektrische Energie gespeichert werden soll. Dann wird die elektrische Energie genutzt, um mit Elektromotoren Pumpen anzutreiben, die Wasser in höher gelegene Staubecken pumpen. So wird elektrische Energie wieder in kinetische Energie zur Bewegung des Wassers umgewandelt. Das in das Staubecken hoch gepumpte Wasser besitzt nun eine potenzielle Energie, die bei Bedarf in Turbinen in kinetische Energie und über Generatoren wieder in elektrische Energie umgewandelt wird.

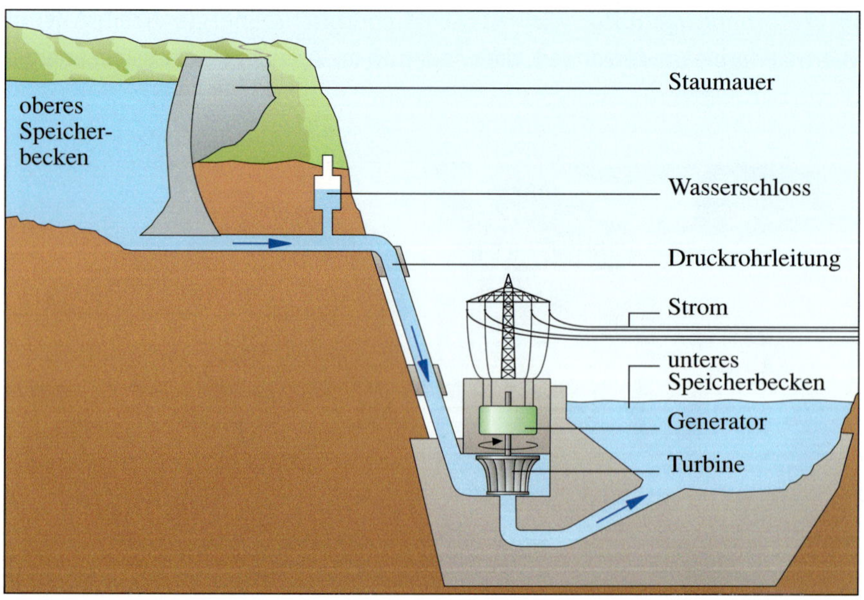

Pumpspeicherwerk

Offshore-Windpark

Solarpark

Bei der Energiewandlung haben die erneuerbaren Energien eine immer größere Bedeutung, da die Wärmekraftwerke für fossile Brennstoffe und Kernkraftwerke wegen ihrer Gefahren und Risiken für Mensch und Umwelt in absehbarer Zeit ersetzt werden müssen. Dabei spielt die Windenergie eine immer größere Rolle. Deshalb wurde bereits eine Vielzahl von Windenergieanlagen gebaut, die einen wachsenden Anteil der Stromerzeugung haben. Von großer Bedeutung sind dabei die sogenannten Offshore-Windparks, die vor allem vor der Küste der Nordsee entstehen.

Eine weitere Möglichkeit zur Nutzung erneuerbarer Energie ist die Nutzung der Strahlungsenergie der Sonne. Mit Solarzellen wird die Strahlungsenergie in elektrische Energie umgewandelt.

Eine weitere Möglichkeit der umweltfreundlichen Energiewandlung ist die Brennstoffzelle. In ihr wird die chemische Energie des Wasserstoffs in elektrische Energie umgewandelt.

Parabolrinnen-Kraftwerk in Spanien

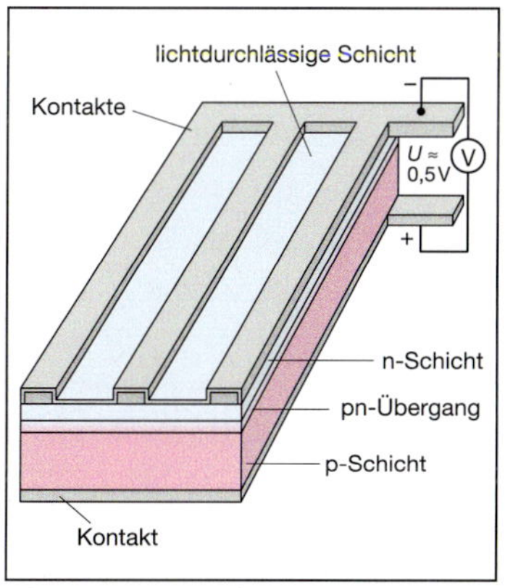

Aufbau einer Solarzelle

Wasserstoff – der ewige Kraftstoff

Die fossilen Treibstoffe, wie z. B. Öl und Gas, sind knapp. Grund genug, neue Energieträger zu suchen. Wasserstoff als Energieträger hat viele Vorteile: Er ist unbegrenzt vorhanden, umweltfreundlich in der Anwendung in Brennstoffzellen und lässt sich mithilfe jeder beliebigen Energie an jedem Ort der Welt aus Wasser herstellen.

Wasserstoff ist das am einfachsten aufgebaute Atom und das häufigste Element im Weltall – die Sonne besteht z. B. zu 84 % aus Wasserstoff. Obwohl Wasserstoff ein so allgegenwärtiges Element ist, kommt er in seiner reinen Form – als extrem leichtes, farb- und geruchloses Gas – in der Natur nur selten vor. Will man ihn in seiner reinen Form nutzen, muss man ihn aus chemischen Verbindungen herauslösen, beispielsweise aus Wasser.

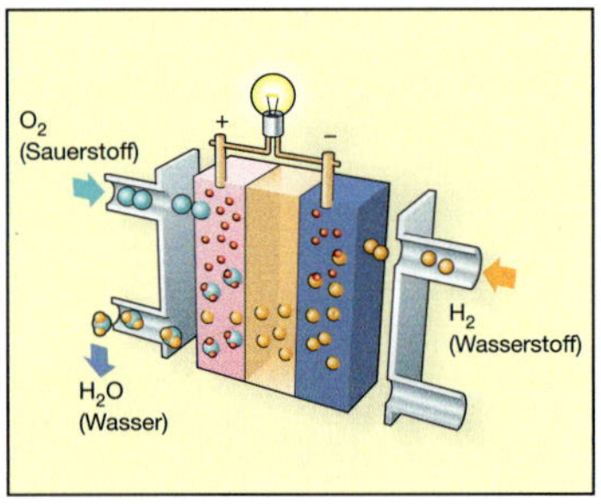

Brennstoffzelle

Funktionsmodell

Damit ist man in der Lage, aus destilliertem Wasser im Vorratsbehälter ③ und Solarstrom (Umwandlung der Lichtenergie mithilfe von Solarzellen) ②, Wasserstoff zu gewinnen. Der gespeicherte Wasserstoff und Sauerstoff im Vorratsbehälter ③ wird in einer Brennstoffzelle ④ in elektrische Energie umgewandelt. Damit wird ein Elektromotor angetrieben ⑤. Dieser wiederum versetzt eine Luftschraube ⑥ in eine Drehbewegung (mechanische Leistung). Wasserstoff wird durch Elektrolyse erzeugt. Unter Zufuhr von elektrischer Energie spaltet sich das Wasser im Elektrolyseur ① in gasförmigen Sauerstoff und in gasförmigen Wasserstoff. Im Funktionsmodell werden beiden Gase gespeichert ③.

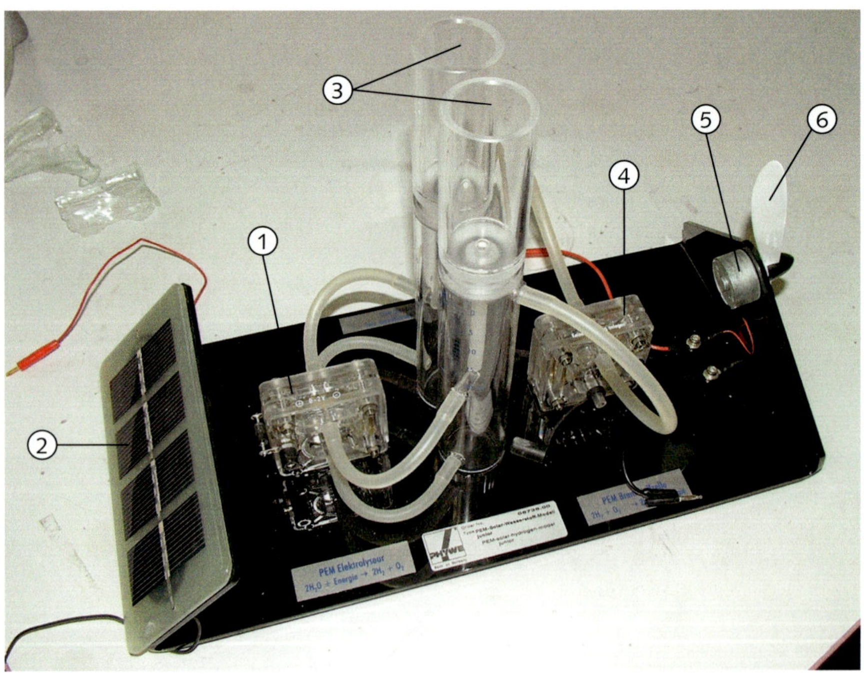

H_2-Herstellung und Umwandlung in elektrische Energie am Modell

Brennstoffzellen wandeln H_2 in elektrische Energie. Der gespeicherte Wasserstoff und Sauerstoff wird der Brennstoffzelle ④ zugeführt. In der Brennstoffzelle findet gewissermaßen eine „umgekehrte Elektrolyse“ statt. Wasserstoff und Sauerstoff verbinden sich zu Wasser, bei diesem Vorgang entsteht elektrische Energie. Es gibt verschiedene Brennstoffzellen. Im Prinzip sind alle Zellen gleich aufgebaut. Zwischen zwei Elektroden (der Anode und der Kathode) befindet sich ein Elektrolyt, der den Ionenaustausch ermöglicht. Wasser und Sauerstoff werden zugeführt. Die Elektronen wandern durch den elektrischen Leiter, es fließt Strom. Die Elektroden sind über einen äußeren Stromkreis verbunden. Der Unterschied zwischen den Zelltypen besteht in Elektrolyten und den verwendeten Brenngasen (z. B. Wasserstoff, Methanol- oder Erdgas).

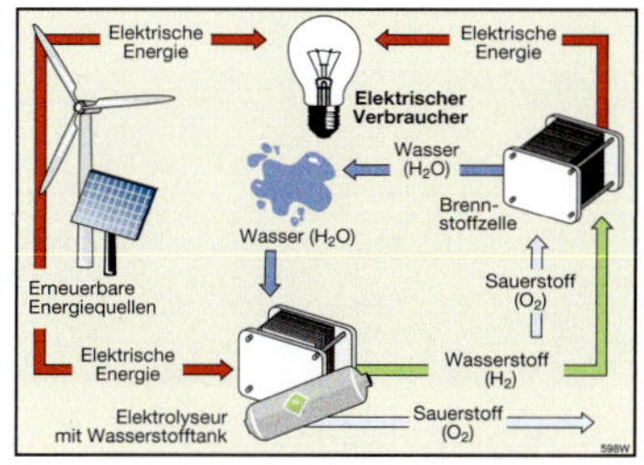

Solar-Wasserstoff-Kreislauf

Energiebereitstellung

Die Herstellung und Aufbereitung von Wasserstoff benötigen Energie. Sie wird überwiegend aus fossilen Energiequellen bezogen. Dies bedeutet, dass die natürlichen Ressourcen weiter abnehmen werden und zudem die Schadstoff-Belastungen steigen. Ökologischer wäre es, die Solarenergie für die notwendige Elektroenergie zur Wasserstoffherstellung zu nutzen. Eine weitere Möglichkeit ist die Nutzung der überschüssigen Elektroenergie aus Wind- und Solaranlagen.

Anwendung: Elektromotor

Brennstoffzellen finden Anwendung:
- im Antrieb von Elektromotoren,
- bei elektrischen Kleinverbrauchern (Mobiltelefone, Laptops),
- bei mobiler Energieversorgung (Wohnmobile, Notstrom-Aggregate),
- bei Kraft-Wärme-Kopplung (Strom- und Wärmeversorgung von Mehrfamilienhäusern, Firmen),
- bei Heizgeräten (Anlagen für Mehrfamilienhäuser zur Versorgung gesamter Häuserkomplexe, Brennstoffzellen-Heizgerät).

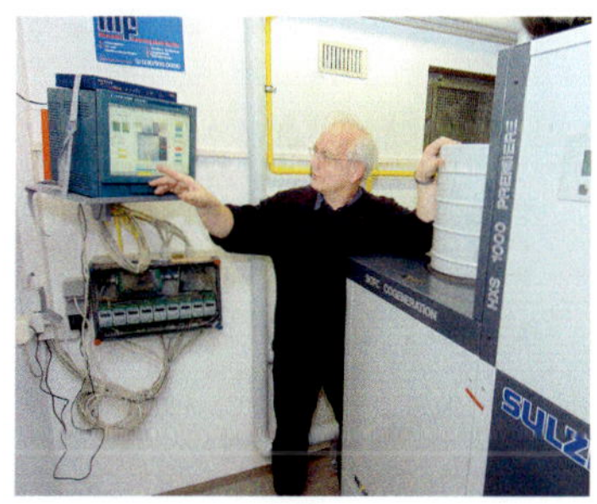
Anwendung: Brennstoffzellen-Heizgerät

1. Welche Vorteile hat Wasserstoff gegenüber den fossilen Treibstoffen?

2. Welche Problematik ergibt sich, wenn Wasserstoff aus nicht regenerativen Energiequellen hergestellt wird?

3. Analysiere, welche Maschinen und Anlagen zur Energieumwandlung im Haushalt vorhanden sind.

4. Begründe, warum es notwendig ist, Energiewandlungsanlagen von Kernenergie und fossilen Brennstoffen in absehbarer Zeit durch alternative Anlagen zu ersetzen.

5. Erforsche, welche Veränderungen von Energiewandlungsanlagen in deiner Region vorgenommen werden und welche geplant sind.

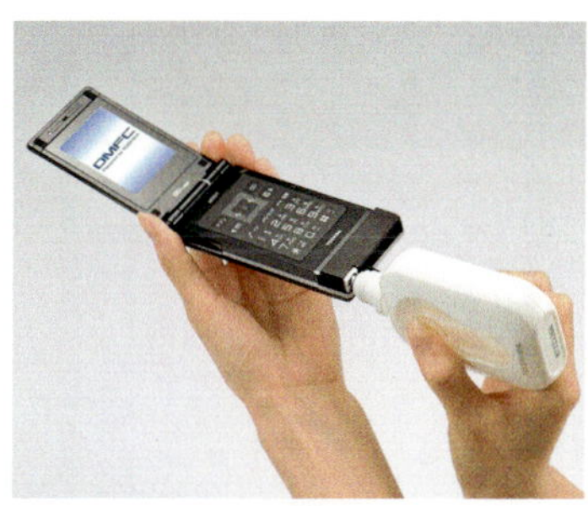
Anwendung: Mobiltelefon

Steinkohlenhalde

Tankwagen für Heizöl

Erdgas

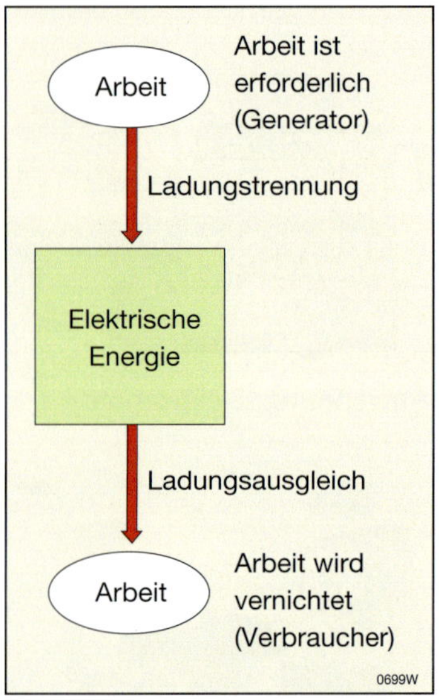

Energiespeicher

Um bei Bedarf die notwendige Energie ständig zur Verfügung zu haben, ist eine Energiespeicherung notwendig. Sie muss sichern, dass die Verbraucher stets die notwendige Energie erhalten. Bei fossilen Energieträgern ist die Speicherung relativ einfach. So kann Kohle auf Lagerflächen oder in Kohlebunkern gelagert werden. Auch Öl und Ölprodukte wie Benzin oder Diesel sind in Tanks lagerbar, von wo es bei Bedarf abgepumpt werden kann. Erdgas kann in ähnlicher Weise gespeichert werden. Große Mengen speichert man in unterirdischen Hohlräumen (z. B. ehemalige Salzbergwerke). Die Speicherung von Elektroenergie ist wesentlich schwieriger, vor allem in großen Mengen.
Elektrische Energie ist eine Spannung, die eine gerichtete Bewegung von Ladungen bewirkt. Elektrische Energie als Bewegung von Ladungen ist daher nicht speicherbar. Sie muss zur Speicherung erst in andere Energieformen umgewandelt werden.

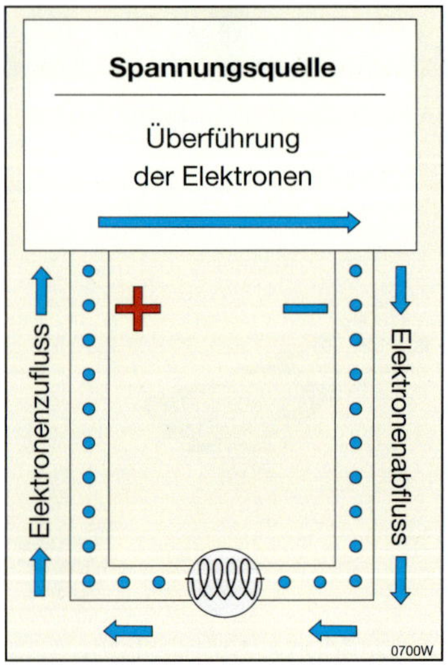

Die wichtigsten Speichertechniken für Strom

Die Übersicht (S. 69/70) zeigt die vielfältigen Möglichkeiten einer Speicherung von Elektroenergie, aber auch die Probleme und Kosten. Durch die immer stärkere Nutzung erneuerbarer Energie gewinnt die Speicherung von Elektroenergie immer mehr an Bedeutung. So sind Elektrofahrzeuge ohne leistungsfähige und kostengünstige Energiespeicher nicht denkbar. Mit den bisher zur Verfügung stehenden Nickel-Cadmium-Batterien haben die Fahrzeuge nur eine geringe Reichweite und lange Ladezeiten. Die neu entwickelten Lithium-Ionen-Batterien haben eine wesentlich höhere Speicherkapazität, sind aber noch sehr teuer. Wie schnell die Umstellung unserer Energieversorgung auf erneuerbare Energien möglich ist, hängt auch wesentlich davon, wie schnell die Möglichkeiten der Energiespeicherung ausgebaut werden.

Pumpspeicherkraftwerk
Mit überschüssigem Strom wird Wasser ins Oberbecken gepumpt. Bei Bedarf rauscht es durch Turbogeneratoren wieder zu Tal. 33 Anlagen gibt es in Deutschland, das Potenzial ist fast ausgeschöpft. Der Bau weiterer Pumpspeicherwerke z. B. im Schwarzwald stößt auf den Widerstand der Bevölkerung, weil das einen großen Eingriff in die Naturlandschaft bedeuten würde.
Vorteil: Sofort einsatzbereit
Nachteil: Weit entfernt von den Küsten, daher für die Pufferung von Meereswindstrom wenig geeignet
Kosten: unter zehn Cent pro Kilowattstunde
Technischer Reifegrad: bestens erprobt

Pumpspeicherkraftwerk

Druckluftspeicher
Luft wird unter hohem Druck in riesige Hohlräume in Salzstöcken gepresst. Bei Strommangel wird die Luft durch eine Turbine gejagt, die einen Generator zur Stromerzeugung antreibt.
Vorteil: zahlreiche Standorte in Küstennähe
Nachteil: bei Speicherung und Rückgewinnung gehen ca. 50 % der Energie verloren, bei der nächsten Generation sinken die Verluste auf 30 %, hohe Investition
Kosten: 20 Cent pro Kilowattstunde
Technischer Reifegrad: weltweit zwei Kraftwerke (USA, Niedersachsen)

Druckluftspeicher

Akkus
Akkus speichern Strom mittels elektrochemischer Umwandlung von Metallverbindungen wie Blei, Nickel, Cadmium oder Lithium. Wachsende Ladekapazitäten steigern ihre Bedeutung. Sie machen einen wirtschaftlichen Einsatz von Elektrofahrzeugen erst möglich.
Vorteil: Energie jederzeit abrufbar, gut mobil einsetzbar
Nachteil: geringe Lebensdauer (mitunter nur wenige Monate)
Kosten: mehr als 20 Cent pro Kilowattstunde
Technischer Reifegrad: noch wenig Erfahrung mit Großbatterien, die 700 Kilowattstunden und mehr speichern können

Akkus im Elektroauto

Methan
Wasserstoff kann unter Zugabe von Kohlendioxid (CO_2) zu Methan verarbeitet werden. Dies lässt sich als „Biosprit" z. B. in Brennstoffzellen oder für Erdgasautos verwenden. Die Automobil-, Chemie- und Elektroindustrie sieht hierin eine Zukunftstechnologie.
Vorteil: macht nebenbei das Klimagas CO_2 unschädlich, gut lagerfähig
Nachteil: geringe Energieausbeute, wenn das Methan zur Stromproduktion genutzt wird
Kosten: unter 20 Cent pro Kilowattstunde
Technischer Reifegrad: Forschungsstadium

Elektroauto

Elektroauto

Aufgetankt mit überschüssigem Nachtstrom können die Bordbatterien tagsüber bei akutem Bedarf einen Teil ihrer Ladung ins Netz speisen. Mit jedem neu zugelassenen Fahrzeug wächst die Speicherkapazität.

Vorteil: keine Zusatzkosten, wenn das Elektroauto einmal angeschafft ist

Nachteil: Batterien gehen wegen der häufigeren Ladezyklen schneller kaputt

Kosten: abhängig vom aktuellen Börsenpreis für Strom

Technischer Reifegrad: noch fehlt eine Spezialelektronik, die immer genügend Reserven für die nächste Fahrt in der Batterie hält

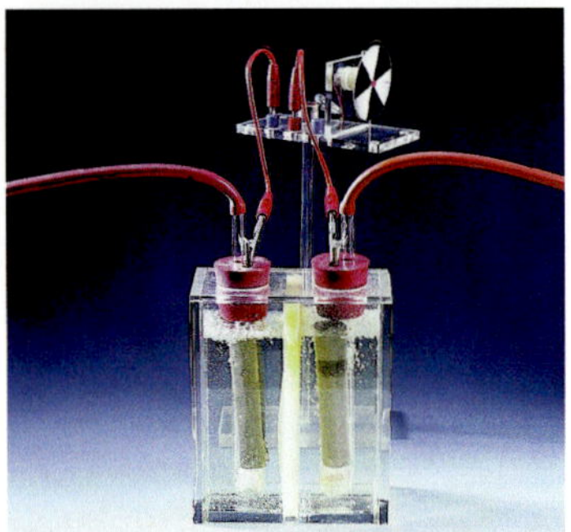

Wasserstoff

Wasserstoff

Per Ökostrom wird Wasser in Sauerstoff und Wasserstoff aufgespaltet und der Wasserstoff in Drucktanks aufbewahrt. In Spitzenstromzeiten wird er in Brennstoffzellen oder mithilfe von Gasturbinen oder Motoren zurück in Strom verwandelt (siehe S. 66).

Vorteil: beliebig lange lagerfähig, liefert schnell und flexibel Strom

Nachteil: hohe Wandlungsverluste, explosiv

Kosten: unter zehn Cent pro Kilowattstunde

Technischer Reifegrad: hoher Entwicklungsbedarf bei Speicherung und Brennstoffzellen

Redox-Flow-Zelle

Zwei Salzlösungen (Elektrolyte) speichern überschüssige Energie in getrennten Tanks. Zur Stromerzeugung werden die Flüssigkeiten zusammengeführt.

Vorteil: Tank und damit Speicherkapazität lassen sich beliebig erhöhen, hält Jahrzehnte

Nachteil: noch nicht zur Langzeitspeicherung geeignet

Kosten: 20 Cent pro Kilowattstunde

Technischer Reifegrad: weitere Entwicklungsarbeit notwendig

Supraleiter in einer Modelllok

Supraleitende Spulen

In Kaminofen-großen Spulen aus keramischen Supraleitern kann Strom bei –196 °C beinahe unendlich lange zirkulieren.

Vorteil: bei Netzengpässen sofort verfügbar

Nachteil: aufwendige Kühlung, sehr wartungsintensiv

Kosten: deutlich mehr als 20 Cent pro Kilowattstunde

Technischer Reifegrad: Laborstadium

Obwohl die Beispiele zeigen, dass es eine Vielzahl von Möglichkeiten der Speicherung von Elektroenergie gibt, reichen sie nicht aus, um die Leistungsschwankungen bei der Erzeugung von Solar- und Windenergie auszugleichen. Von der Weiterentwicklung der Speichermöglichkeiten hängt die Nutzung der regenerativen Energien ab.

Der Wirkungsgrad

Mit dem Wirkungsgrad (η, Eta) wird das Verhältnis von abgegebener Leistung (P_{ab}) zur zugeführten Leistung (P_{zu}) beschrieben. Die dabei entstehende Differenz wird als Verlustleistung bezeichnet. So entsteht z. B. bei der Umwandlung von Elektroenergie in kinetische Energie in einem Elektromotor Wärme, die dann die Verlustleistung darstellt. Der Wirkungsgrad beschreibt die Ausbeute der Energieübertragung.

$$\eta = \frac{P_{ab}}{P_{zu}}$$

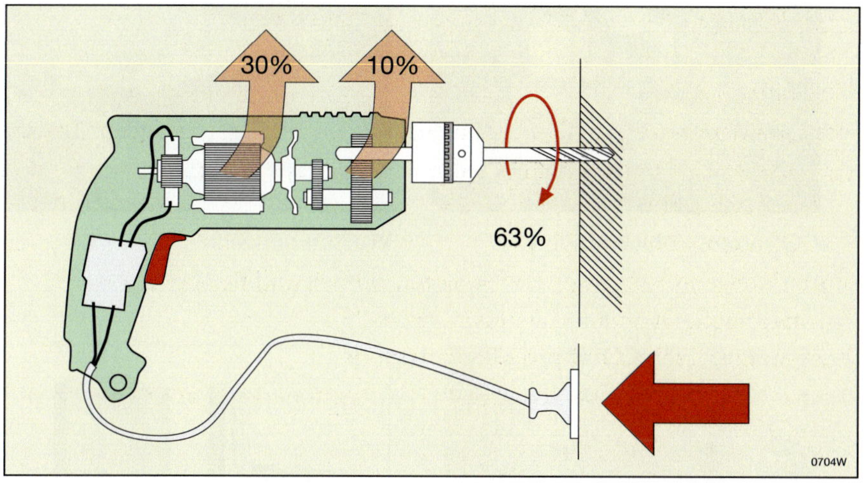

Wirkungsgrad einer Bohrmaschine

Im Elektromotor gehen 30 % der zugeführten elektrischen Energie durch Wärme- und Reibungsverluste verloren. Im Getriebe gehen 10 % der vom Motor zugeführten mechanischen Energie aufgrund der Reibung verloren. Somit ist der Wirkungsgrad:

- Elektromotor = 70 % = 0,70
- Getriebe = 90 % = 0,90
- Gesamtwirkungsgrad = 100 % – 30 % – (70 · 0,1) % = 63 %

Dies bedeutet, dass 63 % der zugeführten elektrischen Energie in mechanische Energie umgesetzt werden.

1. Welche Formen der Energiespeicherung sind im Haushalt vorhanden?

2. Weshalb hat die Energiespeicherung für den Übergang zu regenerativen Energien so große Bedeutung?

3. Warum ist bei der Energieumwandlung ein Wirkungsgrad von 100 % nicht möglich?

4. Erkunde, welche Möglichkeiten der Verbesserung des Wirkungsgrades bei Verbrennungsmotoren vorhanden sind.

Energie der Zukunft?

Energieerzeugung

CO_2-armes Kohlekraftwerk

Wasserkraftwerk

Solarkraftwerk

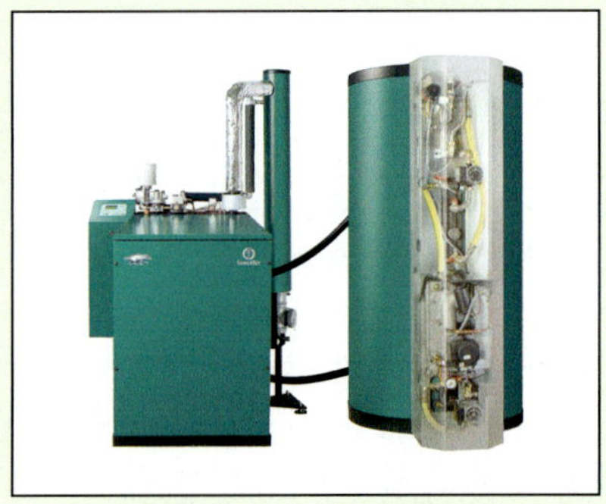

Blockheizkraftwerk in Wohngebäuden

Energiespeicherung

Wärmespeicher

Redox-Flow-Batterie

Biogasanlage

Wasserstoffproduktion mit Tankstelle

Windpark offshore

Wellenkraftwerk

Pumpspeicherwerk

Wasserstofftank

Pferdegöpel

Dampfmaschine

2 Antriebssysteme

Da die Muskelkraft des Menschen zum Antrieb von Maschinen und Anlagen sehr begrenzt ist, suchte man schon sehr früh in der Menschheitsgeschichte nach Möglichkeiten, größere Kräfte zur Verfügung zu stellen. Zunächst nutzte man die größere Kraft von Zugtieren zum Antrieb einfacher Anlagen. Sehr früh wurden auch vorhandene Naturkräfte genutzt. So entwickelte man Wasserräder, die Schöpfwerke zur Bewässerung der Felder angetrieben haben. Über viele Jahrhunderte war die Wasserkraft die wichtigste Energiequelle für Antriebssysteme. An den meisten Flussläufen wurden Mühlen gebaut, bei denen das Mahlwerk durch Wasserräder angetrieben wurde. In windreichen Gegenden, besonders in Mittel- und Norddeutschland, baute man Windmühlen zum Antrieb der Mahlwerke.

Wassermühle

Der sich entwickelnde Bergbau benötigte für die Erzförderung ebenfalls leistungsfähige Antriebssysteme. Mit dem Pferdegöpel konnten nur sehr begrenzte Mengen Erz gefördert werden. Man baute daher Kanalsysteme, die das Wasser zu Wasserrädern leiteten, die dann als Antrieb für die Erzförderung genutzt wurden. Mit der Erfindung der Dampfmaschine begann eine völlig neue Etappe der Entwicklung der Antriebssysteme. Dieses Antriebssystem war nicht mehr ortsgebunden, sondern konnte überall eingesetzt werden, wo Kohle oder Holz verfügbar waren. Die Leistung der Dampfmaschine konnte den konkreten Anforderungen vor Ort angepasst werden. Mit der Einführung der Dampfmaschine begann das Industriezeitalter. Es stand nun ein Antriebssystem zur Verfügung, das immer leistungsfähigere Maschinen und Anlagen antreiben konnte. Die Einführung der Dampflokomotive führte zu einer stürmischen Entwicklung der Eisenbahn und damit zu einer grundlegenden Veränderung des Transportsystems. Kohle und Industriegüter konnten nun schnell und in großen Mengen transportiert werden. Da Dampfmaschinen zum Betrieb von Generatoren zur Erzeugung von Elektroenergie nicht effektiv waren, entwickelte man dafür ein spezielles Antriebssystem, die Dampfturbine.
Für Flugzeuge wurde ebenfalls ein spezielles Antriebssystem entwickelt, das erst die hohen Fluggeschwindigkeiten möglich machte: das Strahltriebwerk.

Antrieb im Bergwerk

Antriebsorgane

Im Wesentlichen werden zwei Arten von Antriebsorganen eingesetzt, der Elektromotor und der Verbrennungsmotor. Während der Verbrennungsmotor vorwiegend für mobile Maschinen genutzt wird, eignet sich der Elektromotor für stationäre und mobile Maschinen.

In Verbrennungsmotoren wird die Antriebsenergie durch Verbrennung von Benzin, Diesel, Bio-Diesel oder Gas erzeugt. Der Energieträger kann getankt und mitgeführt werden. Das macht diese Motoren für mobile Antriebsorgane besonders geeignet. Sie haben jedoch einen großen Nachteil: Bei der Verbrennung entstehen Abgase, die die Umwelt stark belasten. Durch den Einsatz von Katalysatoren und die Verwendung umweltfreundlicherer Brennstoffe wie Bio-Diesel oder Erdgas ist es zwar gelungen, die Umweltbelastung zu verringern, ganz vermeiden kann man sie aber nicht. Bei der Verbrennung entsteht immer CO_2, das eine wesentliche Ursache für die Klimaerwärmung darstellt.

Da auch die Weltvorräte für solche Brennstoffe begrenzt sind, müssen langfristig Alternativen für die Verbrennungsmotoren als Antriebsorgan entwickelt werden.

1 Kolben
2 Pleuel
3 Kurbelwelle
4 Nockenwelle
5 Einlassventil
6 Kühlmittelpumpe
7 Steuerkette
8 Ölwanne
9 Lüfter

Hybridauto

Hybridantrieb

Eine Möglichkeit zur Verringerung des CO_2-Ausstoßes bei Antriebssystemen ist der **Hybridantrieb**. Der Antrieb bei Hybrid-Fahrzeugen basiert auf zwei unterschiedlichen Motoren, einem Verbrennungsmotor (Benzin oder Diesel) und einem elektrischen Motor bzw. Generator. Hauptantriebsquelle ist der Verbrennungsmotor. Der Elektromotor ist kleiner und leichter und hat weniger Leistung als Motoren in „normalen" Autos. Durch die Kombination entsteht bei diesem Fahrzeugtyp ein Mehrgewicht von ca. 200 kg. Dieses Mehr an Technik schlägt sich auch im Kaufpreis nieder. Beim Serien-Hybridantrieb wird das Fahrzeug immer durch den Elektromotor angetrieben. Beim Parallel-Hybridantrieb unterstützt der Elektromotor bei Bedarf den Verbrennungsmotor. Zugleich ist er der Anlasser für den Benzin- oder Dieselmotor.

Überschüssige Energie wird vom Elektromotor in einer Antriebsbatterie gespeichert, indem dieser als Generator genutzt wird. Dies geschieht beispielsweise beim Wegnehmen des Gases oder beim Abbremsen. Im Bedarfsfall wird die gespeicherte Energie aus der Antriebsbatterie „angezapft" und zum Antrieb des Elektromotors verwendet. Beim Abbremsen schaltet dieser ebenfalls ab und läuft im Leerlauf mit. Bei Beginn der Fahrt kommt zuerst der Elektromotor zum Zuge. Ab einer Geschwindigkeit von 25–30 Stundenkilometer wird der Verbrennungsmotor gestartet.

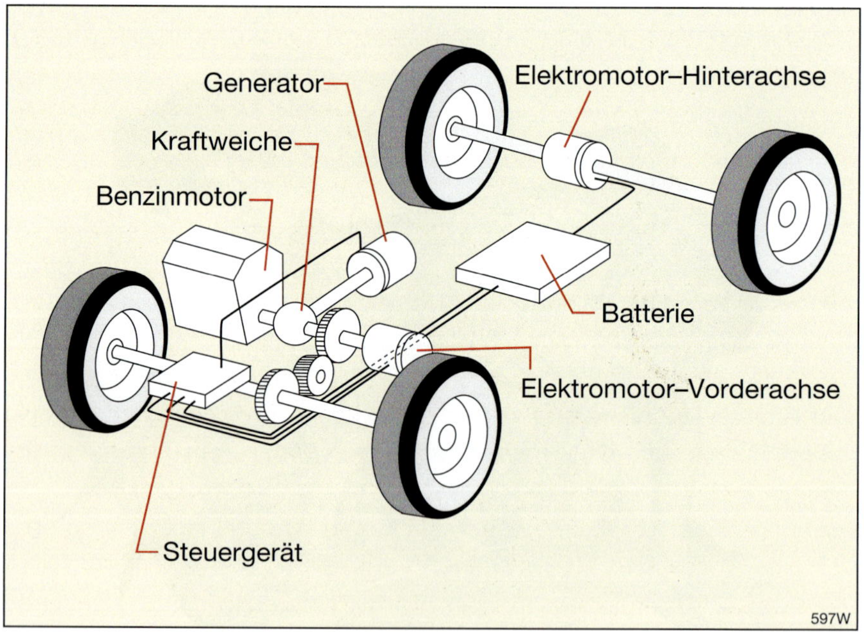

Funktionsaufbau der Hybridtechnik

So werden der Kraftstoffverbrauch und somit auch die Umweltbelastung deutlich reduziert. Das Auto muss nicht wie herkömmliche Elektrofahrzeuge an einer stationären Quelle aufgeladen werden, da die Antriebsbatterie durch den Elektromotor, der dann als Generator dient, geladen wird.

Elektroantrieb

Der größte Teil der Antriebsorgane sind Elektromotoren. Sie wandeln Elektroenergie in Antriebsenergie um. Mehr als 80 % der Maschinen werden von Elektromotoren angetrieben. Sie sind abgasfrei und haben eine große Laufruhe. Ihr Wirkungsgrad ist wesentlich höher als der von Verbrennungsmotoren. Elektromotoren gibt es für fast jeden Einsatzbereich, für ganz geringe bis sehr große Leistungen. Zur Drehzahlregelung ist meist kein Getriebe notwendig. Durch ihre kompakte Bauweise sind sie leicht in Maschinen einzubauen. Außerdem sind im Zuge der Umstellung auf regenerative Energien keine Veränderungen notwendig, da es für die Elektromotoren keine Rolle spielt, wie die Elektroenergie erzeugt wurde.

Einbau eines Elektromotors

In den frühen Jahren der Industrialisierung wurde ein Elektromotor als Antriebsorgan für viele Maschinen in einer Fabrikhalle benutzt. In modernen Maschinen wird meist für jede einzelne Funktion ein Elektromotor eingesetzt. So gibt es an Werkzeugmaschinen einen Motor für den Antrieb, einen für den Vorschub, einen für die Zustellbewegung, einen für die Spannvorrichtung, einen für die Kühlmittelpumpe usw. Damit vereinfacht sich die Gestaltung der Übertragungsorgane und die Leistung der Motoren kann exakt auf die spezifischen Anforderungen angepasst werden. Ein weiterer Vorteil ist es, dass es keine Übertragungsverluste gibt. Der Elektromotor gewinnt auch bei Fahrzeugen als Antriebssystem immer mehr an Bedeutung.

Twike mit Elektromotor

Elektrofahrzeuge führen Akkumulatoren als Energiespeicher mit. Der Antrieb erfolgt durch einen Elektromotor. Um die Akkumulatoren aufzuladen, sind entsprechende Stromtankstellen nötig. Die Stromversorgung der Tankstellen kann über das Stromnetz oder über Solarzellen erfolgen. E-Fahrzeuge haben einen schadstofffreien Antrieb. Jedoch gilt es zu bedenken, das bei der Stromerzeugung im Kraftwerk entsprechend Schadstoffe für den jeweils benötigten Stromverbrauch entstehen können.

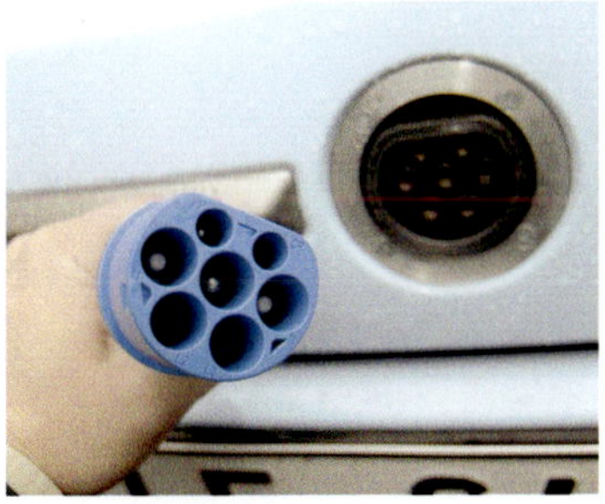

Ladeanschluss eines Elektrofahrzeugs

Der Hauptladevorgang erfolgt an der Steckdose. Die Ladezeiten betragen zwischen sechs und acht Stunden. Bei einigen Batterietypen sind Schnellladungen möglich. Mit den gebräuchlichsten Batterietypen, der Blei- und der Nickel-Cadmium-Batterie, können mit einem Elektro-Pkw 60 bis 100 km zurückgelegt werden. Lithium-Ionen-Batterien sind noch sehr teuer, haben aber deutlich größere Reichweiten. Dies belegt eine VW-Elektro-Studie für ein Taxi (Milano). Mit diesem Batterietyp hat das Taxi eine Reichweite von ca. 300 Kilometern bei einer Kapazität von 45 Kilowattstunden (kWh). Die Hochvoltbatterie kann innerhalb einer Stunde auf bis zu 80 % ihrer Gesamtkapazität aufgeladen werden, wenn man die Möglichkeit hat, das Auto an eine Schnellladestation mit Starkstrom anzuschließen. Angetrieben wird das 120 km/h schnelle Milano Taxi von einem Elektromotor mit einer Spitzenleistung von 115 PS (Dauerleistung: 75 PS).

Übertragung der Antriebsenergie

Hochrad

In der Regel kann die Antriebsenergie nicht mit ausreichendem Drehmoment an die Bauteile herangeführt werden, die die Bewegung ausführen sollen. So hängt die notwendige Antriebsenergie von verschiedenen Bedingungen ab, z. B. von der Geschwindigkeit eines Fahrzeuges, dem Streckenprofil (eben oder bergig). Es ist daher sehr mühevoll, die Räder eines Fahrrades direkt mit Muskelkraft anzutreiben. Bei den ersten Fahrrädern (Hochräder) war das der Fall. Es waren große Anstrengungen notwendig, um sie in Bewegung zu halten. Die Übertragung der Muskelkraft über eine Kette zum Hinterrad brachte eine große Erleichterung. Das Fahren mit unterschiedlichen Geschwindigkeiten oder im bergigen Gelände war trotzdem noch sehr anstrengend.

B Als Daniel völlig fix und fertig auf der Passhöhe ankommt, wird er von seinem Freund Max mit den Worten begrüßt: „Wo bleibst du denn, ich warte hier oben schon seit 20 Minuten!" Daniel erzählt von seinen Qualen, dass er beinahe vom Rad gefallen wäre, seine Pedale unheimlich schwer zu treten waren und er das Gefühl hatte, trotz kleinstem Gang seinen Fahrradrahmen zu verbiegen. Max setzte entgegen: „Das ist mir klar, bei deiner Übersetzung!"

Die **Übersetzung** bedeutet das Verhältnis der Anzahl der Zähne des antreibenden Zahnrades zum angetriebenen Zahnrad.

B Das Kettenblatt hat 54 Zähne und das Ritzel 27. Das heißt, jedes Mal, wenn sich das Kettenblatt einmal dreht, dreht es sich um 54 Zähne weiter. Und das bedeutet, dass sich das Ritzel mit seinen 27 Zähnen in derselben Zeit zweimal drehen muss. Das ergibt eine Übersetzung von 2 zu $1 = 2 : 1 = 2$.

Wenn die Anzahl der Zähne am Kettenblatt vorne kleiner als die des Ritzels hinten sind, spricht man von einer **Untersetzung**.

Aus dem Verhältnis der Unter- bzw. Übersetzung sowie dem Raddurchmesser lässt sich die zurückgelegte Wegstrecke bei einer Kurbelumdrehung berechnen.

B Nimmt man den Raddurchmesser = 0,66 m und multipliziert ihn mit π und dem Übersetzungsverhältnis $2 : 1 = 2$ (siehe Beispiel oben), so ergibt sich eine Wegstrecke von 4,14 m bei einer Kurbelumdrehung.

Die Gesamtübersetzung errechnet sich, indem man die größte durch die kleinste Übersetzung teilt. Das Ergebnis mal 100 ergibt den Betrag in Prozent.

Grundsätzlich gilt:
Große Übersetzung = viel Weg, viel Kraft
Kleine Übersetzung = wenig Weg, wenig Kraft

Eine **veränderbare Übersetzung** verbessert den Rhythmus und erhöht die Wirksamkeit. Die Änderung der Übersetzung während der Fahrt übernimmt die Gangschaltung. Diese sorgt dafür, dass der Fahrradfahrer komfortabel und effektiv treten kann, ganz gleich, ob er nun bergauf oder bergab fährt und ob er den Wind von vorne oder von hinten hat. Welche Gänge für die jeweilige Verkehrssituation optimal sind, ergibt die praktische Erprobung.

Kettenschaltung

Schaltwerk

Die **Gangschaltung** eines Fahrrades erhöht die Wirksamkeit des Tretens und erlaubt es dem Fahrer, schneller zu fahren und problemloser mit Steigungen zurechtzukommen. Auch ermöglicht sie, dessen individuellen Tretrhythmus beizubehalten. Der menschliche Körper liefert die meiste Energie und damit den besten Schub bei einem optimalen Tretrhythmus. Unterschiedliche Meinungen darüber gibt es, welches nun genau der optimale Rhythmus für den Fahrradfahrer ist. Je nach Trainingszustand kann das Optimum sehr unterschiedlich sein. 60 bis 90 Kurbelumdrehungen pro Minute dürfte ein Richtwert für sportliche Fahrer sein. Radprofis erreichen bis zu 120 Kurbelumdrehungen pro Minute.

Gangsprünge sind die Sprünge von Gang zu Gang und sagen aus, um wie viel weiter (in %) ihr beim nächsthöheren Gang bei einer Kurbelumdrehung kommt. Je gleichmäßiger die Gangsprünge sind, desto günstiger ist das für den Tretrhythmus.

B Beispiel für die Berechnung eines Gangsprungs:
Ihr fahrt die Kette auf dem kleinsten Kettenblatt (24 Zähne) und auf dem größten Ritzel (34 Zähne). Nachdem die Steigung etwas geringer wird, schaltet ihr auf das nächstkleinere Ritzel (30 Zähne).

	Kettenstellung	**Kettenblatt/Ritzel**
	24/34	24/30
Zurückgelegter Weg bei 1 Kurbelumdrehung (Reifen – ø 622 mm)	1,37 m	1,56 m
Unterschiedliche Wegstrecke bei 1 Kurbelumdrehung	1,56 m – 1,37 m = 0,19 m	
Gangsprung x	1,37 m entspricht 100 % 0,19 m entsprechen x % X = (100/1,37 m) · 0,19 m = 13,8 %	

Die Nabenschaltungen

Die Alternative zur klassischen Kettenschaltung mit verschiedenen Ritzeln auf der Antriebsnabe ist die Nabenschaltung.

Die Pedalkraft wird zwar auch auf ein Ritzel übertragen, doch das Schalten der Gänge funktioniert innerhalb des geschlossenen Räderwerks auf der Nabe.

Die Vorzüge auf einen Blick:
- großer Übersetzungsbereich: 526 %
- gleichmäßige Gangsprünge bei 14 Gängen
- witterungsunabhängig durch gute Abdichtung
- Das Getriebe läuft in einem Ölbad (wartungsfrei).

Kettenantrieb über Nabenschaltung

Getriebenabe im Schnitt

1. Ermittelt bei eurem Fahrrad die Anzahl der Zähne an den Kettenblättern und an den Ritzeln und berechnet daraus:
   a) die Übersetzungen.
   b) den zurückgelegten Weg pro Kurbelumdrehung. Denkt an den Reifendurchmesser.
   c) das Gesamtübersetzungsverhältnis.

2. Wählt aus euren Schaltmöglichkeiten die echten Gänge aus und berechnet die Gangsprünge. Übersetzungs-Überschneidungen und unsinnige Schaltkombinationen fallen weg.

Getriebe

Die Baugruppen zur Übertragung und Anpassung der Antriebsenergie an die unterschiedlichen Anforderungen bezeichnet man als **Getriebe**. Werden dafür Zahnräder, Riemen oder Ketten eingesetzt, sind es mechanische Getriebe. Die Antriebsenergie kann aber auch auf hydraulischem oder pneumatischem Wege übertragen werden. Als Mittel der Energieübertragung werden Öl oder Luft genutzt.

Zahnradgetriebe

Bei einem hydraulischen Übertragungsorgan wird eine Pumpe von einem Motor (Antriebsorgan) mit gleichbleibender Drehzahl angetrieben. Sie saugt Flüssigkeit (Öl) an und gibt sie über eine Rohrleitung mit hohem Druck ab. Mit dieser Flüssigkeit kann wiederum eine Pumpe angetrieben werden, die dann als Motor wirkt und eine Drehbewegung abgibt. Die Flüssigkeit kann aber auch in einen Zylinder geleitet werden, wo sie einen Kolben bewegt und somit die Drehbewegung des Antriebsorgans in eine geradlinige Bewegung umwandelt.

Riemengetriebe

Vorteile solcher Übertragungsorgane sind:
- Energieübertragung über größere Strecken und beliebige Raumlagen,
- einfache Verteilung der Energie,
- geringe Energieverluste,
- stufenlose Steuerbarkeit,
- leichte Montier- und Demontierbarkeit,
- günstiges Masse-Leistungs-Verhältnis,
- leichte Funktionskontrolle durch Druckmessung.

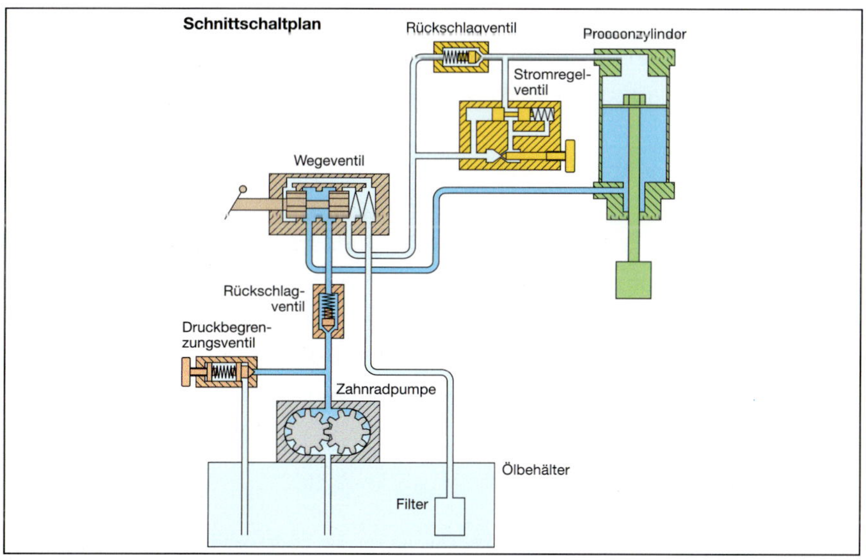

Hydraulische Presse

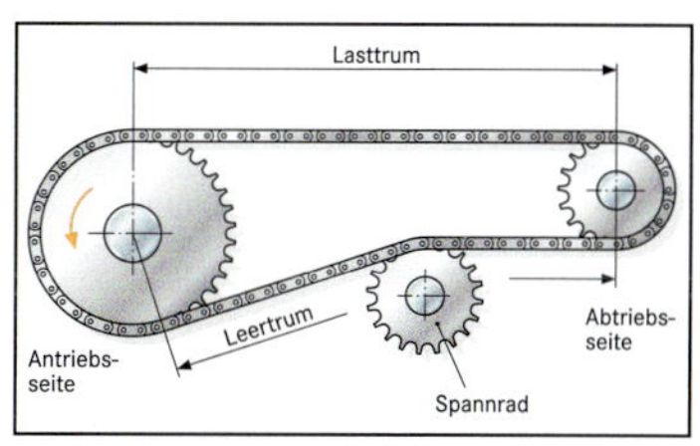

Kettengetriebe

1. Beschreibe die Funktion der einzelnen Bauteile zur hydraulischen Kraftübertragung.

3 Bauen und Wohnen

Historischer Kamin

Kachelofen

Küchenherd mit Holzfeuerung

Moderne Küchengeräte

Energiewandlung in Gebäuden

Seit Jahrtausenden wurde für Gebäude Holz als Energieträger genutzt, um damit Wärmeenergie zu erzeugen. Die Wärmeenergie brauchte man vor allem für das Heizen und Kochen. Über einen langen Zeitraum nutzte man fast ausschließlich Holz. Das war in der Natur ausreichend vorhanden und wuchs ständig nach. Mit dem wachsenden Bedarf für die Gebäudeheizung, aber auch für das Schmelzen von Metallen, wurde das Holz als Brennstoff knapp. Der Verbrauch war größer als das Holz nachwachsen konnte. Die massenhafte Abholzung führte zur Verödung ganzer Regionen, z. B. im Mittelmeerraum. Als Ersatz dienten zunächst Moore, die getrocknet als Brennstoff (Torf) genutzt wurden. Mit dem Beginn des Kohlebergbaus veränderte sich die Situation grundsätzlich. Es stand nun ein fossiler Brennstoff in ausreichender Menge zur Verfügung, der auch einen größeren Heizwert als Holz hatte. Die Kohlegewinnung war zugleich der Beginn des Industriezeitalters. Mit der Kohle konnte in großem Maße Wärme erzeugt werden, die nicht nur für die Gebäudeheizung, sondern auch für den Antrieb von Maschinen (z. B. Dampfmaschine) verwendet werden konnte.

Mit Beginn des vergangenen Jahrhunderts gab es wiederum grundlegende Veränderungen bei der Energieversorgung von Gebäuden. In zunehmendem Maße wurden die fossilen Energieträger nicht mehr direkt zum Heizen genutzt, sondern die Wärmeenergie nutzte man zunächst, um in Kesseln Wasser zu erhitzen. Dieses Wasser wurde durch Leitungen in alle Räume verteilt und in Heizkörpern in Raumwärme umgewandelt. Dieses System bezeichnet man als Zentralheizung und dient auch heute noch in den meisten Gebäuden zur Erzeugung von Raumwärme.

Für die Energieumwandlung in Gebäuden kamen zunehmend auch andere Energieträger zum Einsatz. Durch die Vergasung von Kohle erzeugte man Gas, das sich durch Leitungen leicht in Gebäude transportieren ließ und dort als Energieträger für die Beleuchtung, aber auch für Küchenherde genutzt wurde. Völlig neue Möglichkeiten bot die Nutzung der Elektroenergie. Energie konnte nun auf einfache Weise durch Kabel in Gebäude und alle Räume geleitet und vor Ort in die gewünschte Energieform umgewandelt werden. So wird Elektroenergie in Glühlampen zunächst in Wärme und dann in Licht umgewandelt.

In einer Vielzahl von Haushaltsgeräten wird die elektrische Energie in kinetische Energie umgewandelt (z. B. Staubsauger, Waschmaschine, Mixer). Die Umwandlung der Elektroenergie in Wärmeenergie wird ebenfalls vielfach genutzt, so z. B. im Elektroherd und im Toaster. Einen immer größeren Anteil am Energiebedarf im Haushalt hat die Kommunikationstechnik.

Die vielfältigen Möglichkeiten der Umwandlung der Elektroenergie in andere Energieformen hatten einen ständig steigenden Bedarf an Elektroenergie zur Folge. Es wurden immer mehr Kraftwerke gebaut, die die Wärmeenergie fossiler Brennstoffe in Elektroenergie umwandeln.

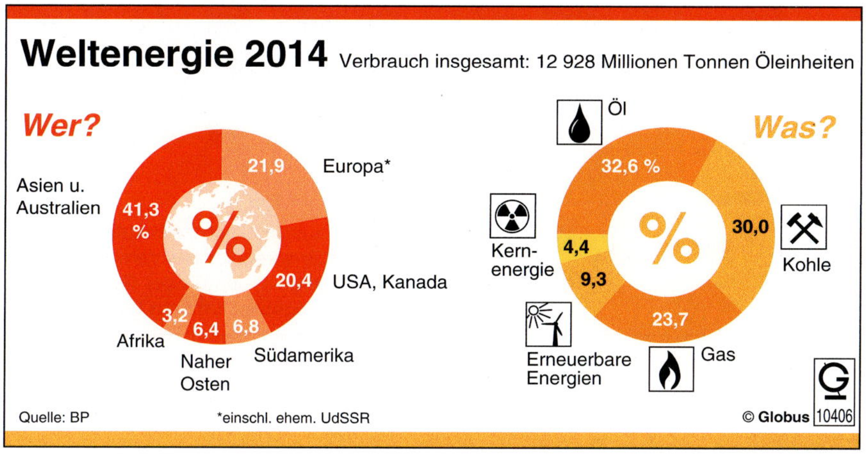

Das hatte erhebliche Auswirkungen auf die Umwelt. Durch den Braunkohletagebau wurden ganze Landstriche verwüstet und der hohe CO_2-Ausstoß führt zu Veränderungen des Klimas. Die Nutzung der Kernenergie für die Erzeugung von Elektroenergie ist keine Alternative, da mit ihr große Risiken für Mensch und Natur verbunden sind. Es ist daher auch notwendig, für Energieträger für Gebäude nach Alternativen zu suchen. So gewinnt die Energieversorgung durch Wind- und Solarenergie immer mehr an Bedeutung.

Für die Wärmeversorgung von Gebäuden werden auch immer mehr **Wärmepumpen** eingesetzt. Sie arbeiten nach dem gleichen Prinzip wie Kühlschränke. Ein Fluid (z. B. Propan) wird durch Überdruck verflüssigt und nach Druckentlastung durch dünne Metallröhren in das Erdreich gebracht. Dort verdampft es durch Wärmeaufnahme. Anschließend wird es komprimiert. In einem Kondensator verflüssigt sich das Fluid wieder und gibt dabei Wärme ab, die für das Heizungssystem des Hauses genutzt werden kann. Für den Antrieb der Wärmepumpe ist Elektroenergie notwendig. Durch den Einsatz von Wärmepumpen kann man den Aufwand für die Heizungsenergie bis zu 50 % verringern.

Da ca. 40 % aller Energie in Gebäuden verbraucht wird, sind hier Energieeinsparungen besonders wirksam.

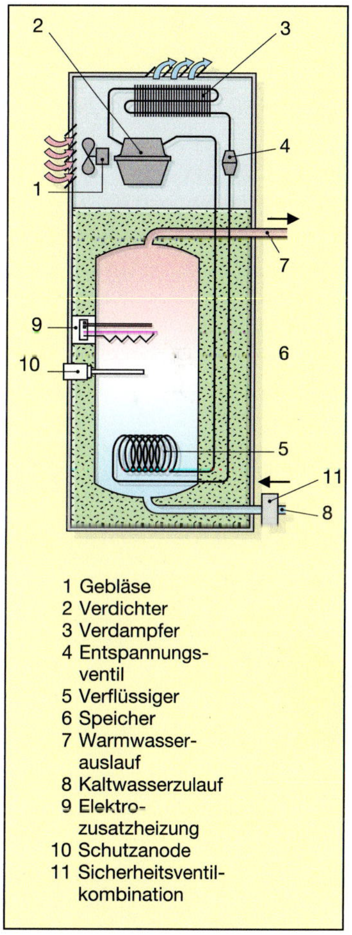

Schemazeichnung zur Funktion einer Wärmepumpe

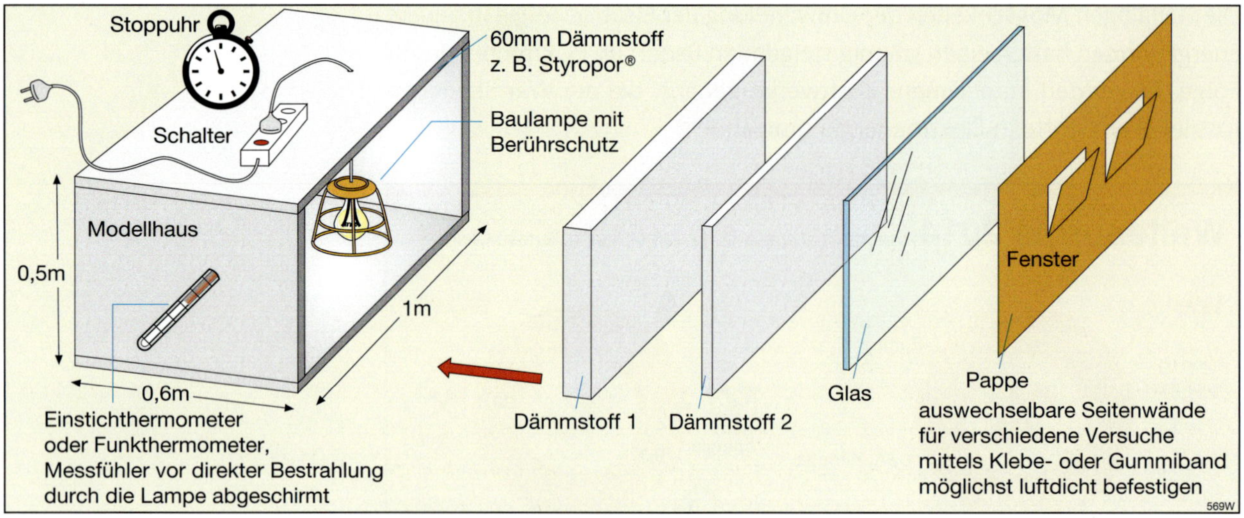

Wärmedämmung

Energiesparendes Bauen

Fenster bringen Licht in ein Gebäude. Wie im Wärmebild sichtbar, können Fensterscheiben und Fensterrahmen aber zu hohen Wärmeverlusten beitragen. Große nach Süden ausgerichtete Fensterflächen allerdings leisten an sonnigen Wintertagen einen Beitrag zur Erwärmung eines Gebäudes. Hier stellt sich die Frage, wie ein Fenster konstruiert sein muss, um Sonnenwärme zu nutzen und die Wärme im Haus zu behalten.

Wärmedämmung testen: Mit dem oben abgebildeten Versuchsaufbau könnt ihr leicht verschiedene Baustoffe auf ihre Dämmeigenschaft testen.

Grundversuch Wärmeverlust: Befestigt dazu eine Dämmstoffprobe möglichst luftdicht an der offenen Seite des Modellhauses. Schaltet nun die Baulampe ein und heizt das Modellhaus auf eine vorher festgelegte Temperatur (zwischen 40 und 45 °C) auf. Ist die Temperatur erreicht, schaltet ihr die Baulampe ab und haltet den Wärmeverlust in einem Zeit-Temperatur-Diagramm fest (x-Achse: Zeit, Y-Achse: Temperatur).

Grundversuch Wärmezufuhr: Mit dem Modellhaus lässt sich auch testen, wie lange die Baulampe eingeschaltet sein muss, um das Haus unter Verwendung eines bestimmten Dämmstoffs auf eine vorher festgelegte Temperatur zu heizen. Auch hier könnt ihr eure Messergebnisse in einem Zeit-Temperatur-Diagramm (x-Achse: Zeit, y-Achse: Temperatur) festhalten.

Versuch: Passive Nutzung der Sonnenenergie
Stellt das Modellhaus an einem sonnigen Tag mit der Öffnung nach oben in die Sonne. Legt eine Glasscheibe auf die Öffnung. Zeichnet die Temperaturentwicklung in einem Diagramm auf.

Der U-Wert – der Wärmedurchgangskoeffizient

In der Praxis sind Baustoffe bezüglich ihrer Dämmeigenschaft gekennzeichnet. Der Wärmedurchgangskoeffizient **U** gibt an, wie viel Wärme durch eine Fläche von 1 m^2 eines Bauteils während einer Sekunde strömt. Je kleiner der U-Wert ist, desto besser ist das Bauteil wärmegedämmt. Beispielsweise beträgt der U-Wert einer 25 cm starken Betonaußenwand 3,3. Dagegen liegt der U-Wert einer 24 cm starken Außenwand aus Mauerziegeln bei 1,5.

Um noch größere Energieeinsparungen an Gebäuden zu erreichen, gewinnen **Niedrigenergie**- bzw. **Nullenergiehäuser** immer mehr an Bedeutung. Die Zahlen in der nebenstehenden Tabelle machen das deutlich. Für den Neubau sind diese Zahlen die gesetzlich vorgeschriebenen energietechnischen Anforderungen. Die Energieeinsparung in Niedrigenergie- und Nullenergiehäusern erfolgt vor allem durch sehr gute Wärmedämmung, durch eine kontrollierte Wohnungslüftung und durch Anlagen zur Nutzung regenerativer Energien (z. B. einer Solaranlage).

Haustyp	Heizwärmebedarf in kW pro m^2 und Jahr
Neubau	60–100 kW
Niedrigenergiehaus	max. 70 kW
Nullenergiehaus	Im Jahresdurchschnitt kein Energiebezug

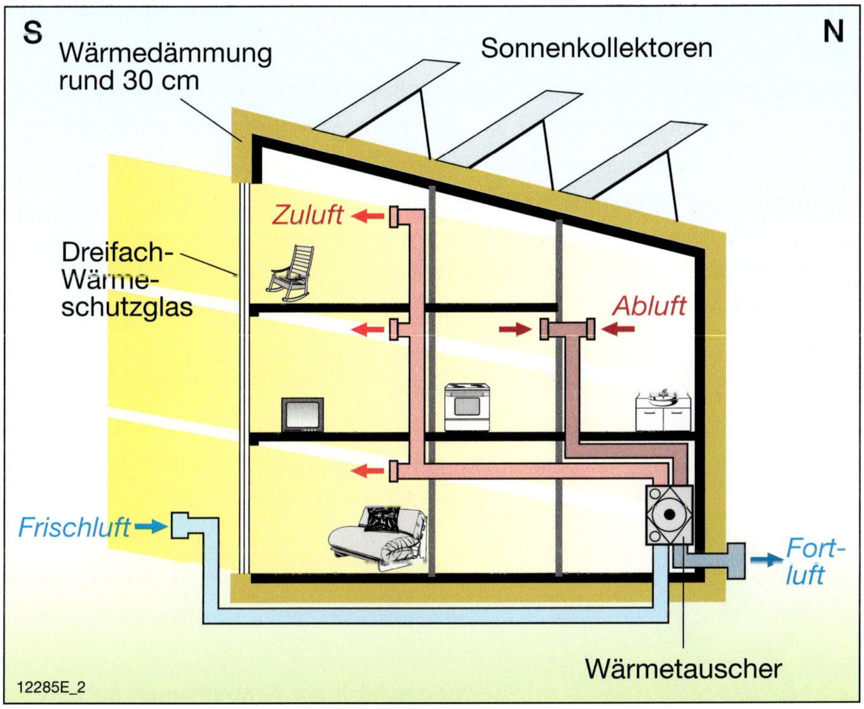

Schnittdarstellung eines Niedrigenergiehauses

1. Wo entstehen die meisten Energieverluste an Wohngebäuden?

2. Nennt Möglichkeiten in eurem Wohngebäude, die Energieverluste zu verringern.

3. Beschreibt am Beispiel der Schnittdarstellung eines Niedrigenergiehauses, wie die Energieeinsparungen erreicht werden.

Genau so wichtig ist aber die Einsparung von Energie durch entsprechende Baumaßnahmen und durch den Einsatz von Geräten mit hoher Energieeffizienz, z. B. LED-Lampen, stromsparende Haushaltsgeräte.

Energiesparlampen

Diese Lampen sind eine Sonderbauform von Leuchtstofflampen mit kleineren Abmessungen und niedrigeren Leistungen (3 W bis 30 W). Sie besitzen im Vergleich zu den Glühlampen bei gleicher Leistung etwa die 8fache Betriebsdauer und eine ca. 12fach größere Lichtausbeute.

Bei Energiesparlampen ist das Vorschaltgerät bereits in die Lampe eingebaut. Es versorgt die Lampe mit Wechselstrom höherer Frequenz (Hochfrequenzbetrieb: 25 kHz bis 70 kHz). Dadurch ergeben sich folgende **Vorteile**:

- flackerfreier Sofortstart,
- flimmerfreier Betrieb,
- hohe Schaltfestigkeit, d. h. häufiges Ein- und Ausschalten ist möglich,
- längere Lebensdauer.

Ein **Nachteil** ist, dass diese Lampen nicht sofort die volle Lichtstärke erreichen.

Energiesparlampen haben eine warmweiße Lichtfarbe, die mit der Lichtfarbe von Glühlampen vergleichbar ist. Eine Kennziffer wird hier nicht angegeben. Ihr Farbwiedergabeindex R_a liegt zwischen 80 bis 89, sodass eine fast originalgetreue Farbwiedergabe erfolgt.

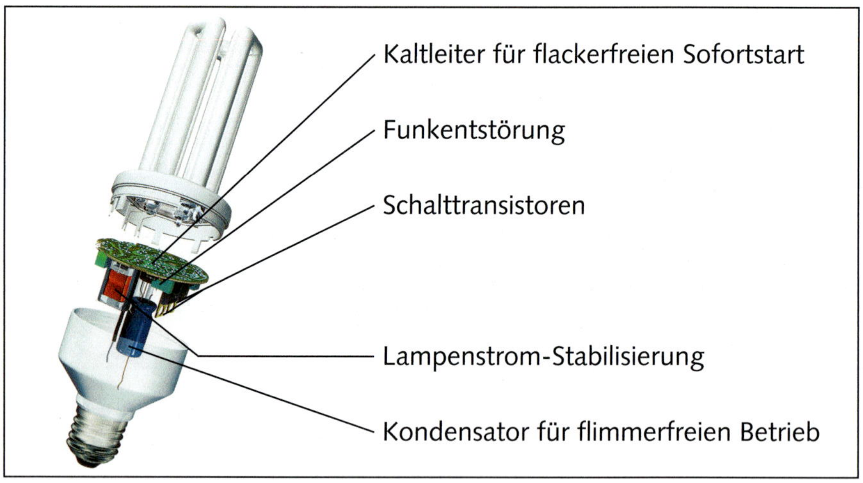

Aufbau einer Energiesparlampe

Vielfach lohnt es sich auch, ältere Haushaltsgeräte (z. B. Kühlschrank) durch neue stromsparende Geräte zu ersetzen und damit die Stromkosten zu senken. Wie sparsam die Geräte arbeiten, kann man an dem Energielabel erkennen, das an allen Geräten angebracht werden muss. Um die Möglichkeiten der Energieeinsparung im Wohnbereich zu ermitteln, ist es zunächst sinnvoll, zu untersuchen, wo der meiste Strom verbraucht wird.

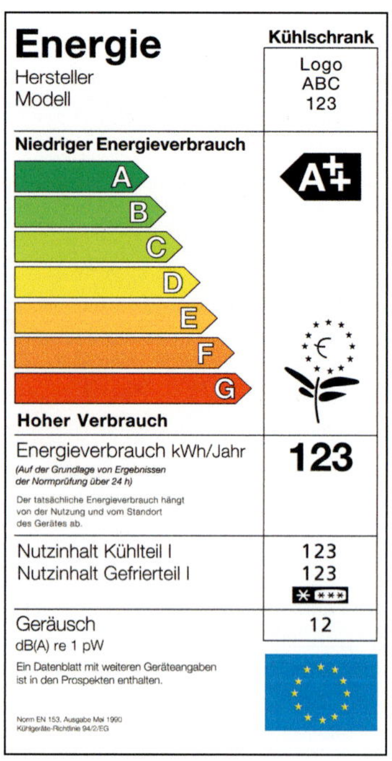

Flache toppen Röhre

0701W

Flachbildfernseher (LCD) sind deutlich sparsamer als etwa gleich große Röhrenfernseher. Am sparsamsten sind Modelle mit LED-Technik. Einsparung: knapp 50 Prozent.

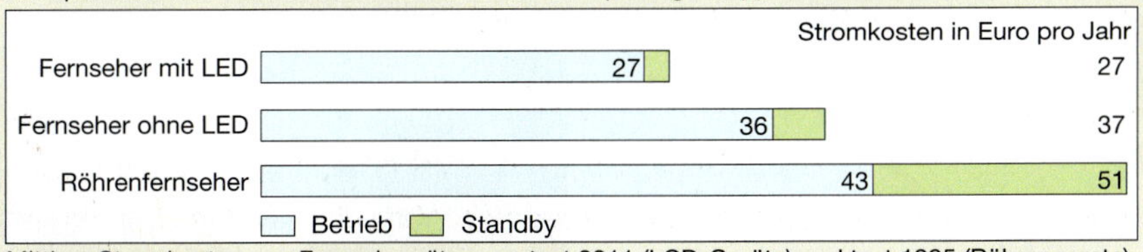

Mittlere Stromkosten von Fernsehgeräten aus test 2011 (LCD-Geräte) und test 1995 (Röhrengerate). Die Bildschirmdiagonale der LCD-Fernseher beträgt 71 bis 85 cm, Röhrenfernseher 70 bis 72 cm. Den Berechnungen liegt ein Strompreis von 24 Cent je Kilowattstunde zugrunde. Stand: 12. Mai 2011

Alte Kühlgeräte sind Stromfresser

0702W

Die Stromkosten von Kühl-Gefrier-Kombinationen haben sich innerhalb der letzten Jahre drastisch verringert. 89 Euro im Jahr weniger verbrauchen Neugeräte aus dem Jahr 2009 gegenüber Modellen von 1992. Einsparung: mehr als 60 Prozent.

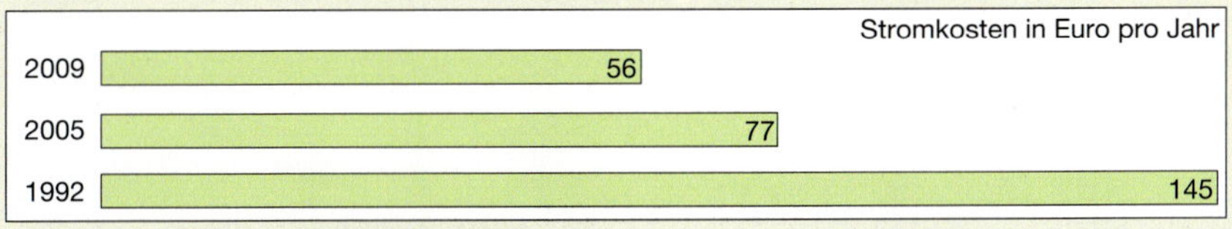

Mittlere Stromkosten von Kühl-Gefrier-Kombinationen aus test 2009, test 2005 und test 1992. Den Berechnungen liegt ein Strompreis von 24 Cent je Kilowattstunde zugrunde. Stand: 12. Mai 2011

Die Stromschlucker

Anteile der wichtigsten Stromverbräuche in einem 3- bis 4-Personen-Modellhaushalt mit rund 2 500 Kilowattstunden Jahresverbrauch: Nach Anschaffung guter und sparsamer Haushaltsgeräte entfällt rund ein Drittel der Stromkosten auf Fernseher, Computer und Co.

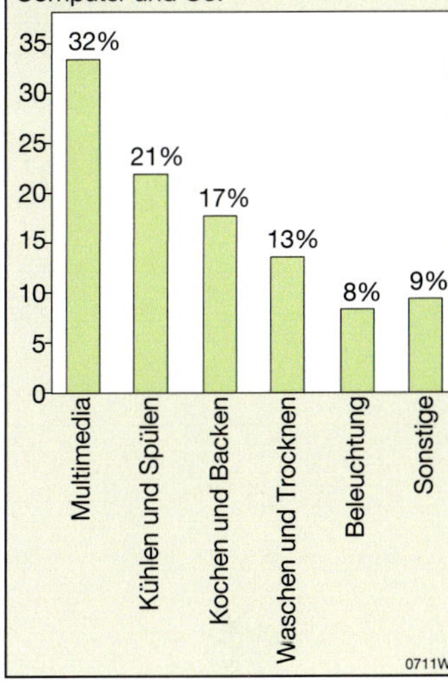

0711W

Nicht jedes neue Gerät spart Strom

0703W

Neugeräte sind nicht immer sparsam. Es lohnt sich daher, auch beim Kauf von Neugeräten auf den Stromverbrauch zu achten. Stromkosten von mehr als 1000 Gräten finden sich kostenlos auf www.test.de/spargeraete.

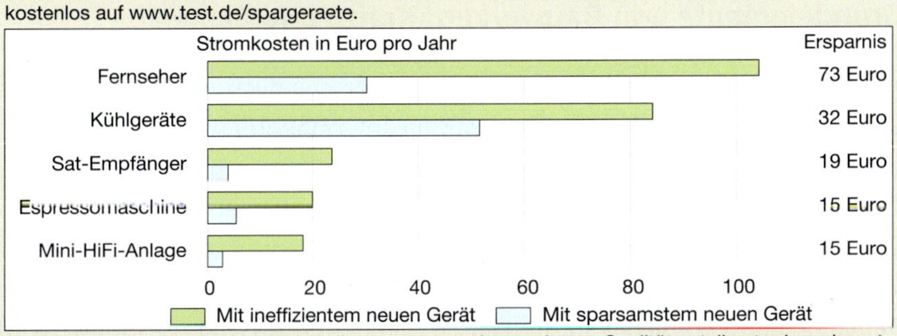

Als effiziente Neugeräte sind die jeweils stromsparendsten mit test-Qualitätsurteil gut oder sehr gut aufgeführt, die ineffizienten sind die mit dem größten Stromverbrauch im Test. Die LCD-Fernseher haben eine Bildschirmdiagonale von 102 bis 106 cm. Die Kühl-Gefrier-Kombinationen (Kühlgeräte) haben ein Gebrauchsvolumen von 235 bit 269 l. Den Berechnungen liegt ein Strompreis von 24 Cent pro Kilowattstunde zugrunde. Stand: 12. Mai 2011

1. Ermittle die Formen der Energiewandlung in deinem Wohngebäude.

2. Berechne die mögliche Stromeinsparung, wenn in eurer Wohnung die gesamte Beleuchtung auf Energiesparlampen umgestellt wird.

3. Untersuche, wie sich die Formen der Energiewandlung in deinem Wohnumfeld geändert haben.

4. Erarbeite eine Übersicht über die Möglichkeiten der Energieeinsparung in deinem Wohnbereich.

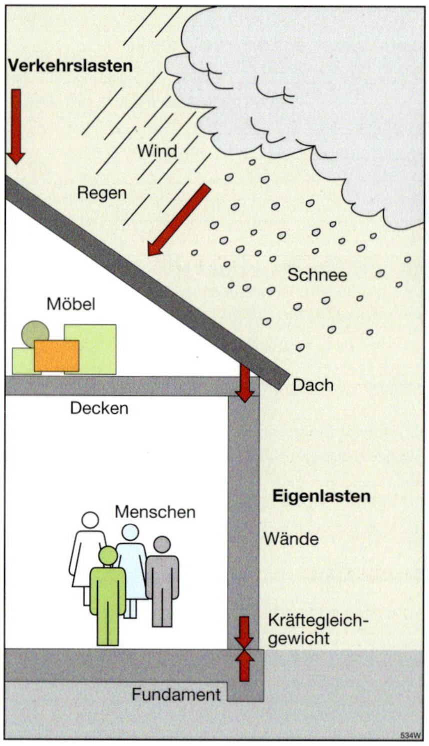

Lasten, die auf ein Bauwerk wirken

Mehrfamilienhaus

Eingebrochene Decke

Grundelemente von Bauwerken, Kräfte und Lasten

Wohnhäuser sind Bauwerke, die recht unterschiedlich sein können. Das Mehrfamilienstadthaus und das Einfamilienwohnhaus unterscheiden sich nicht nur durch ihren Standort. Sieht man genau hin, entdeckt man schnell viele Unterschiede. Beide bestehen aber im Wesentlichen aus den gleichen Grundelementen: einem Fundament, Wänden, Decken und einem Dach.

Damit ein Bauwerk sicher steht, nicht in den Boden einsinkt oder kippt, wird es auf ein **Fundament** gebaut. Auf dem Fundament werden die **Wände** errichtet. Die Wände tragen die **Decken** und das **Dach**. Dabei drücken die Bauteile wie Wände, Decken und das Dach durch ihr eigenes Gewicht auf das Fundament. Das Fundament nimmt diese Druckkräfte auf und überträgt sie auf den Boden. Alle Druckkräfte, die durch das Gewicht der Bauteile entstehen, nennt man **Eigenlast**.

Neben der Eigenlast der Bauteile wirken aber noch andere Kräfte auf ein Bauwerk ein. Bei einem Wohnhaus beispielsweise sind dies die Last von Personen, Möbeln, die Last des Schnees oder die Kraft des Windes. Diese Kräfte wirken nicht ständig. Man bezeichnet sie als **Verkehrslasten**.

Nur wenn sich alle gegeneinander wirkenden Kräfte an einem Bauwerk im Gleichgewichtszustand befinden, ist das Bauwerk auch standfest.

Das Fundament

Ein Fundament soll die Standfestigkeit eines Bauwerkes gewährleisten. Es stellt die Verbindung zwischen Bauwerk und Boden, dem sogenannten Baugrund, dar. Dabei muss es verschiedene Anforderungen erfüllen: Ein Fundament muss in der richtigen Größe und Form erstellt werden. Außerdem muss das Fundament aus dem richtigen Baustoff bestehen. Da jede Bodenart nur eine bestimmte Tragfähigkeit besitzt, richtet sich die Wahl des richtigen Fundaments auch nach der Bodenbeschaffenheit. Fels ist ein sehr tragfähiger Baugrund. Böden aus Lehm und Ton tragen gut. Weniger tragfähig sind Böden aus Sand und Kies.

Im Bauwesen häufig vorkommende Fundamentarten sind das Einzelfundament, das Streifenfundament und das Plattenfundament.

Ist der Baugrund gut tragfähig, genügen oft Einzel- oder Streifenfundamente, um dem Bauwerk die notwendige Standsicherheit zu geben. Ist der Baugrund dagegen weniger oder unterschiedlich tragfähig, lässt sich dies durch Plattenfundamente ausgleichen. Die Unterseite des Fundaments, die sogenannte Fundamentsohle, muss so tief im Boden liegen, dass das sich darunter ansammelnde Wasser auch bei stärkster Kälte nicht gefriert und damit ausdehnt. Durch die Ausdehnung des feuchten Bodens bei Frost können am Bauwerk Spannungen entstehen, die beispielsweise zu Rissen führen. Im Allgemeinen reicht in Mitteleuropa eine Tiefe von 80 bis 120 cm aus, um ein Fundament zu gründen. Ein Fundamentgraben oder eine Fundamentgrube muss sehr sorgfältig, senkrecht und gleichmäßig tief ausgehoben werden. Dabei ist zu beachten, dass die Fundamentsohle eben und senkrecht zur einwirkenden Kraft liegt.

Plattenfundament

Fundamente werden in der Regel aus Beton hergestellt. Beton ist nur auf Druck belastbar. Durch das Einbringen von Stahlstäben oder Stahlmatten in den Beton lassen sich Betonbauteile auch auf Zug beanspruchen. Solche Betonbauteile nennt man bewehrte Bauteile. Damit die Bewehrung nicht rostet, muss sie mindestens 5 cm durch den Beton umschlossen sein.

Einzelfundament

Streifenfundament

Fundamentsohle

Betonexperimente

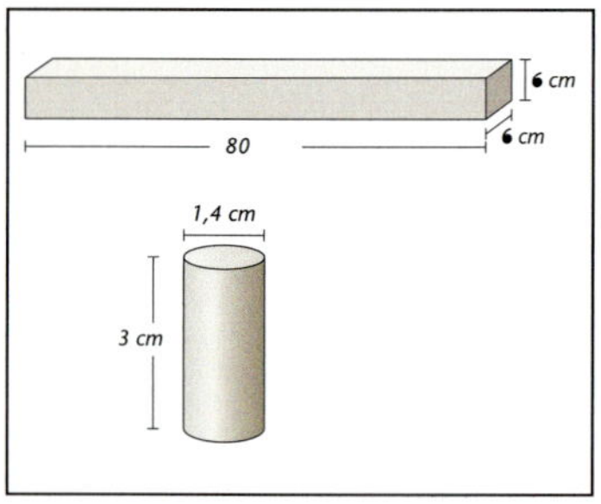

Biegefestigkeit und Druckfestigkeit prüfen

Die Kräfte, die an Gebäuden auftreten, müssen durch die Bauteile aufgenommen werden können. Inwieweit ein Bauteil Kräfte aufnehmen kann, hängt von der Konstruktion des Bauteils und dem verwendeten Baustoff ab.

Beton kann in die unterschiedlichsten Formen gebracht werden. Daher eignet sich dieser Baustoff besonders dazu, um aus ihm kraftaufnehmende Bauteile zu fertigen.

Doch Beton ist nicht gleich Beton. Testet, wie sich unterschiedliche Mischungen auf die Druckfestigkeit und eine Bewehrung auf die Biegefestigkeit auswirken.

Herstellung von Prüfkörpern aus Beton

Um Prüfkörper aus Beton herzustellen, müsst ihr zunächst geeignete Schalungen bauen. Dazu benötigt ihr 6 Holzbretter (180 cm x 6 cm x 2 cm), 1 Holzbrett (20 cm x 20 cm x 3 cm) und 12 Schraubzwingen. Eure Arbeitsfläche schützen ihr durch eine Plastikfolie (1 m x 1 m).

Um die Schalung für einen Prüfbalken zu bauen, längt ihr eine Holzleiste mit der Feinsäge wie folgt ab:

Anzahl	Länge	Höhe	Stärke
2	80 cm	6 cm	2 cm
2	6 cm	6 cm	2 cm

Mit den anderen fünf Leisten verfahrt ihr genauso. Dann ölt ihr die Schalungsinnenseite ein und fügt die Holzleisten mit den Zwingen wie in der Abbildung unten rechts zusammen.

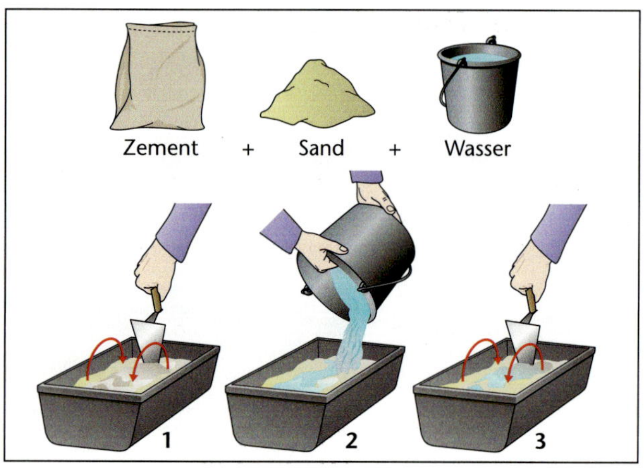

Mörtel anmischen

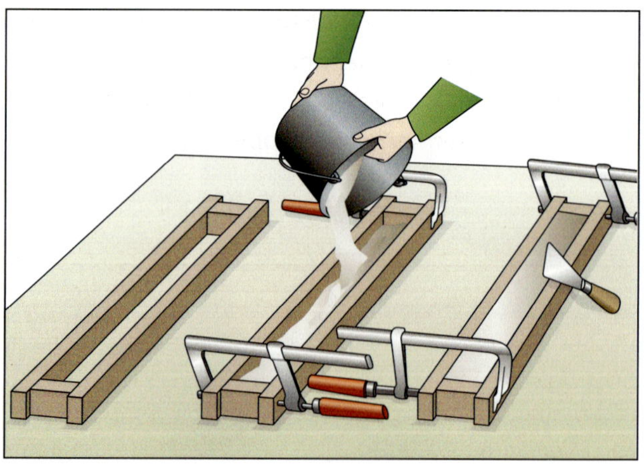

Prüfkörper herstellen

Die Schalungen für die fünf Prüfzylinder stellt ihr durch fünf Bohrungen in das Holzbrett mit den Maßen 20 cm x 20 cm x 3 cm her. Verwendet dazu eine Tischbohrmaschine und einen Holzbohrer mit einem Durchmesser von 14 mm. Beachtet beim Bohren die richtige Drehzahleinstellung. Dann ölt ihr auch hier die Schalungsinnenseite ein.

Anmischen des Betonmörtels

Stellt fünf verschiedene Mörtelmischungen aus Zement, Wasser und Sand her. In der Tabelle sind die unterschiedlichen Gewichtsanteile angegeben.

	Wasser	Zement	Sand
Probekörper 1	0,5	1	4
	bewehrt mit Baustahlstab: d = 6 mm; l = 78 cm		
Probekörper 2	0,5	1	4
Probekörper 3	1	2	4
Probekörper 4	1	0,5	4
Probekörper 5	1	0,5	8
Probekörper 6	4	0,5	8

1. Mischt den Sand mit dem Zement im vorgegebenen Verhältnis.
2. Fügt nach und nach Wasser hinzu.
3. Rührt, bis ein einheitliches Gemisch entsteht.
4. Stellt aus jedem Gemisch Prüfbalken und Prüfzylinder her.

Prüfbalken testen

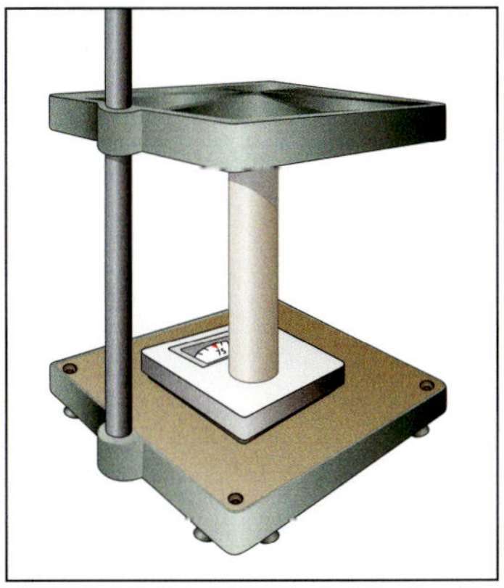

Papierpresse mit Prüfzylinder

Versuche zur Biegefestigkeit mit dem Probebalken

- Legt wie in der Abbildung rechts oben einen Prüfbalken rechts und links 5 cm auf. Hängt einen Baueimer darunter.
- In 500 g-Schritten schüttet ihr Sand in den Eimer.
- Bei welcher Belastung bricht der Probekörper? (Achtung: Ermittelt vorher das Gewicht des Baueimers.)
- Dokumentiert die Versuche mit Fotos und notiert die Belastungsgrenzen für die unterschiedlichen Probekörper in einer Tabelle.

Versuche zur Druckfestigkeit mit dem Probezylinder

- Ihr benötigt für diesen Versuch eine Papierpresse, eine Personenwaage und einen Probezylinder.
- Stellt einen Zylinder wie in der Abbildung rechts mitte auf die Personenwaage in die Presse.
- Bei welcher Belastung bricht der Probekörper?
- Dokumentiert die Versuche mit Fotos und notiert die Belastungsgrenzen für die unterschiedlichen Probekörper in einer Tabelle.

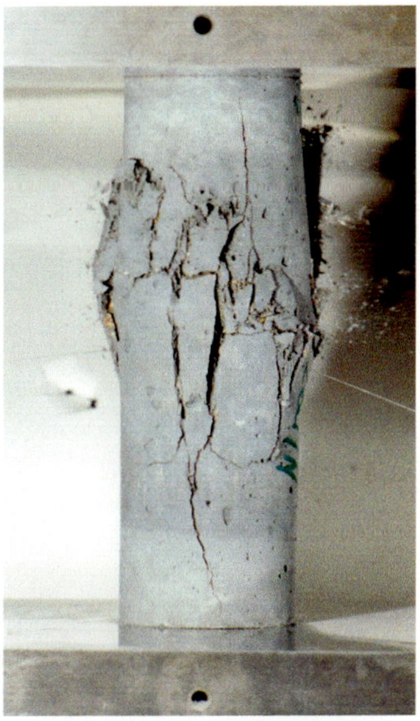

Versuch zur Druckfestigkeit

Wände

Wände

Wandarten und ihre Aufgaben

Eine Wand ist ein scheibenartiges Bauteil. In der Länge und Höhe dehnt sich eine Wand weiter aus als in der Tiefe. Dabei lassen sich Wände in vielerlei Hinsicht unterscheiden:

- nach ihrer Lage in Außenwände und Innenwände,
- nach ihrer Funktion in tragende Wände, nicht tragende Wände, aussteifende Wände, Brandschutzwände und Schallschutzwände,
- oder aber nach ihrer Bauweise bzw. dem verwendeten Baustoff.

Die **Außenwände** eines Gebäudes schützen das Gebäudeinnere vor Witterungseinflüssen wie Hitze, Kälte, Wind, Regen und Schnee. Sie halten aber auch Lärm ab. Die **Innenwände** trennen im Gebäude Räume ab. Durch Wandöffnungen wie Türen und Fenster werden Räume zugänglich und können mit Licht und Luft versorgt werden.

Sowohl Außenwände als auch Innenwände eines Gebäudes können **tragende Wände** sein. Tragende Wände werden hauptsächlich auf Druck belastet. Sie nehmen den Druck der auf ihnen ruhenden Bauteile, wie z. B. Geschossdecken, auf und leiten ihn über das Fundament sicher in den Boden ab. **Nicht tragende Wände** begrenzen Räume. Sie können entfernt werden, ohne dass das Gebäude einstürzt.

Aussteifende Wände stehen im rechten Winkel zu tragenden Wänden und sind mit diesen fest verbunden. Aussteifende Wände nehmen die waagerechten Kräfte auf, die auf die tragenden Wände einwirken. Eine solche Kraft ist beispielsweise die Windkraft. Auch Geschossdecken haben eine aussteifende Funktion.

Brandschutzwände verhindern das Übergreifen eines Feuers von einem Gebäudeteil auf einen anderen Gebäudeteil.

Schallschutzwände mindern die Ausbreitung von Lärm. Sie werden auch Lärmschutzwände genannt. Um für ein Gebäude die richtigen Wände zu erstellen, müssen Lage, Funktion, Konstruktion und Baustoff sorgfältig auf-

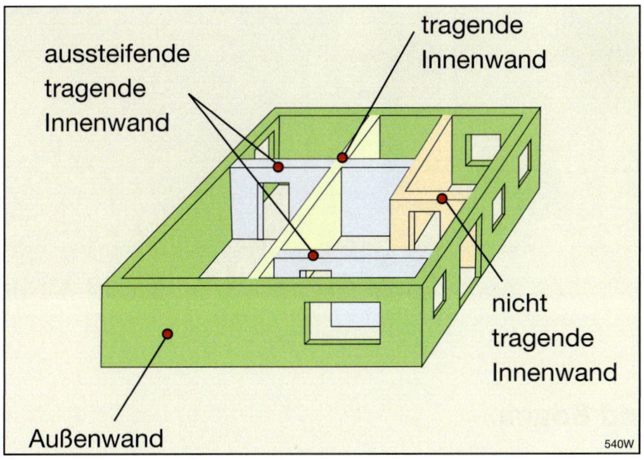

Wandarten nach Lage und statischer Funktion

Verbindung zwischen auszusteifender und aussteifender Wand

einander abgestimmt sein. Baumaterialien für Wände sind z. B. Steine, Beton, Stahlbeton, Glas, Gips, Holz, Holzwerkstoffe, Lehm und Kunststoffe.

Anforderungen an Wände (Auswahl):
- Wärmedämmung,
- Schalldämmung,
- Feuchtigkeitsschutz,
- Feuerschutz,
- Wasserdampfdurchlässigkeit,
- Standfestigkeit,
- Aussehen.

1. Ob eine Wand eine tragende oder eine nicht tragende Funktion hat, hängt immer von den Bauteilen des gesamten Bauwerks ab. Die Abbildung rechts unten zeigt die Bauwerke A und B in der Schnittdarstellung. Bau die Bauwerke nach (z. B. mit Spanplatten H x B x T= 200 mm x 100 mm x 22 mm). Welche der Wände a, b, c sind tragend?

2. Stellt eine Holzplatte (z. B. Spanplatte H x B x T= 200 mm x 100 mm x 22 mm) als Wand auf. Versucht sie umzupusten. Stellt eine zweite Platte als aussteifende Wand dahinter und versucht es noch einmal.

3. Überlegt, welche Anforderungen an Wände für Wohn-, Schlaf- und Arbeitsräume gestellt werden müssen. Begründet eure Überlegungen.

4. Setzt mit Steinen eine feste Verbindung zwischen einer aussteifenden und einer auszusteifenden Wand (Abbildung oben rechts).

5. Erkundigt euch in einem Baustoffhandel, welche Wandbaustoffe häufig oder selten verwendet werden. Findet Gründe.

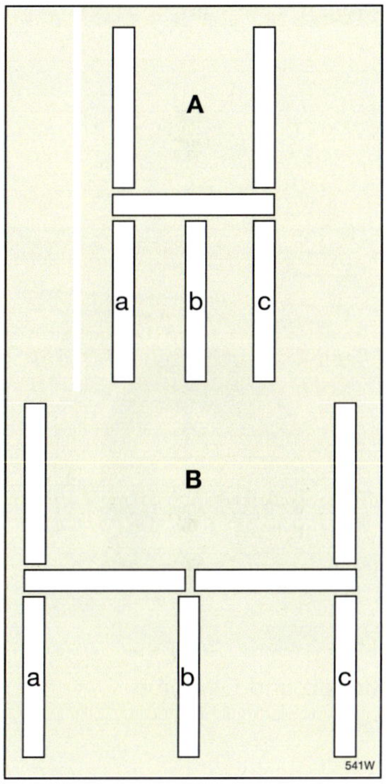

Versuch: tragend oder nicht-tragend?

Bogen und Gewölbe

Bogen und Gewölbe

Stützen, Balken und Bogen

Belastungen am Balken

Die wichtigsten Bauelemente eines Gebäudes sind Balken und Stützen. Aneinandergereihte Balken bilden eine Decke. Die Wände sind dabei die Stützen. Durch Balken lassen sich auch Wandöffnungen überspannen. Als Baumaterial für Balken verwendete man früher zunächst Holz, später auch Stahl. Natürliche Steine wurden als Balken nur selten eingesetzt, da sie oft brachen. Balken biegen sich bei Belastung nach unten durch.

Diese Belastung nennt man **Biegebelastung**. Innerhalb des Balkens entstehen dabei drei Zonen. Im oberen Bereich werden die Teilchen zusammengedrückt. Hier entsteht eine Druckbelastung, die sogenannte **Druckzone**. In der unteren Hälfte werden die Teilchen auseinandergezogen. Es entsteht eine Zugbelastung, die sogenannte **Zugzone**. Dazwischen befindet sich die neutrale Zone. Um dennoch im Steinbau Öffnungen zu überspannen, erstellte man lange Zeit Bögen und Gewölbe.

Kräfte im Bogen

Ein Bogen ist ein Konstruktionselement, das nur auf Druck belastet wird. Aneinandergereihte Bögen bilden ein **Tonnengewölbe**. Im Bogen hat der Stein in der Mitte, der Schlussstein, eine besondere Bedeutung. Er gibt dem Bogen Halt. Senkrechte Belastungen werden durch ihn schräg nach außen in die Widerlager abgeführt.

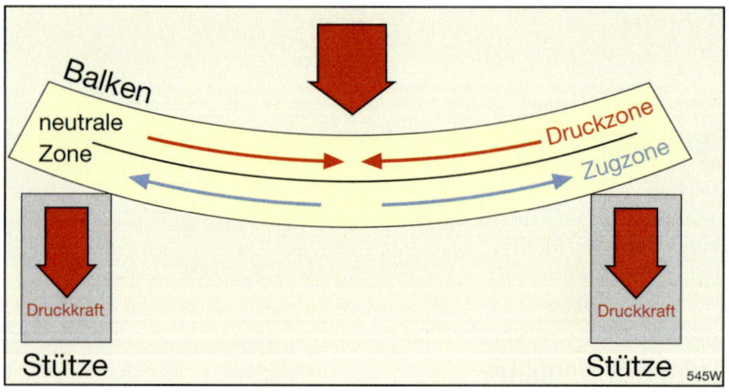

Belastungen am Balken

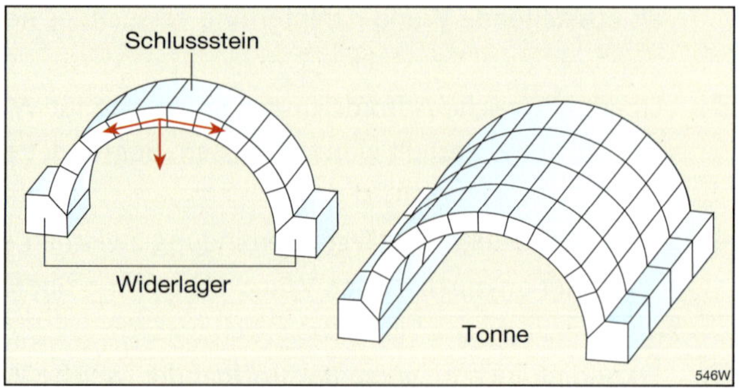

Bogen und Tonnengewölbe

Auflagerkraft

Jeder Balken oder **Träger** übt durch seine Eigenlast (Gewichtskraft) auf seine Auflage eine Druckkraft aus. Der Träger in der Abbildung rechts drückt mit einer Belastung von 5 kN und seiner Eigenlast auf die beiden Mauern. Um das Gleichgewicht zu halten, müssen die Mauern diesen Druckkräften gleich große Kräfte entgegensetzen. Die Kräfte **A** und **B** werden **Auflagerkräfte** genannt. Die nach oben gerichteten Auflagerkräfte A und B kann man mit dem **Hebelgesetz** berechnen.

1. Die Eigenlast des Trägers verteilt sich gleichmäßig auf beide Auflager A und B. Dabei nimmt jedes Auflager genau die Hälfte der Eigenlast auf. Der Einfachheit halber wird die Eigenlast nicht berücksichtigt.
2. Um die Auflagerkraft A zu berechnen, wird der Träger als einseitiger Hebel angenommen. Der Drehpunkt liegt in B. Nach dem Hebelgesetz gilt:

$A \cdot l_g = F \cdot l_2$
$A \cdot 4{,}00 \text{ m} = 5 \text{ kN} \cdot 2{,}50 \text{ m}$
$A \cdot 4{,}00 \text{ m} = 5 \text{ kN} \cdot 2{,}50 \text{ m} \qquad /: 4{,}00 \text{ m}$
$A = 3{,}125 \text{ kN}$

$B \cdot l_g = F \cdot l_1$
$B \cdot 4{,}00 \text{ m} = 5 \text{ kN} \cdot 1{,}50 \text{ m}$
$B \cdot 4{,}00 \text{ m} = 5 \text{ kN} \cdot 1{,}50 \text{ m} \qquad /: 4{,}00 \text{ m}$
$B = 1{,}875 \text{ kN}$

Probe: 3,125 kN + 1,875 kN = 5 kN

Ergebnis: Die beiden Auflagerkräfte A und B sind zusammen genauso groß wie die Last F. Damit befindet sich das System im Gleichgewicht und ist stabil.

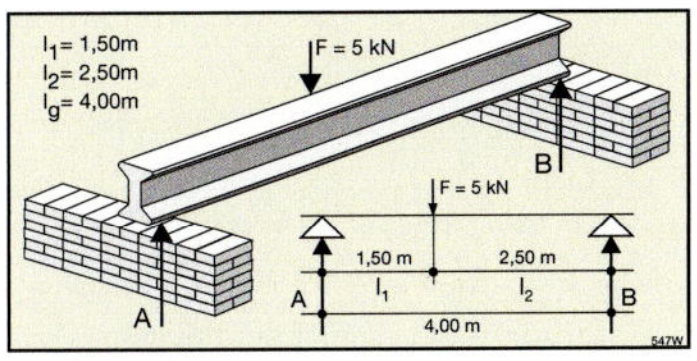

Balken auf zwei Stützen

INFO

Das Hebelgesetz: Einseitiger Hebel
Das Auflager bzw. der Drehpunkt liegt auf einer Seite, verschiedene Kräfte greifen von dem Auflager aus gesehen auf der gleichen Seite an. F_1 und F_2 sind die wirkenden Kräfte, l_1 und l_2 die entsprechenden Kraftarme. Befindet sich der einseitige Hebel im Gleichgewicht, so gilt:
$\mathbf{F_1 \cdot l_1 = F_2 \cdot l_2}$

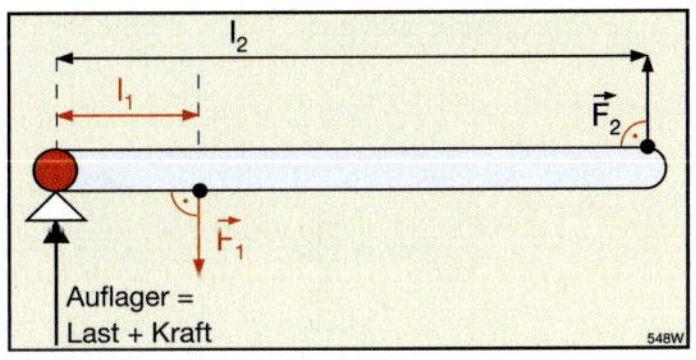

1. Erklärt, weshalb Stützen und Balken für Bauwerke so wichtig sind.

2. Wodurch entstehen die verschiedenen Belastungszonen im Balken? Erkläre.

3. Welche Bedeutung hat der Schlussstein im Bogen?

4. Ermittelt mithilfe des Hebelgesetzes die Auflagerkräfte A und B. Die Last F beträgt dabei 7 kN (9 kN, 13 kN). Rechnet wie im Beispiel oben.

5. Berechnet die Eigenlast des Trägers. Nehmt für die Profilfläche 20 cm² an. Die Länge beträgt 4,00 m.

6. Porenbetonsteine lassen sich leicht bearbeiten. Stellt selbst einen Bogen aus Porenbetonsteinen her. Ihr könnt auch ein Modell eines Bogens aus Holz bauen.

Bau eines Dachs

Das Dach

Dachkonstruktion

Im Wesentlichen besteht ein Dach aus einer **Tragkonstruktion** und der **Dachdeckung**. Dabei ist die Dachdeckung in der Regel die äußerste Schicht. Dachziegel aus gebranntem Ton oder Dachsteine aus Beton finden häufig Verwendung als Dacheindeckung. Im Hausbau besteht die Tragkonstruktion eines Daches oft aus Holz. Sie wird **Dachstuhl** genannt. Die Dachdeckung, daraufliegender Schnee und drückender Wind belasten den Dachstuhl. Der Dachstuhl nimmt die Lasten auf und leitet sie auf die darunter liegenden Wände ab. Drei häufig vorkommende Tragkonstruktionen sind das Sparrendach, das Kehlbalkendach und das Pfettendach.

Beim **Sparrendach** stützen sich jeweils zwei geneigte Balken, sogenannte Sparren (a), gegenseitig ab. Die Sparren sind im First (b), der oberen Schnittkante der beiden Dachflächen, miteinander verbunden. Zusammen mit einem waagerechten Dachbalken (c) oder der Decke des letzten Geschosses bilden sie ein unverschiebbares Dreieck. Die Konstruktion ergibt einen stützen- und

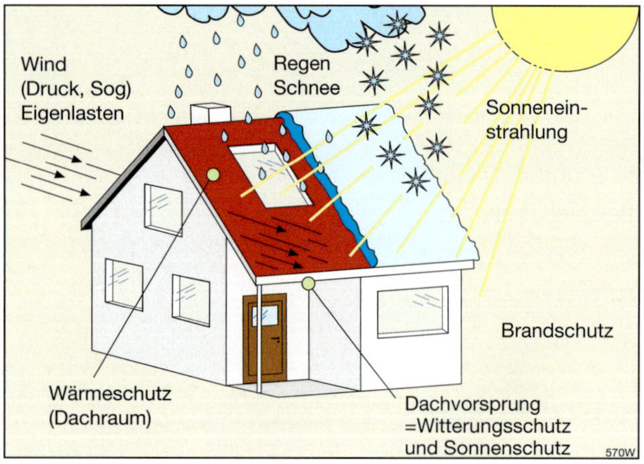

Funktionen eines Dachs

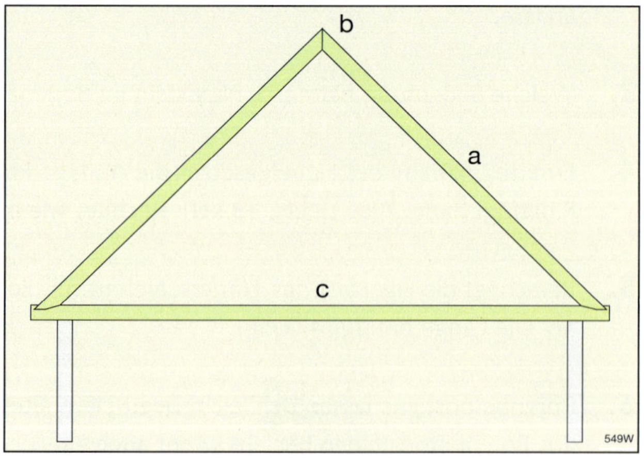

Sparrendach, Breite: 5 m; Winkel im First 90 Grad

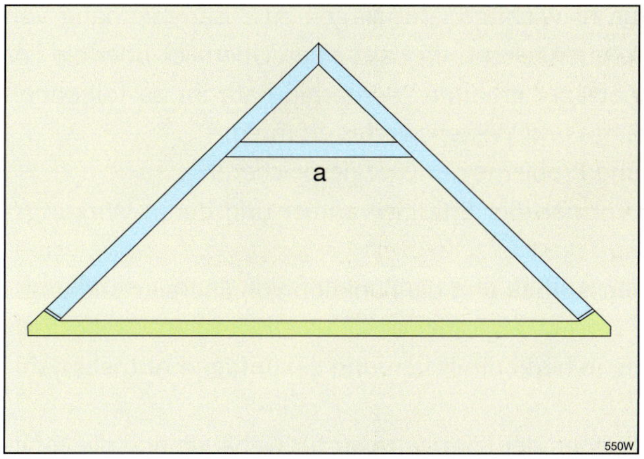

Kehlbalkendach, Breite: 8 m; Winkel im First 90 Grad

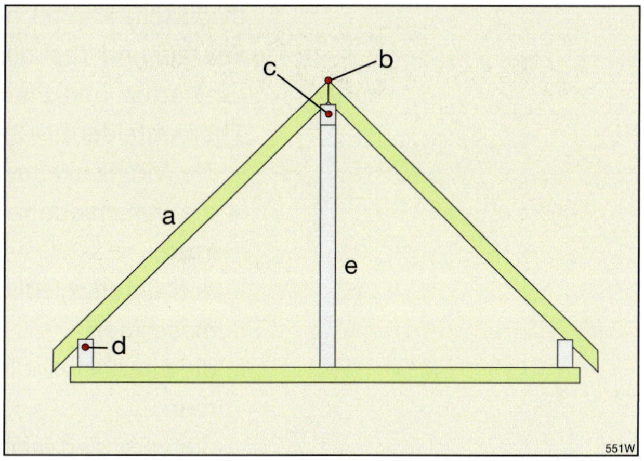

Pfettendach, Breite: 6 m; Winkel im First 90 Grad

verstrebefreien Dachraum. Sparrendächer sind vor allem für Dachbreiten bis zu 8 Meter geeignet. Die Sparren sollten nicht länger als 4,50 Meter sein.

Das **Kehlbalkendach** ist eine Sonderform des Sparrendachs. Es ist für Sparrenlängen über 4,50 Meter geeignet. Beim Kehlbalkendach werden die Sparren durch einen waagerecht liegenden Balken, dem Kehlbalken (Abbildung oben links, a), gestützt.

Beim **Pfettendach** stützen sich die Sparren (Abbildung oben rechts, a) nicht im First (b), sondern lagern auf waagerechten Längsbalken, den Pfetten. Sie sind in Gebäudelängsrichtung angeordnet und liegen als Fußpfette (d) auf der Gebäudedecke und als Firstpfette (c) auf dem Pfettenstuhl (e) auf.

1. Welchen Lasten ist ein Dach ausgesetzt?

2. Was wird durch den Dachvorsprung geschützt?

3. Vergleicht die einzelnen Dachkonstruktionen miteinander. Wo liegen Vor- und Nachteile?

4. Um welche Dachkonstruktion handelt es sich bei der Abbildung auf S. 96 oben? Begründet.

5. Legt mit dem Zeichenbrett oder einem CAD-Programm technische Zeichnungen für die abgebildeten Dachtragwerke an. Ermittelt die dazu notwendigen Maße mithilfe des Satzes von Pythagoras. Balkenstärke: 100 mm x 100 mm, Maßstab 1:50.

6. Baut mit Kanthölzern Modelle der Dachtragwerke.

7. Besichtigt eine Zimmerei.

In diesem Kapitel habt ihr wichtige Grundlagen im Zusammenhang von Energie und Technik kennengelernt. Ihr habt einen Überblick über die Energiearten und Energieträger erhalten. Weiterhin habt ihr zu folgenden Themenfeldern Nützliches und Wissenswertes erfahren:
- die Möglichkeiten und Probleme der Energiespeicherung,
- die verschiedenen Formen der Energiewandler und deren Wirkungsgrad,
- den unterschiedlichen Aufbau und die Funktion von Energiewandlungsmaschinen,
- die Energiewandlung in herkömmlichen und zukünftigen Antriebssystemen,
- die verschiedenen Formen der Energieträger für Gebäude und die Möglichkeiten der Energieeinsparung,
- die Möglichkeiten und den Umfang der Verringerung von Energieverlusten in Gebäuden,
- die Grundlagen zur Konstruktion und Gestaltung von Bauwerken,
- die Gestaltung von Tragwerken in Gebäuden und die Wirkung von Kräften in Tragwerken.

Folgende Fragen und Aufgaben sollen helfen, das in diesem Kapitel erworbene Wissen zu festigen und zu vertiefen:

1. Benenne die verschiedenen Energiearten und die dafür notwendigen Energieträger.

2. Warum ist Wasserstoff kein Energieträger für Primärenergie, obwohl er das häufigste Element im Weltall ist?

3. Welche Möglichkeiten gibt es, Energie zu speichern?

4. Warum ist die Speicherung von Elektroenergie so schwierig und aufwendig?

5. Was sind Energiewandlungsmaschinen und welche grundlegende Funktion haben sie?

6. Warum können Energiewandlungsmaschinen nie einen Wirkungsgrad von 100 % erreichen?

7. Recherchiere im Internet, welche Entwicklungstendenzen es bei den Energiewandlungsmaschinen gibt.

8. Nenne und beschreibe die wichtigsten Antriebssysteme für Maschinen.

9. Beschreibe die Funktionsweise eines Verbrennungsmotors und die Aufgabe der einzelnen Bauteile.

10. Welche Energieträger können für Verbrennungsmotoren genutzt werden und welche Vor- und Nachteile haben sie?

11. Beschreibe die Funktionsweise eines Hybridmotors.

12. Erkundet in einem Autohaus, ob Fahrzeuge mit Hybrid- oder Elektroantrieb angeboten werden und wie groß der Preisunterschied zu vergleichbaren Fahrzeugen mit herkömmlichen Verbrennungsmotoren ist.

13. Welche konstruktiven Veränderungen sind an einem Fahrzeug notwendig, wenn Elektromotoren als Antriebssystem eingesetzt werden?

14. Beschreibe die Wirkungsweise der Schaltung deines Fahrrades und berechne das Übersetzungsverhältnis der einzelnen Gänge.

15. Welche Vorteile hat eine hydraulische Kraftübertragung gegenüber einer mechanischen (Getriebe)?

16. Untersucht, auf welche Weise eine Einsparung von Heizenergie durch Wärmedämmung an eurem Schulgebäude möglich wäre.

17. Berechnet die Einsparung an Elektroenergie pro Jahr, wenn in einem Wohnraum zwei Glühlampen mit 60 und 100 W, die im Jahresdurchschnitt 2,5 Stunden pro Tag eingeschaltet sind, durch Energiesparlampen von je 5W ersetzt werden.

18. Berechnet die Auflagerkräfte eines Trägers auf ein Mauerwerk (siehe Abbildung).

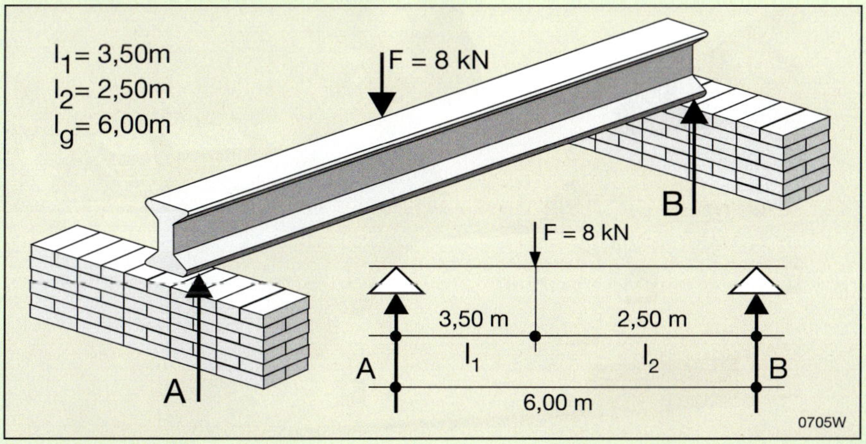

Balken auf zwei Stützen

Elektrofahrzeug

Bagger mit Hydraulik

Energiesparlampen

III Information und Kommunikation

Hier lernt ihr elektrische Bauteile und Schaltungen kennen. Ihr beschäftigt euch mit der Steuerungs- und Regelungstechnik und mit der Computersteuerung von technischen Prozessen.

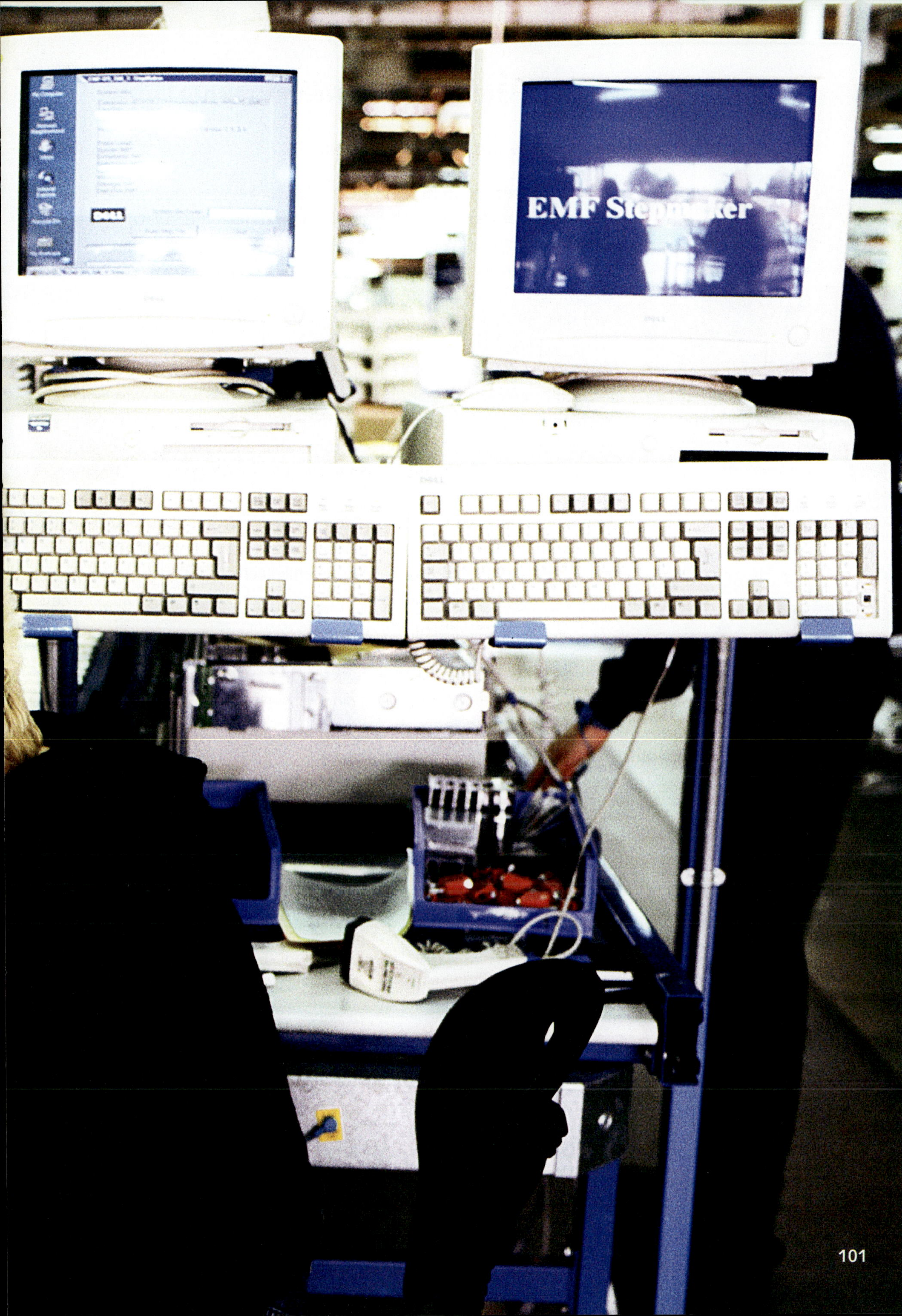
EMF

1 Elektrotechnik im Wohnbereich

Geschichte und Entwicklungen

Erste Versuche, beim Waschen mechanische Mittel und Strom zu nutzen

Unser tägliches Leben ist ohne Elektrotechnik kaum noch denkbar. Sie hat wesentlich zur **Veränderung der Lebensumstände** in den letzten hundert Jahren beigetragen. Wie groß die Abhängigkeit der Gesellschaft von der Elektroenergie ist, zeigen großflächige Stromausfälle. Der Verkehr bricht zusammen, Unternehmen und Handelseinrichtungen müssen schließen, weil sie ohne Elektroenergie nicht arbeitsfähig sind.

Auch im **Wohnbereich** hat ein Stromausfall katastrophale Folgen. Da die Haushaltsgeräte nicht mehr funktionieren, kann man weder waschen noch kochen, wenn kein Gasanschluss vorhanden ist. Bei längerem Ausfall verderben die Vorräte in der Tiefkühltruhe, aber auch die Wasserversorgung und die Heizung fallen aus, da die notwendigen Pumpen nicht arbeiten.

Moderner Waschvollautomat

Seit Beginn der Nutzung der Elektroenergie im Wohnbereich Anfang des vorigen Jahrhunderts haben sich die Einsatzbereiche vervielfacht. Zunächst wurde der elektrische Strom fast ausschließlich für Beleuchtungszwecke genutzt. Es folgten dann die ersten Haushaltsgeräte wie Staubsauger, Nähmaschine und Waschmaschine.

Auch die Entwicklung des **Rundfunks** in den 1930er-Jahren war erst möglich, als die meisten Wohnungen einen Stromanschluss hatten. Inzwischen spielt die Kommunikationstechnik eine wichtige Rolle. Neben Rundfunk- und Fernsehgeräten findet man in den meisten Haushalten Computer, DVD-Player und Telefonanlagen. Die Ausstattung der Wohnungen mit elektrischen Haushaltsgeräten hat sich in den letzten Jahrzehnten ebenfalls wesentlich erweitert. Zum Standard gehören heute neben Waschmaschinen auch Geschirrspüler, Kaffeeautomaten und Mikrowellen.

Solaranlage auf einem Wohnhaus

Die Entwicklung der **Steuerungstechnik** bewirkte einen weiteren Schub bei der Nutzung der Elektrotechnik im Haushalt. So werden zunehmend Sicherungssysteme in die Häuser eingebaut, Garagentore und Sonnenschutzanlagen werden elektrisch betrieben und elektronisch gesteuert, auch Solaranlagen werden verstärkt installiert.

Die stürmische Entwicklung der Elektrotechnik erforderte spezifische Verfahren und Arbeitsweisen zur Darstellung elektrotechnischer Vorgänge und Zusammenhänge. Wie auch in anderen Bereichen der Technik reicht eine formale Beschreibung eines elektrotechnischen Sachverhalts (z. B. das Zusammenwirken elektrotechnischer Bauteile) nicht aus. Es musste eine Form der grafischen Darstellung gefunden werden, die schnell und eindeutig die Zusammenhänge erkennen lässt.

Im **Maschinenbau** werden in technischen Zeichnungen die geometrischen Formen des technischen Objektes maßgerecht abgebildet.

In der **Elektrotechnik** arbeitet man vor allem mit sinnbildlichen Darstellungen. Das ergibt sich aus dem besonderen Aufgabenbereich der Elektrotechnik. Es ist entscheidend, die elektrischen Objekte in ihren Beziehungen und ihrem Zusammenwirken zu zeigen. Genaue Formen und Abmessungen der Bauelemente und Geräte der Elektrotechnik bleiben unberücksichtigt. Dazu genügt es, Sinnbilder bzw. Symbole anzuwenden, um die Übersichtlichkeit von Schaltplänen zu gewährleisten.

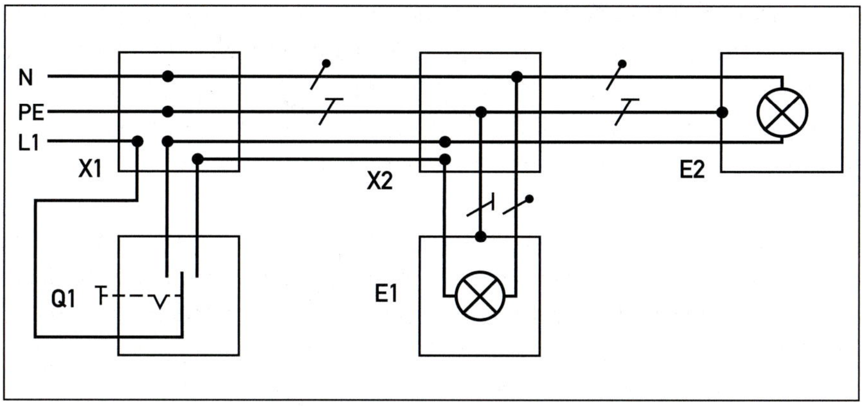

Gruppenschaltung

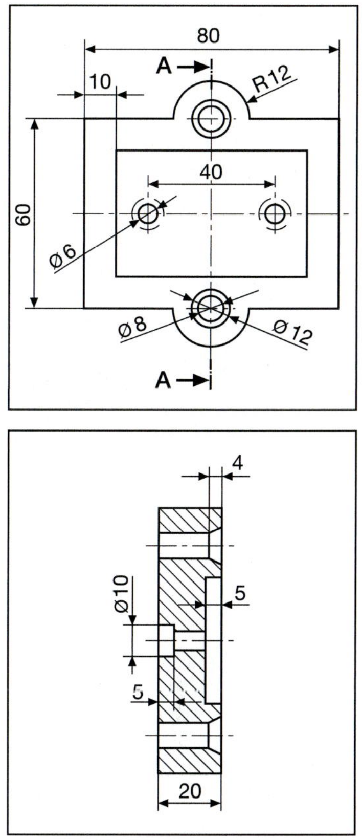

Einfache Maschinenbauzeichnung

Diese technischen Zeichnungen in der Elektrotechnik bezeichnet man als **Schaltpläne**. Sie dienen als Grundlage für den Aufbau elektrotechnischer Anlagen, lassen den Stromfluss und seine Wirkungen erkennen und erleichtern die Suche nach Störungen. Schaltpläne sind also ein wichtiges Verständigungsmittel in der Elektrotechnik.

Eng mit der Entwicklung der Elektrotechnik verbunden ist die Entstehung der **Schaltzeichen**. So erfolgte die Gestaltung der Symbole für elektrische Bauteile zunächst in starker Anlehnung an die konkreten Objekte (z. B. Schalter, Widerstände). Mit der fortschreitenden Entwicklung der Elektrotechnik wurden die Bauteile immer komplizierter und vielfältiger. Es mussten Vereinfachungen und eine Vereinheitlichung geschaffen werden.

Deshalb wurden in den 1930er-Jahren vom Deutschen Normenausschuss die ersten DIN-Blätter über elektrische Schaltzeichen herausgegeben.

INFO

Die **Symbole** werden für unterschiedliche Zwecke verwendet, z. B.:
- das Darstellen von Stromrichtungen in elektrischen Leitern,
- das Darstellen von elektrotechnischen Objekten,
- das Darstellen von Spannungsarten.

1. Warum werden in der Elektrotechnik die technischen Gegenstände anders dargestellt als im Maschinenbau?

2. Analysiert Schaltpläne in Betriebsanleitungen von Haushaltsgeräten. Welche Informationen enthalten sie?

Schaltzeichen sind Symbole für elektrische Bauelemente, Maschinen, Geräte und Vorrichtungen. Sie werden in Schaltplänen genutzt, um die Bauteile und die Funktion einer elektrotechnischen Anlage darzustellen. Aus den Schaltplänen müssen der mögliche Stromverlauf und die Wirkungen des Stromes ersichtlich sein. Das Schaltzeichen muss nichts über den mechanischen Aufbau des Gerätes aussagen, es muss nur die elektrische Arbeitsweise erkennbar sein.

Zur genaueren Kennzeichnung der Funktion der Bauteile in elektrischen Anlagen werden Kennbuchstaben genutzt. So werden stromführende Leiter mit **L1**, **L2**, **L3**, Neutralleiter mit **N** und geerdete Schutzleiter mit **PE** gekennzeichnet. Solche Kennzeichnungen sind wichtig, um bei der Montage Verwechslungen zu vermeiden, die zu Schäden in der Anlage führen können.

Elektroinstallation – *Auszug*

DIN EN 60 617-11: 97-08

Schaltzeichen	Benennung
Kennzeichen für Leiter	
11-11-01	Neutralleiter (N) Mittelleiter (M)
11-11-02	Schutzleiter (PE)
11-11-03	Neutralleiter mit Schutzfunktion (PEN)
11-11-04	Drei Leiter, ein Neutralleiter, ein Schutzleiter
Leuchten	
11-15-03	Leuchte, allgemein
11-15-01	Leuchtenauslass, dargestellt mit Leitung
11-15-02	Leuchtenauslass auf Putz
11-15-04	Leuchte für Leuchtstofflampe,
11-15-05	Leuchte mit drei Leuchtstofflampen,
5 11-15-06	Leuchte mit fünf
111-07-05	Leuchte mit Schalter

Schaltzeichen	Benennung
Geräte für Installation	
11-12-04	Dose, allgemein Leerdose, allgemein
11-12-05	Anschlussdose Verbindungsdose
11-12-06	Hausanschlusskasten, allgemein dargestellt mit Leitung
Elektro-Haushaltsgeräte	
	Heißwasserspeicher
	Waschmaschine
	Wäschetrockner
	Geschirrspülmaschine
***	Kühlgerät Tiefkühlgerät
* ***	Gefriergerät
E	Elektrogerät, allgemein
	Küchenmaschine
	Elektroherd, allgemein

Schaltzeichen	Benennung
Schalter	
11-14-01	Schalter, allgemein
11-14-02	Schalter mit Kontrollleuchte
	Ausschalter, einpolig, Schalter 1/1
t 11-14-03	Zeitschalter, einpolig
11-14-04	Ausschalter, zweipolig, Schalter 1/2
11-14-05	Serienschalter, einpolig, Schalter 5/1
11-14-06	Wechselschalter, einpolig, Schalter 6/1
Steckdosen	
3 11-13-02	Mehrfachsteckdose, dargestellt als Dreifachsteckdose Form 1
11-13-03	Form 2
11-13-04	Schutzkontaktsteckdose
11-13-05	Steckdose mit Abdeckung

Schaltpläne

Je nach Verwendungszweck werden Schaltpläne unterschiedlich ausgeführt. So wird zum Erkennen der Funktion einer elektrischen Anlage der **Stromlaufplan** gezeichnet. Es werden die Stromwege in einer Schaltung dargestellt. Die Stromwege sollen möglichst geradlinig und kreuzungsfrei gezeichnet werden. Die räumliche Lage und die mechanische Wirkung der einzelnen Teile bleiben unberücksichtigt.

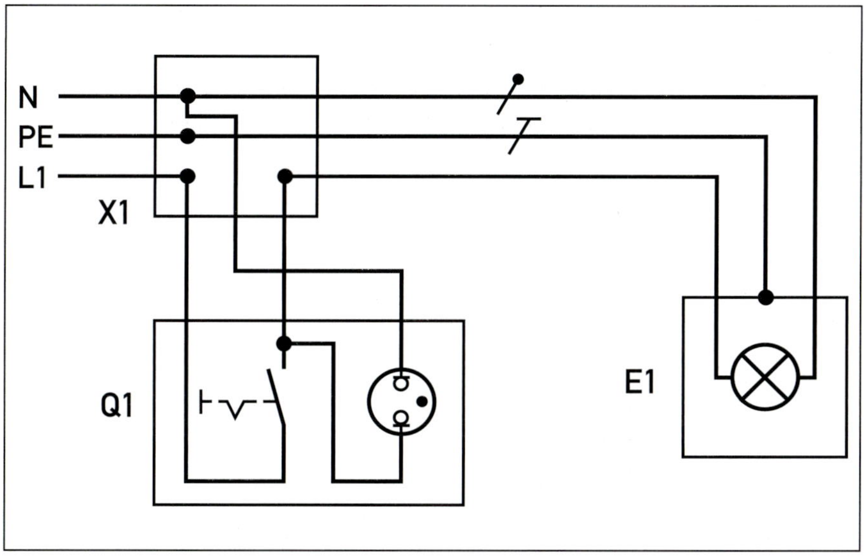

Stromlaufplan: Ausschaltung mit Kontrolllampe

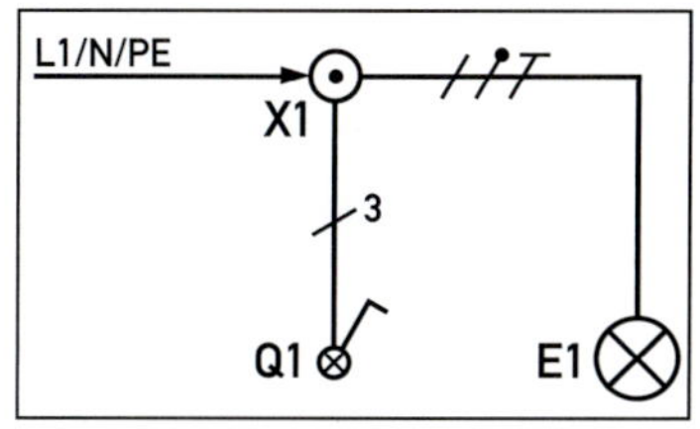

Übersichtsschaltplan

In einem **Übersichtsschaltplan** erfolgt die vereinfachte, meist einpolige Darstellung einer Schaltung ohne Hilfsleitungen. Dafür werden nur wesentliche Teile der elektromechanischen Anlage berücksichtigt. Es geht um die Kennzeichnung der wichtigsten Verbindungen zwischen Betriebsmitteln in einer Installation. Die räumliche Lage der Bauteile spielt keine Rolle.

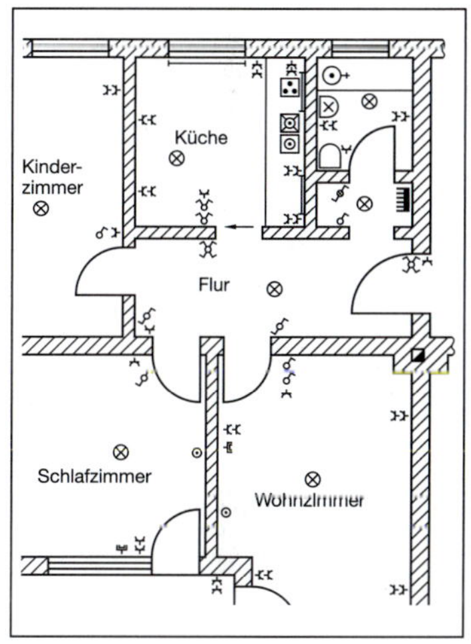

Installationsplan

Werden in einer Bauzeichnung elektrische Betriebsmittel (Schalter, Lampen, elektrische Haushaltsgeräte) lagegerecht eingezeichnet, so bezeichnet man diese als **Installationsplan**. Die maßstabgerechte Darstellung der Räume erleichtert die Ermittlung des erforderlichen Leitungsmaterials.

Werden die Verbindungsleitungen mit eingezeichnet, so spricht man von **Installationsschaltplan**.

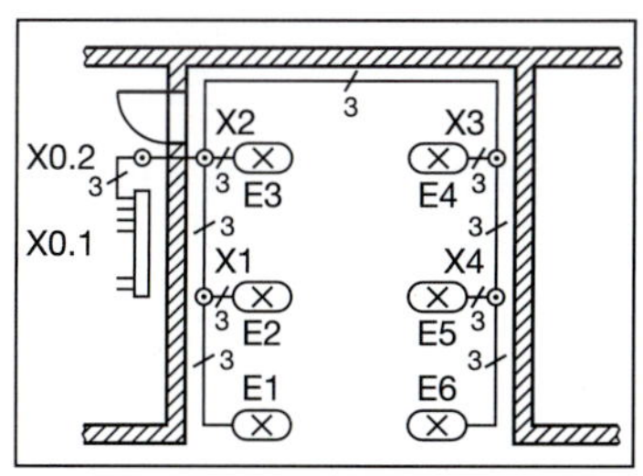

Installationsschaltplan

1. Wodurch unterscheidet sich ein Stromlaufplan von einem Installationsschaltplan?

2. Warum ist es nicht möglich, allein auf der Grundlage eines Stromlaufplanes die Elektroinstallation in einer Wohnung vorzunehmen?

Installationsschaltungen

Eine Wohnung ohne Anschluss an das Stromnetz ist heute kaum noch denkbar. Dabei spielt die Beleuchtung der Wohnung nach wie vor eine entscheidende Rolle. Sie ist ein Bestandteil unserer Wohnkultur. Schöne Lampen tragen wesentlich zur Ausgestaltung der Wohnung bei. Möbelhäuser, Baumärkte und spezielle Fachgeschäfte bieten eine Vielzahl von Lampen für jeden Geschmack und Geldbeutel an.

Die Glühlampe wird immer mehr von Gasentladungslampen, Sparlampen bzw. Halogenlampen ersetzt. Nach einem Beschluss der Europäischen Union wurden die klassischen Glühlampen schrittweise aus dem Handel genommen. Die neuen Leuchtmittel erzeugen bei pro Watt Leistung mehr Licht und leisten damit einen Beitrag zum sparsamen Umgang mit Elektroenergie. Trotz der großen Vielfalt der Leuchten gibt es nur eine geringe Zahl von Beleuchtungsschaltungen für Wohnungen.

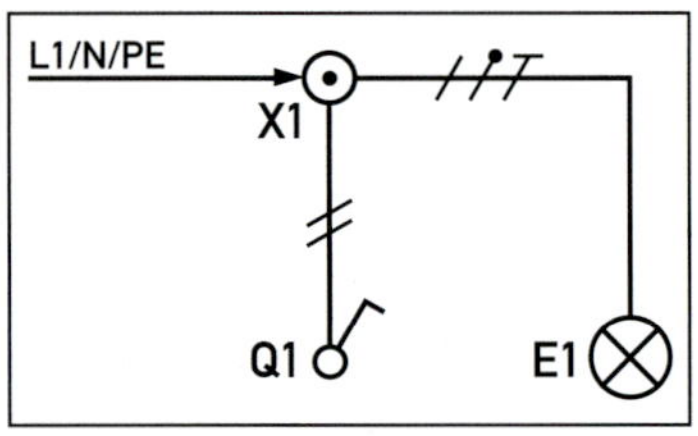

Übersichtsplan: Ausschaltung

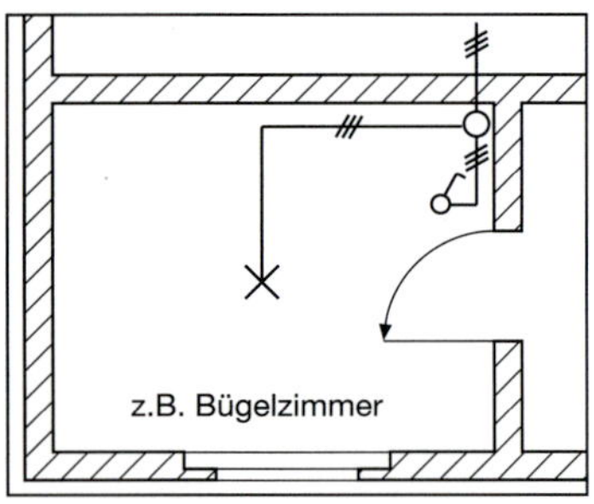

Installationsschaltplan: Ausschaltung

Ausschaltung

Die einfachste Schaltung ist die Ausschaltung. Sie dient dem Ein- und Ausschalten von Lampen und anderen elektrischen Geräten. Auch in transportablen Leuchten wie z. B. Stehlampen, Schreibtischlampen sind meist diese Schaltungen zu finden.

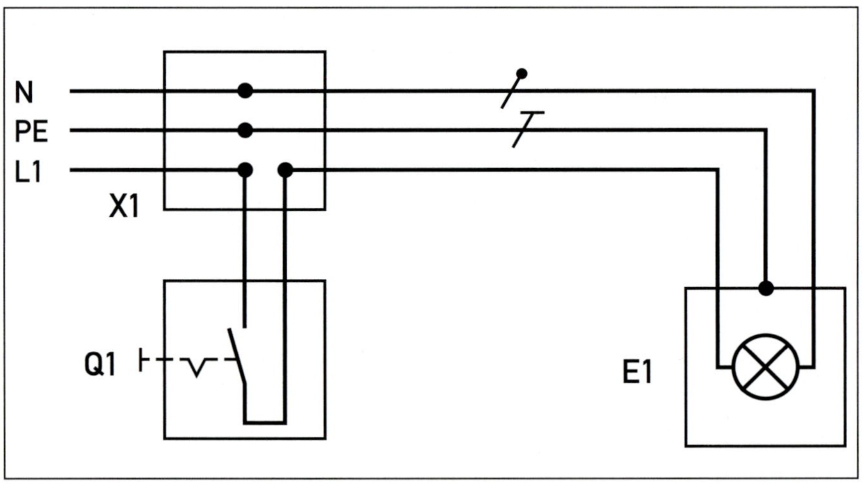

Stromlaufplan: Ausschaltung

Funktionsbeschreibung: L1 wird über den Schalter Q1 zur Lampe geschaltet. Der Ausschalter hat eine Wippe und zwei Anschlüsse.

1. Entwickelt den Stromlaufplan für eine Serienschaltung, bei der jeweils zwei Lampen eingeschaltet werden.

2. Skizziert den Installationsschaltplan für die Lampen eines Zimmers in eurer Wohnung.

Serienschaltung

Wenn in einem Wohnraum (z. B. Wohnzimmer) je nach Lichtbedarf ein oder zwei Lampen bzw. Lampengruppen eingeschaltet werden sollen, nutzt man eine Serienschaltung.

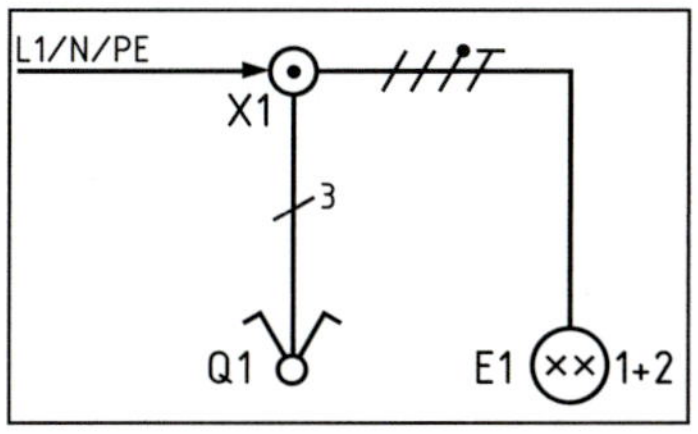

Übersichtsplan: Serienschaltung

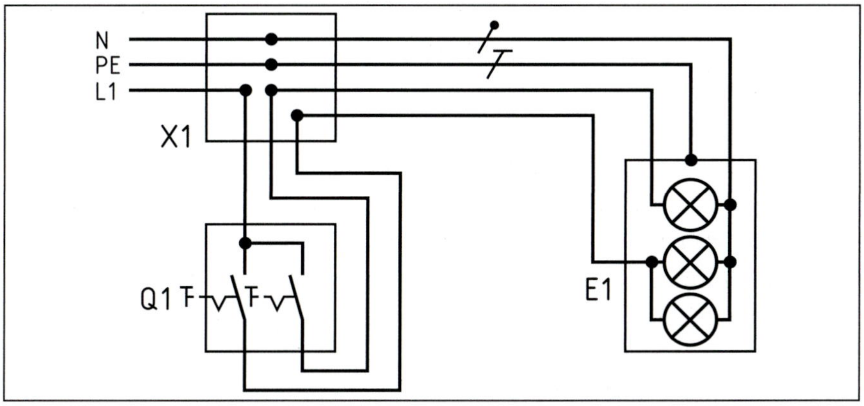

Stromlaufplan: Serienschaltung

Funktionsbeschreibung: L1 wird über den Schalter Q1.1 zur Lampe E1.1 und über Q1.2 zur Lampengruppe E1.2 geschaltet. Der Serienschalter hat zwei Wippen und drei Anschlüsse.

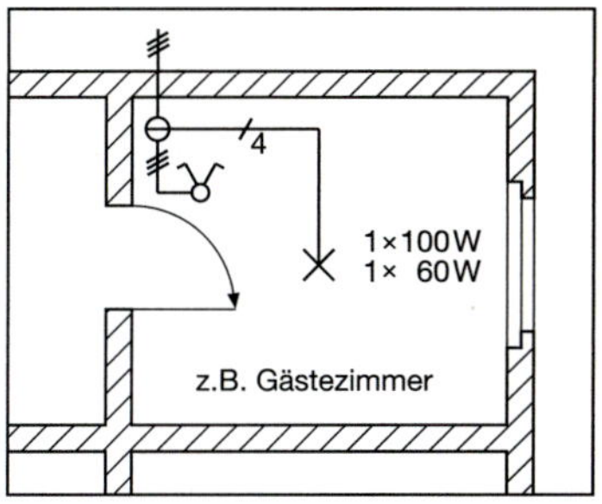

Installationsschaltplan: Serienschaltung

Wechselschaltung

Für die Beleuchtungsschaltung von Fluren oder Dielen sind in der Regel nur eine Lampe, aber zwei Schalter an verschiedenen Orten notwendig. Auf diese Weise ist es möglich, die Beleuchtung sowohl am Wohnungseingang als auch z. B. an der Wohnzimmertür ein- und auszuschalten. Dazu nutzt man eine Wechselschaltung. Diese Schaltung wird auch häufig in Treppenhäusern benutzt, um auf jeder Etage das Treppenlicht einschalten zu können. Heute nutzt man dazu Schaltungen, die sich nach einer gewissen Zeit selbst ausschalten.

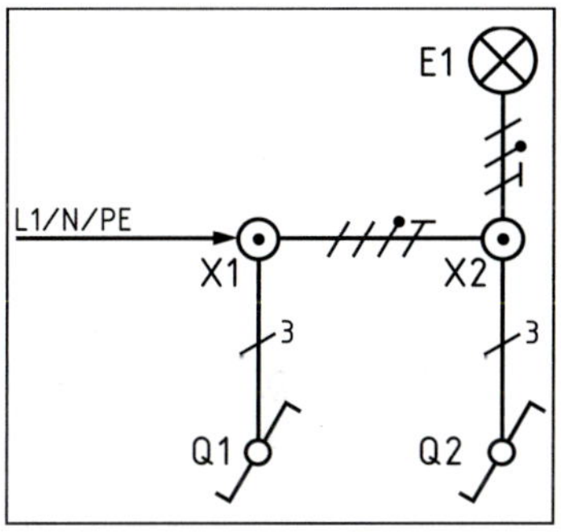

Übersichtsplan: Wechselschaltung

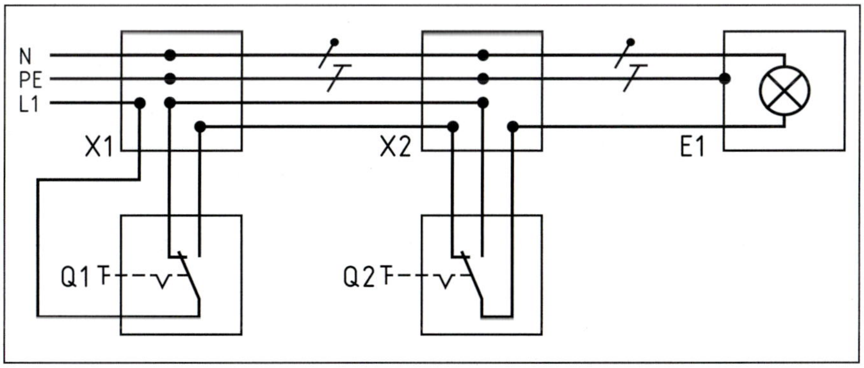

Stromlaufplan: Wechselschaltung

Funktionsbeschreibung: L1 wird über Q1 und den korrespondierenden Leiter zu Q2 geschaltet. Wird Q1 oder Q2 betätigt, ändert sich der Betriebszustand des Verbrauchers E1, das bedeutet: Die Lampe wird ein- bzw. ausgeschaltet.

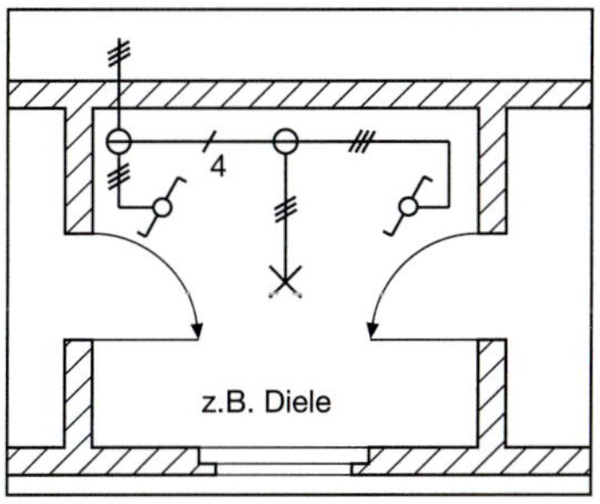

Installationsschaltplan: Wechselschaltung

Schrittfolge für das Lesen von Schaltplänen

Schaltungsart

1. Bestimmen der Schaltungsart
- Hat der Schaltplan die Merkmale eines Stromlaufplanes?
- Ist es ein Übersichtsschaltplan?
- Handelt es sich um einen Installationsplan?

Bauteile

2. Ermitteln von Anzahl, Art und Funktion der vorhandenen Bauteile
- Welche Schaltzeichen sind vorhanden?
- Welche Bauteile symbolisieren die Schaltzeichen?
- Welche Funktion haben die Bauteile?
- Welche Verbindungen bestehen zwischen den Bauteilen?
- Welche Strompfade kennzeichnen die Schaltung?
- Welche Funktionszusammenhänge bestehen zwischen den Bauteilen?

3. Feststellen der möglichen Schaltzustände der Schaltgeräte
- Mögliche Schaltvarianten der einzelnen Schaltgeräte bestimmen,
- Einfluss der einzelnen Schaltzustände auf den Stromverlauf ermitteln,
- Wechselwirkungen der einzelnen Schaltzustände auf die übrigen Bauteile und die gesamte Schaltung analysieren,
- mögliche Schaltzustände der gesamten Schaltung festhalten.

Stromwirkung

4. Untersuchen der Wirkungen des elektrischen Stromes bei den möglichen Schaltzuständen
- alle möglichen Schaltzustände gedanklich realisieren,
- Stromlauf bei den einzelnen Schaltzuständen verfolgen,
- Wirkung des Stromlaufes bei den einzelnen Schaltzuständen bestimmen.

Zweckbestimmung

5. Erkennen des Zwecks der Schaltung
- Einsatzmöglichkeiten einer solchen Schaltung analysieren,
- praktischen Zweck der Schaltung beschreiben.

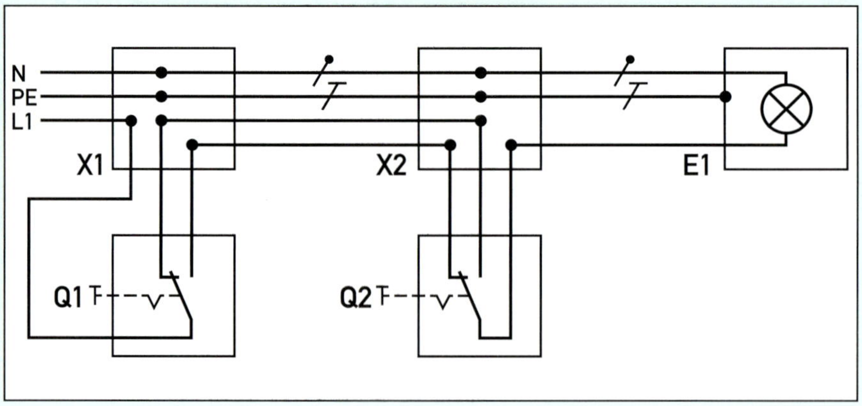

Stromlaufplan

2 Elektronische Bauelemente

Diode, Transistor, Widerstand, Kondensator oder Spule: es gibt sie in den vielfältigsten Bauformen und Größen für unterschiedliche Verwendungen. In integrierten Schaltkreisen sind mehrere dieser Bauelemente auf einem Plättchen aus Halbleitermaterial zu einer Schaltung vereinigt. Diese Bauteile sind die Grundlage aller elektronischen Schaltungen.

Für wenig Geld und mit geringem Aufwand lassen sich damit auch eigene Schaltungen aufbauen. Doch dafür ist neben den Bauteilen auch theoretisches Grundwissen darüber erforderlich, wie sich die Bauteile „elektrisch verhalten" und was bei ihrer Verwendung beachtet werden muss. Ohne dieses Wissen könnt ihr zwar Schaltungen mit einem Plan nachbauen, aber nicht entwickeln, verstehen und schon gar keine Fehlersuche vornehmen.

INFO

Um einen Computer mit Röhren aufzubauen, müssten wir eine Halle haben, die ca. 160 m breit, 200 m lang und 6 m hoch ist. Sie würde die Energie einer mittelgroßen Stadt verbrauchen. Ebenso viel Energie würde die Kühlung verbrauchen.

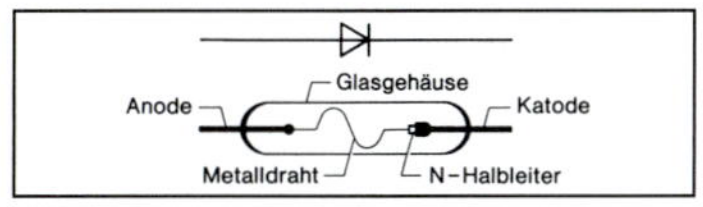

Aufbau einer Spitzendiode

Dioden – die „einfachsten" Halbleiterbauelemente

Dioden sind vergleichbar mit elektrischen Ventilen. Sie lassen den Strom nur in eine Richtung durch (Durchlassrichtung), in der anderen sperren sie. Die Anode liegt in Durchlassrichtung am Pluspol einer Gleichspannung, die Katode am Minuspol. Damit überhaupt ein Strom in Durchlassrichtung fließen kann, muss eine gewisse **Schwellspannung oder Durchlassspannung** überschritten werden.

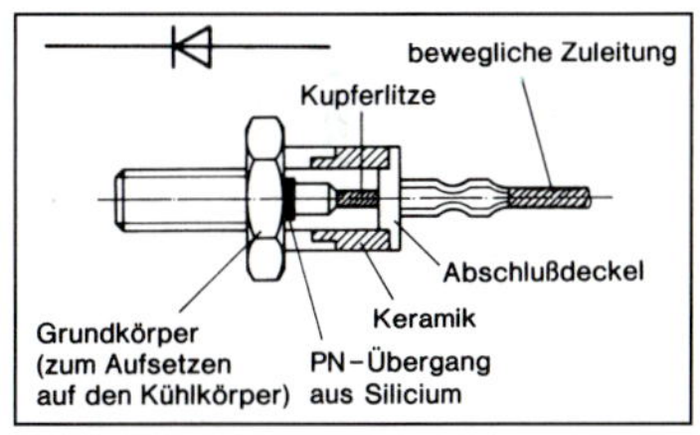

Aufbau einer Flächendiode

Als Material kommt wie für alle anderen Halbleiter Germanium oder Silizium zum Einsatz. Dabei wird auf ein Halbleiterplättchen ein sehr dünner Draht (Wolfram oder Gold-Gallium) aufgeschweißt. Dort, wo sich beide Metalle berühren, also an der Spitze, entsteht eine sehr kleine Halbleiterschicht. Mit diesen Spitzendioden lassen sich nur kleine Ströme von 100 mA schalten, für größere Ströme kommen Flächendioden zum Einsatz.

INFO

Die Durchlassspannung beträgt bei den am häufigsten eingesetzten Halbleitermaterialien 0,35 V (bei Germanium) und 0,7 V (bei Silizium).

Dioden werden vielfach zur **Gleichrichtung** von Wechselspannungen eingesetzt. Die folgende Abbildung zeigt eine einfache Gleichrichtung.

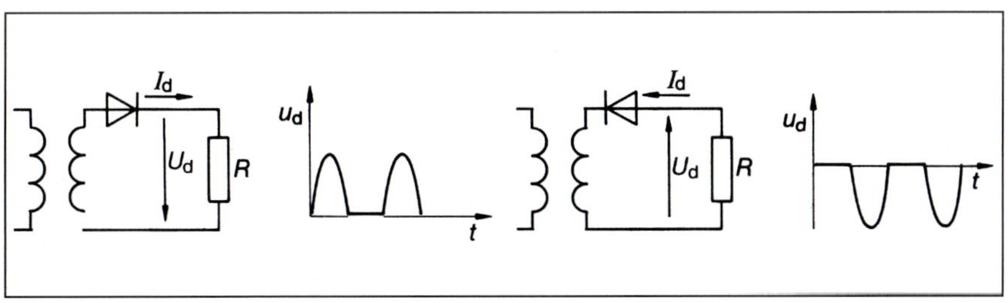

Einfache Gleichrichtung (Einpuls-Mittelpunktschaltung)

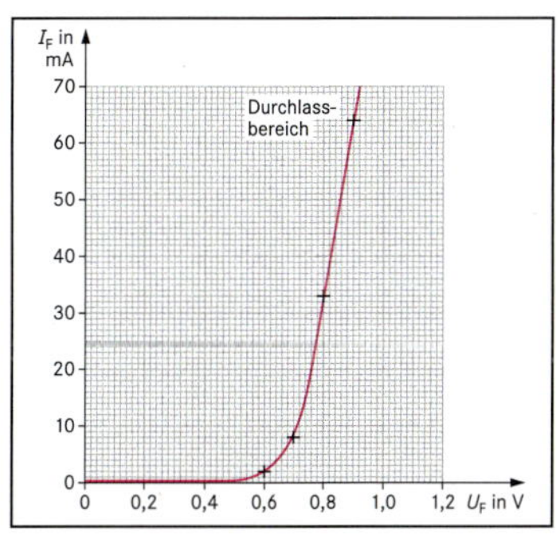

Durchlassbereich einer Siliziumdiode

Diese Art der Gleichrichtung hat den Nachteil, dass nur eine Halbwelle der Wechselspannung genutzt werden kann. Beide Halbwellen werden durch eine Brückenschaltung nutzbar.

Leuchtdioden

Leuchtdioden oder auch Lumineszenzdioden (LED = Light Emitting Diode) sind ebenfalls Halbleiterbauelemente und sie verhalten sich ebenso wie Dioden. In Durchlassrichtung senden sie elektromagnetische Wellen meist im sichtbaren Bereich (Licht) aus. Im Gegensatz zum Licht einer Glühlampe ist das sogenannte Spektrum nicht so breit.

Leuchtdioden benötigen Spannungen zwischen 1,6 V (rot) und 4 V (weiß). Die Ströme liegen zwischen 2 mA (low current LED) und 20 mA. Sie müssen daher mit einem **Vorwiderstand** betrieben werden.

Leuchtdioden (**LED**) werden häufig als Ersatz für kleine Glühlampen zur Anzeige von Signalzuständen eingesetzt. Eine Leuchtdiode ist im Prinzip wie eine Gleichrichterdiode aufgebaut. Sie besitzt einen Durchlass- und einen Sperrbereich. Wenn sie in Durchlassrichtung betrieben wird, sendet die Sperrschicht Licht aus. Je nach Aufbau der Diode hat das Licht eine bestimmte Farbe (Rot, Grün, Gelb, Blau, Weiß, Infrarot, Ultraviolett).
Die Kennlinie zeigt, dass ab etwa 1,5 V die „rote" Diode leitend wird. Dieses ist der Bereich, in dem die Diode leuchtet.
Aufgrund des steilen Anstiegs der Kennlinie darf die LED nicht direkt an die Betriebsspannung angeschlossen werden. Der Strom würde zu groß werden. Durch einen Vorwiderstand R_V lässt sich die Stromstärke auf den gewünschten Wert begrenzen.

INFO

LEDs werden vielfältig verwendet:
- als Ersatz für Glühlampen, z. B. in Taschenlampen oder Auto-Rücklichtern oder gebündelt in Ampeln,
- in Laufschriftanzeigen oder dynamischen Verkehrszeichen,
- als Infrarot-LED in Fernbedienungen,
- als Displayhinterleuchtung z. B. für Mobiltelefone,
- als Lichtquellen in Videoprojektoren (Beamern) u. v. m.

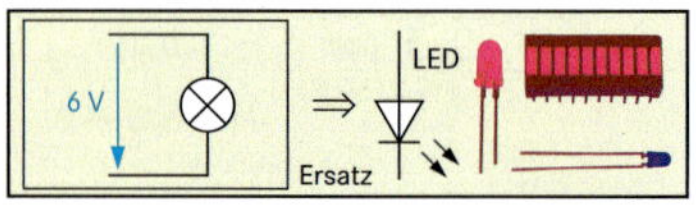

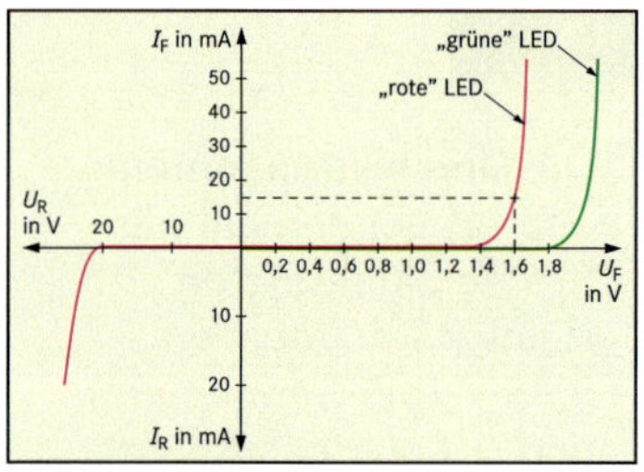

Eine rot leuchtende LED soll mit einem Vorwiderstand an 6 V betrieben werden. Im Arbeitsbereich soll an der LED eine Spannung von 1,6 V liegen.

Geg.: $U_B = 6\ V$ Ges.: R_V

$$R_V = \frac{U_B - U_{LED}}{I_F} \qquad R_V = \frac{6\ V - 1{,}6\ V}{14{,}7\ mA}$$

$R_V = 299\ \Omega$

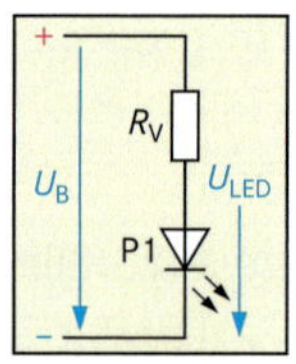

Die Vorteile der LEDs sind die geringen Herstellungskosten, ein geringer Energieverbrauch und die Unempfindlichkeit gegen mechanische Belastungen (Stöße). Außerdem haben sie eine längere Lebensdauer als Glühlampen. Je nach Anwendung werden Leuchtdioden mit unterschiedlichen Wellenlängen eingesetzt, häufig auch im nicht sichtbaren Bereich, z. B. Infrarot für Fernbedienungen oder ultraviolett für unsichtbare Lichtschranken.

1. Berechne nach der obenstehenden Formel den Vorwiderstand R_V für eine rote LED mit einem Strom $I_F = 20$ mA, am Bordnetz eines Kfz mit 13,8 V. Schaue auf Seite 115 nach einem passenden Widerstand in der IEC-Reihe. Welchen würdest du wählen? Begründe.

Transistoren

Wenn du Transistoren in Schaltungen fachgerecht verwenden willst, musst du dich näher mit den elektrischen Größen am Transistor befassen. Anders als ein Relais verträgt er keine „Fehlbehandlung". Eine falsche Polung oder zu hohe Ströme zerstören dieses Bauteil unwiederbringlich. Da man einem Transistor meist nicht ansieht, ob er defekt ist, ist die Fehlersuche in Schaltungen mit mehreren Transistoren u. U. sehr aufwendig.

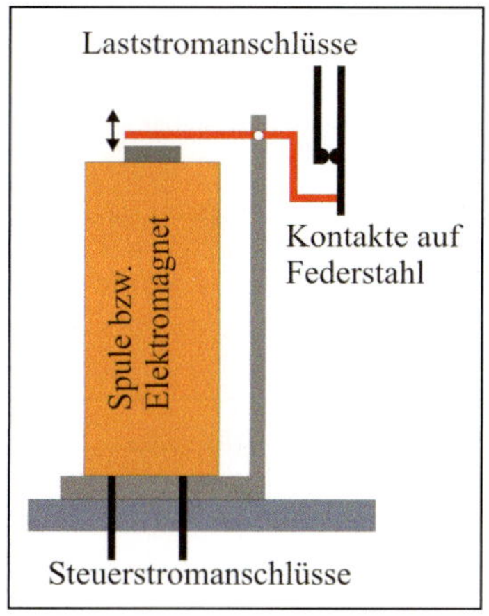

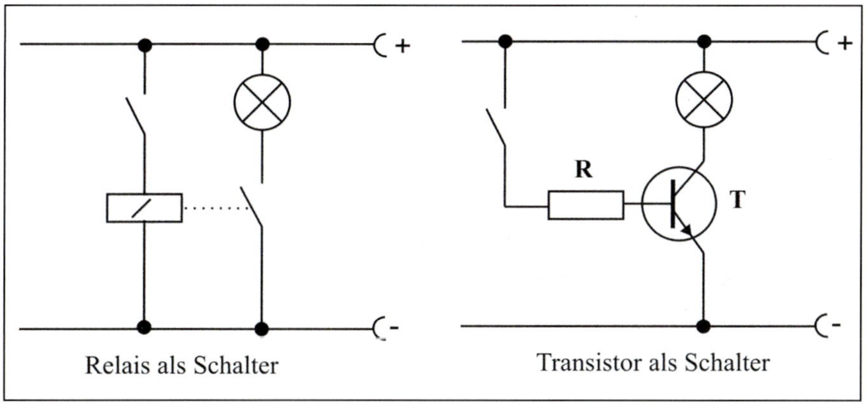

Vergleich von Relais und Transistor als Schalter

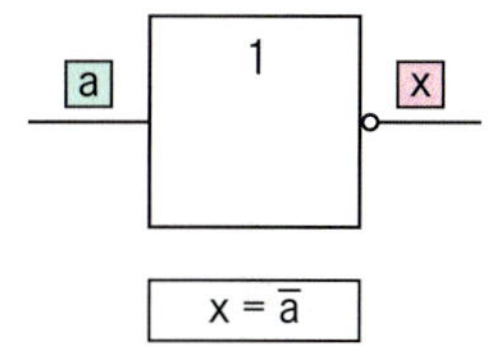

Eingang	Ausgang
a	**x**
0	1
1	0

Logische Schaltzustände des oben gezeigten Relais. Solange am Steuerstromkreis (a) kein Signal anliegt, ist der Laststromkreis (x) geschlossen.

Um die Arbeitsweise eines Transistors zu verstehen, können wir sie uns als elektronische (Halbleiter-)Relais vorstellen. Überall in elektronischen Schaltungen arbeiten solche Schalter als unentbehrliche Bauelemente. Sie übernehmen Aufgaben, die mit herkömmlichen Schaltern, Röhren oder Relais nicht zu bewerkstelligen wären.

Ein Schalter hat die Aufgabe, elektrische Stromkreise zu öffnen oder zu schließen. Ein Schalter nimmt damit zwei Zustände an: Bei geschlossenem Schalter ist der Widerstand (*R*) idealerweise = 0 Ω, bei geöffnetem Schalter nahezu unendlich (= ∞). In der Schaltung oben seht ihr einen Transistor (*T*) als Schalter. Ebenso wie beim Relais findet ihr hier einen Steuer- und einen Laststromkreis. Wird der Steuerstromkreis geschlossen, schließt sich auch der Laststromkreis und umgekehrt.

Allen bipolaren Transistoren gemeinsam sind drei Anschlüsse mit den Bezeichnungen B = Basis, E = Emitter, C = Kollektor.

Jeder Anschluss führt an eine Halbleiterschicht. Deshalb kann man sich einen Transistor im Prinzip wie eine Reihenschaltung von Dioden vorstellen. Man unterscheidet zwischen NPN- und PNP-Transistoren. Die Buchstaben bezeichnen die unterschiedlichen Leitungseigenschaften:
- N – leitend bedeutet Elektronenüberschuss
- P – leitend bedeutet Elektronenmangel

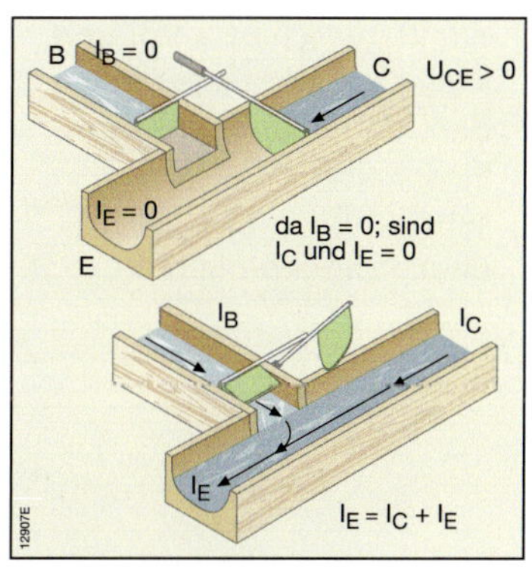

„Wassermodell" eines Transistors

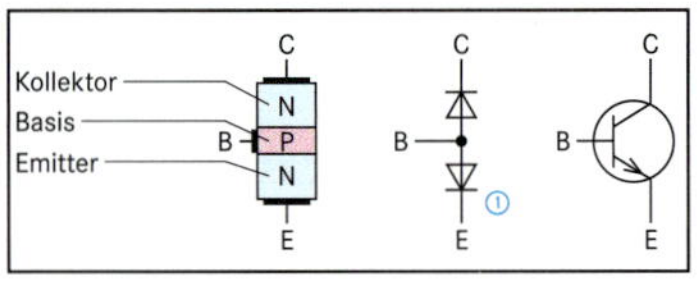

Polarer NPN-Transistor

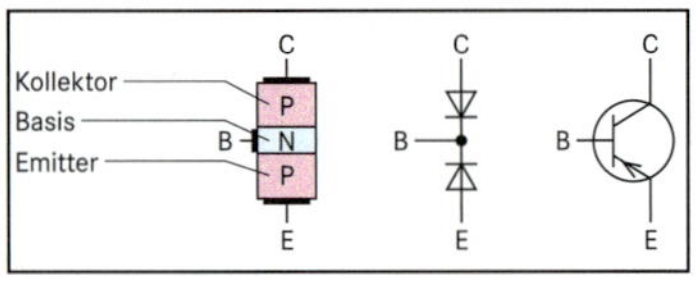

Bipolarer PNP-Transistor

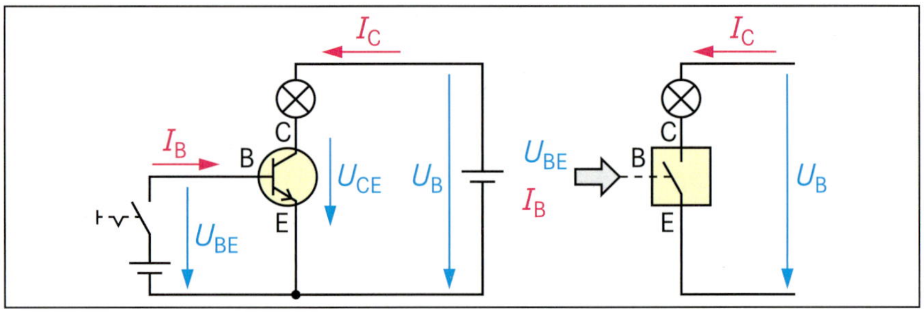

Bipolarer NPN-Transistor als Schalter

Wie die Abbildungen zeigen, sind die Diodenstrecken des Transistors gegeneinander geschaltet, sodass auch bei angelegter Spannung zwischen Kollektor und Emitter kein Strom fließen kann ($I_C = 0$). Dies ändert sich erst dann, wenn zwischen Basis und Emitter eine Spannung von etwa 0,7 V angelegt wird. Die bisher gesperrte Diodenstrecke zwischen Basis und Emitter wird jetzt abgebaut und ein Strom zwischen Kollektor und Emitter kann fließen. Bei einem PNP-Transistor verhält es sich umgekehrt (siehe Abbildung). Für die weiteren Schaltungen sind die Spannungen und Ströme am Transistor von Bedeutung.

INFO

Die Spannung an der Basis muss die sog. **Sperrspannung** überwinden. Sie beträgt ebenso wie bei den Dioden 0,35 V (bei Germanium) und 0,7 V (bei Silizium).

In realen Schaltungen dürfen Basis und Kollektor niemals ohne Vorwiderstand an eine Spannungsquelle angeschlossen werden. Auch eine Glühlampe darf nicht direkt zwischen + Pol und Kollektor geschaltet werden, da im Moment ihres Einschaltens der Strom sehr groß ist. Dies ist bei Leuchtdioden nicht so.

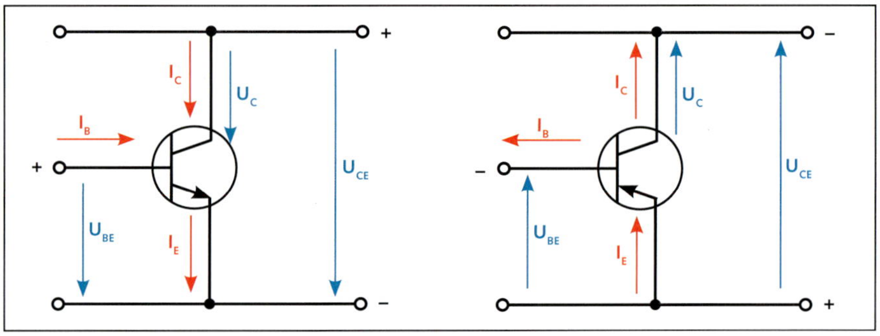

Ströme und Spannungen am NPN- und PNP-Transistor

Die nächste Abbildung, eine sog. Kennlinie, zeigt, dass der Transistor erst ab einer Spannung $U_{BE} = \sim 0{,}7$ Volt „durchschaltet".

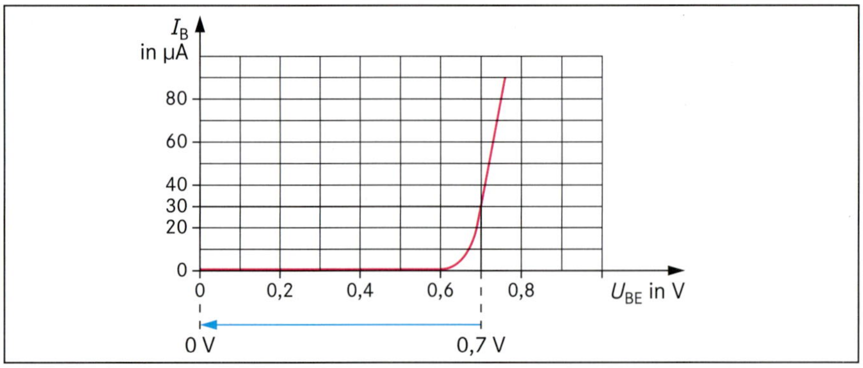

Eingangskennlinie eines bipolaren Transistors

An der nächsten Abbildung wird deutlich, dass Transistoren als Schalter und Verstärker dienen können. Der Strom I_C (z. B. 1 A) kann mit Strömen von I_B = 1 mA geschaltet werden.

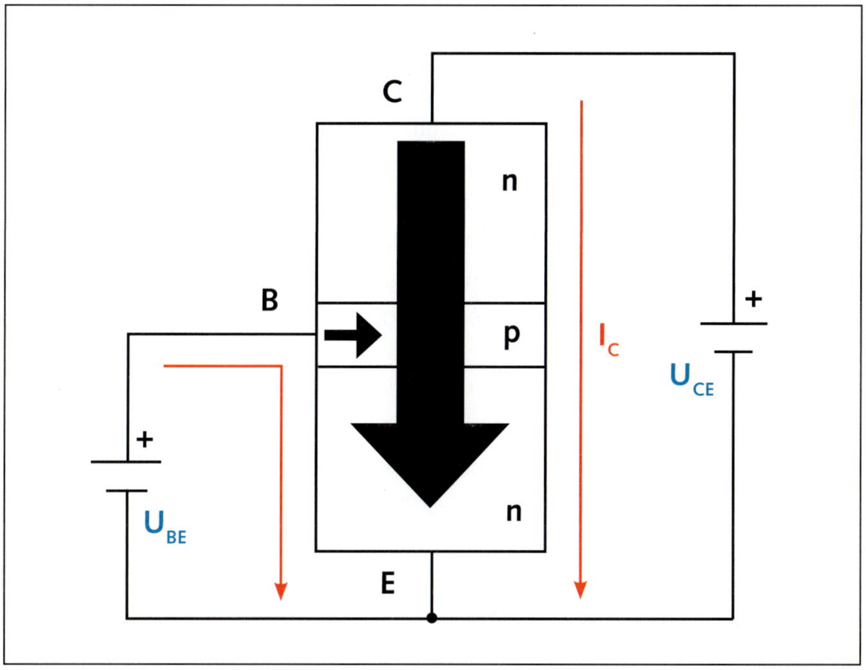

Stromverteilung und -verhältnis am Transistor

INFO

Je nach Transistortyp kann der Kollektorstrom das Tausendfache des Basisstroms betragen. Leistungstransistoren für hohe Ströme benötigen einen Kühlkörper um die anfallende Hitze abzuleiten. Diese finden sich z. B. häufig an Verstärkerendstufen.

Thyristoren

Größere Ströme von 100 A oder mehr werden mit Thyristoren geschaltet. Thyristoren haben drei pn-Übergänge in der Folge pnpn. Wie eine Diode hat der Thyristor Anode und Kathode und zusätzlich einen Gate-Anschluss. Man bezeichnet dieses Bauteil auch als steuerbare Vierschichtdiode. Wie ein Transistor sperrt ein Thyristor den Strom zunächst in beiden Richtungen. In Durchlassrichtung sperrt er bis zu einer Durchbruchspannung, der sog. Nullkippspannung. Durch Anlegen einer Steuerspannung schaltet der Thyristor vor Erreichen der Nullkippspannung durch, er **„zündet"**.

Thyristortypen

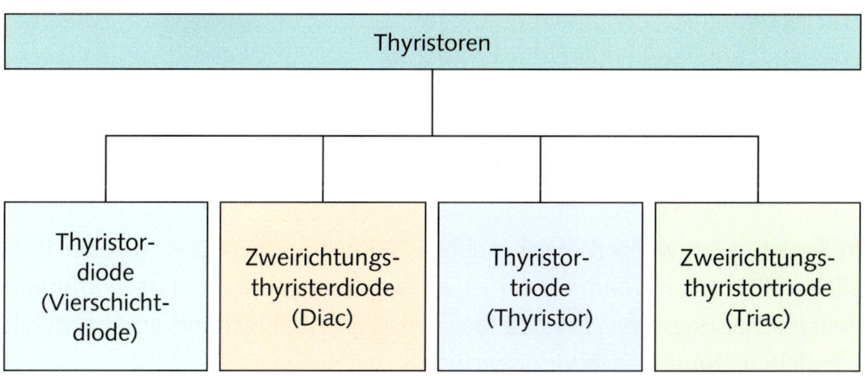

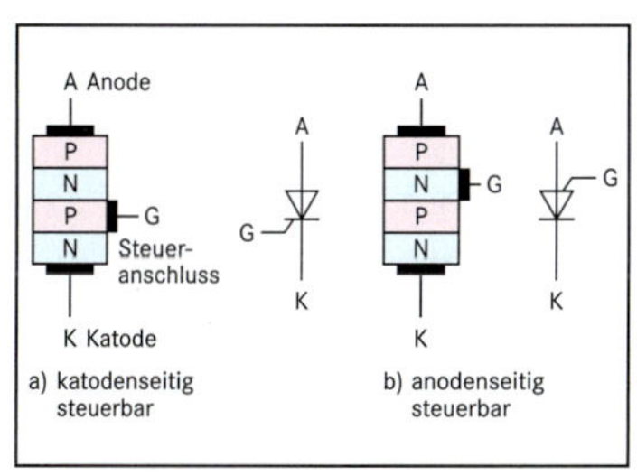

Thyristoraufbau und Schaltzeichen

Ohmsche Widerstände

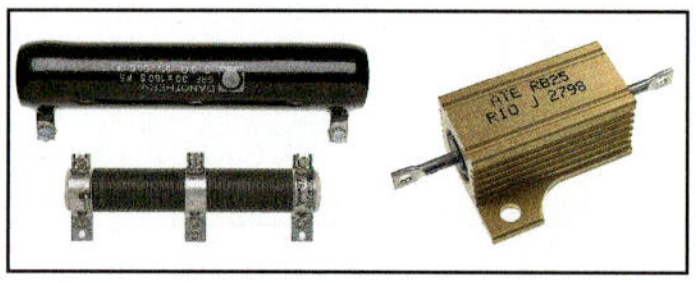

Drahtwiderstände

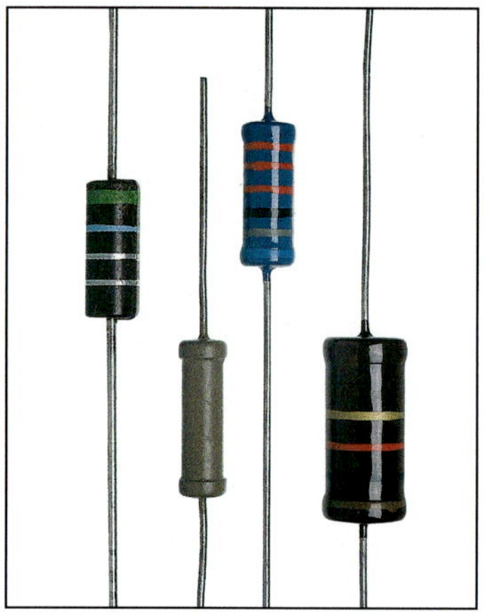

Kohleschichtwiderstände

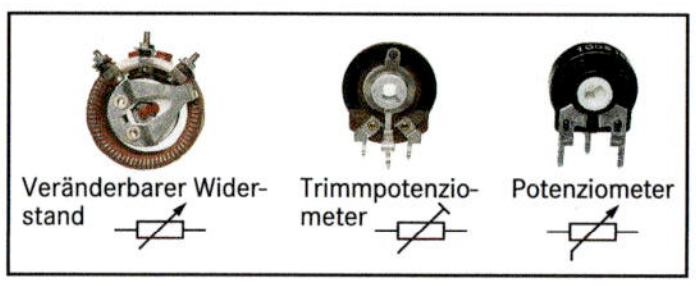

Potenziometer

Diese Bauteile gibt es als Festwiderstände und als einstellbare Widerstände. Sie bestehen meist aus Drahtwicklungen, Kohleschichten oder Metallfilmen. Der Widerstandswert wird in der Einheit Ω (Ohm) angegeben. Das Formelzeichen in Schaltplänen ist *R* (engl. resistor). Widerstände unterscheiden sich in ihrer Bauform. Widerstände gibt es nicht mit jedem Widerstandswert. Sie werden vielmehr nach der international einheitlichen IEC-Reihe unterschieden und sie sind durch einen Farbcode mit vier oder fünf Ringen gekennzeichnet. Die Ringe erlauben die Bestimmung des Widerstandswertes in Ω. Neben Festwiderständen werden einstellbare Widerstände (Potenziometer) häufig verwendet. Ein Schleifer bewegt sich dabei über eine Drahtwicklung oder eine Kohleschicht. Die Einstellung kann kontinuierlich oder in Stufen geschehen.

Für den Einsatz von Widerständen in Schaltungen ist es wichtig zu wissen, wie sie Ströme und Spannungen beeinflussen. Festwiderstände sind lineare Widerstände. Sie haben eine lineare *I*-*U*-Kennlinie. Strom und Spannung sind zueinander proportional. Das bedeutet, wenn die Spannung ansteigt, dann steigt auch die Stromstärke. Steigt der Strom, steigt auch der Spannungsabfall am Widerstand. Zur Berechnung gilt das Ohmsche Gesetz.

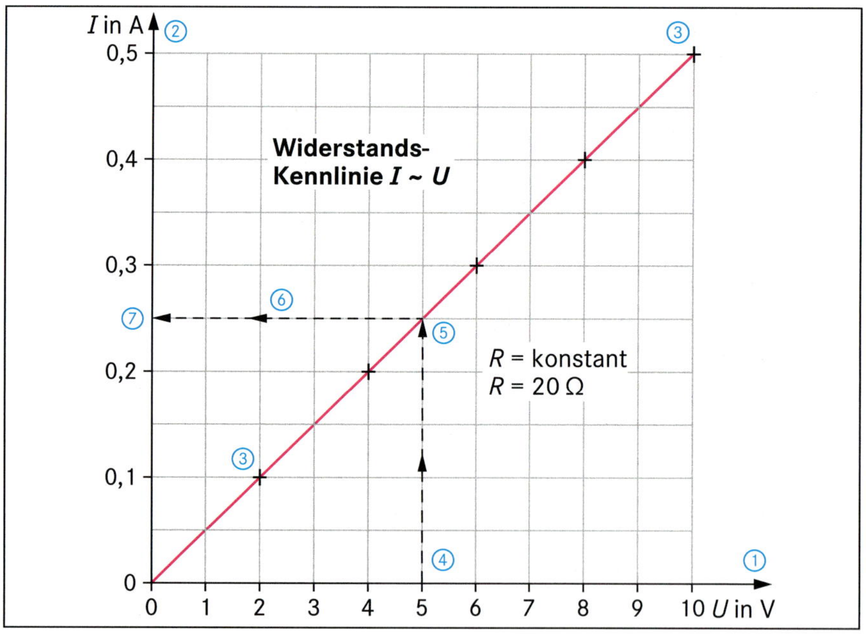

Kennlinie eines Widerstandes

In Schaltungen werden meist mehrere Widerstände in Reihen- oder Parallelschaltung verwendet. Hier ist es wichtig zu wissen, dass sich durch Reihenschaltung von Widerständen der Gesamtwiderstand erhöht, durch Parallelschaltung jedoch verringert!

INFO

Ein Beispiel: In einer defekten Schaltung muss ein 1 000-Ω-Widerstand von 1 Watt Belastbarkeit ausgewechselt werden. Durch die Parallelschaltung von 10 Widerständen mit 1 000 Ω und 0,1 Watt Belastbarkeit wäre zwar die Gesamtbelastbarkeit der Widerstände richtig, jedoch beträgt der Gesamtwiderstand nur noch 100 Ω.

Parallelschaltung

1. Grundformel: **Stromverzweigung** $I_g = I_1 + I_2 + \ldots + I_n$

2. Formel für die einzelnen **Stromstärken**:

$$I_g = \frac{U}{R_g};\quad I_1 = \frac{U}{R_1};\quad I_2 = \frac{U}{R_2};\ \ldots;\quad I_n = \frac{U}{R_n};$$

3. **Formeln** für die einzelnen Stromstärken in die Grundformeln für die **Stromverzweigung** einsetzen.

$$\frac{U}{R_g} = \frac{U}{R_1} + \frac{U}{R_2} + \ldots + \frac{U}{R_n}$$

4. Durch die gemeinsame Größe (Spannung U) **teilen**

$$\frac{1}{R_g} = \frac{1}{R_1} + \frac{1}{R_2} + \ldots + \frac{1}{R_n} \qquad \frac{1}{R} = G$$

Die Kehrwerte der Widerstände können durch die Leitwerte ersetzt werden.

5. Ergebnis: $\mathbf{G_g = G_1 + G_2 + \ldots + G_n}$ $\qquad \mathbf{R_g = \frac{1}{G_g}}$

Reihenschaltung

1. Grundformel: **Spannungsaufteilung** $U_g = U_1 + U_2 + \ldots + U_n$

2. Formel für die einzelnen **Spannungen**:

$U_g = I \cdot R_g;$ $\qquad U_2 = I \cdot R_2;\ \ldots$
$U_1 = I \cdot R_1;$ $\qquad U_n = I \cdot R_n;$

3. **Formeln** für die einzelnen Spannungen in die Formeln für die Spannungsaufteilung **einsetzen**.

$$I \cdot R_g = I \cdot R_1 + I \cdot R_2 + \ldots + I \cdot R_n$$

4. Durch die gemeinsame Größe (Stromstärke I) **teilen**

$$R_g = R_1 + R_2 + \ldots + R_n$$

5. Ergebnis: $\mathbf{R_g = R_1 + R_2 + \ldots + R_n}$

IEC-Reihe			
E6 ± 20 %	**Beispiel**	**E12 ± 10 %**	**E24 ± 5 %**
1,0	1,0 kΩ	1,0 1,2	1,0 1,1 1,2 1,3
1,5	1,5 kΩ	1,5 1,8	1,5 1,6 1,8 2,0
2,2	2,2 kΩ	2,2 2,7	2,2 2,4 2,7 3,0
3,3	3,3 kΩ	3,3 3,9	3,3 3,6 3,9 4,3
4,7	4,7 kΩ	4,7 5,6	4,7 5,1 5,6 6,2
6,8	6,8 kΩ	6,8 8,2	6,8 7,5 8,2 9,1

IEC-Reihen

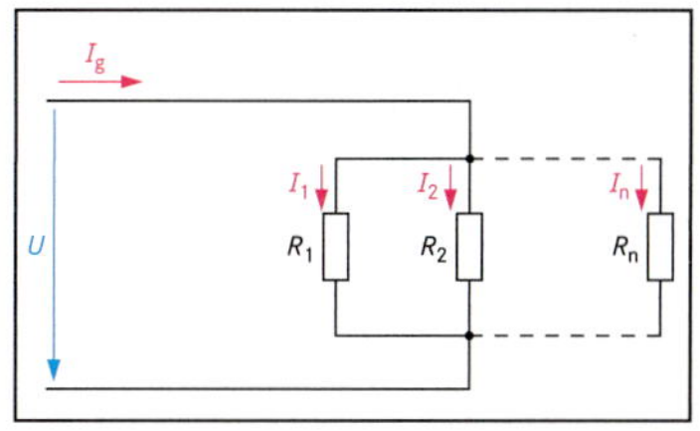

Parallelschaltung

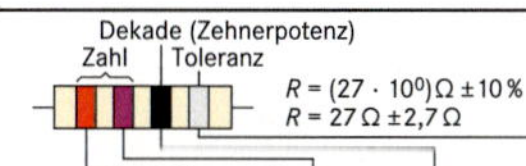

Kennfarbe	Widerstandswert in Ω			Toleranz
	1. Kennziffer	2. Kennziffer	3. Kennziffer	
keine	–	–	–	± 20 %
silber	–	–	10^{-2}	± 10 %
gold	–	–	10^{-1}	± 5 %
schwarz	–	0	$10^0 = 1$	–
braun	1	1	10^1	± 1 %
rot	2	2	10^2	± 2 %
orange	3	3	10^3	–
gelb	4	4	10^4	–
grün	5	5	10^5	± 0,5 %
blau	6	6	10^6	–
violett	7	7	10^7	–
grau	8	8	10^8	–
weiß	9	9	10^9	–

Farbcode für Widerstände

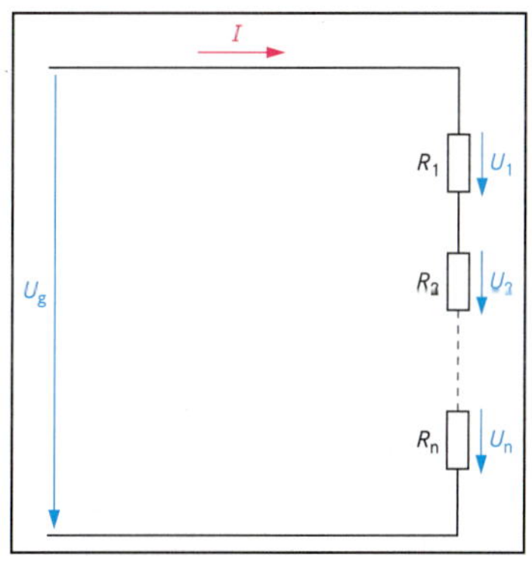

Reihenschaltung

INFO

Das Ohmsche Gesetz

$$R = \frac{U}{I}$$

Kondensatoren

Kondensatoren bestehen aus voneinander isolierten Platten bzw. aufgewickelten Folien, die als Elektronenspeicher dienen. Die Schaltzeichen verdeutlichen, dass zwischen den Polen keine elektrische Verbindung besteht. Das Schaltsymbol ist das C (engl. capacitor), die Kapazität (Speichervermögen) wird in Farad (F) (nach dem Forscher Faraday) angegeben. Um zu verstehen, wie ein Kondensator arbeitet, können wir den Lade- und den Entladevorgang betrachten (die Spannungen sind blau, die Ströme rot gekennzeichnet):

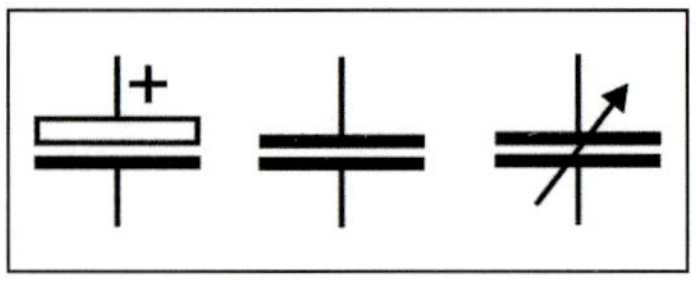

Schaltzeichen für Kondensatoren. Von links: gepolter, variabler (einstellbarer) und ungepolter Kondensator

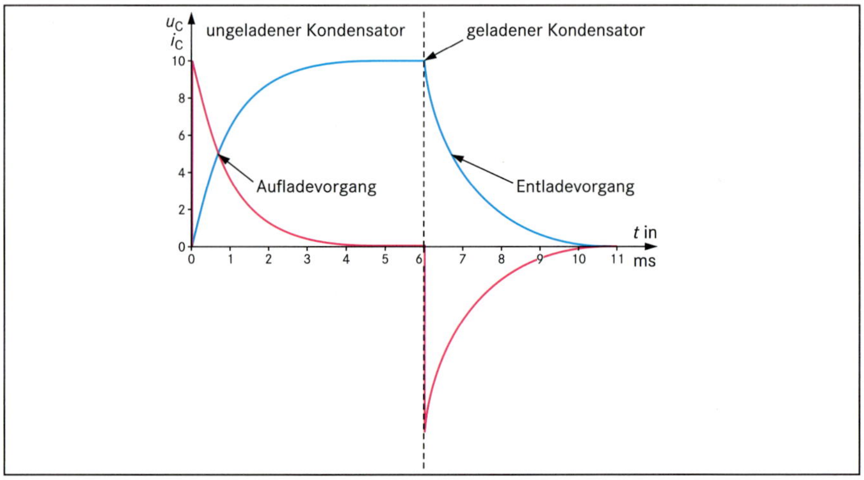

Strom- und Spannungsverlauf beim Kondensator

Dazu kannst du selbst einen Versuch durchführen: Baue die Schaltung wie nebenstehend gezeigt auf. Mit einem Umschalter kannst du den Kondensator laden und entladen. Im Abstand von fünf oder zehn Sekunden kannst du den Strom und die Spannung messen und in ein Diagramm wie nebenstehend gezeigt eintragen. Zeitbestimmend ist sowohl die Kapazität des Kondensators als auch die Größe des Widerstands. Hier kannst du experimentieren. Ganz ohne Widerstand solltest du die Schaltung jedoch nicht betreiben, da im ersten Moment der Kondensator als Kurzschluss wirkt. Aufgrund seines Lade-/Entladeverhaltens stellt der Kondensator für Gleichstrom eine Sperre dar, für Wechselstrom ist er jedoch durchlässig. Das zeigen die beiden nachfolgenden Diagramme.

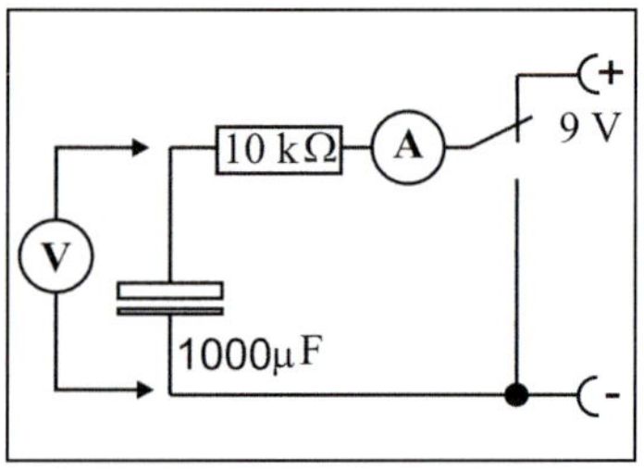

Messung am RC-Glied

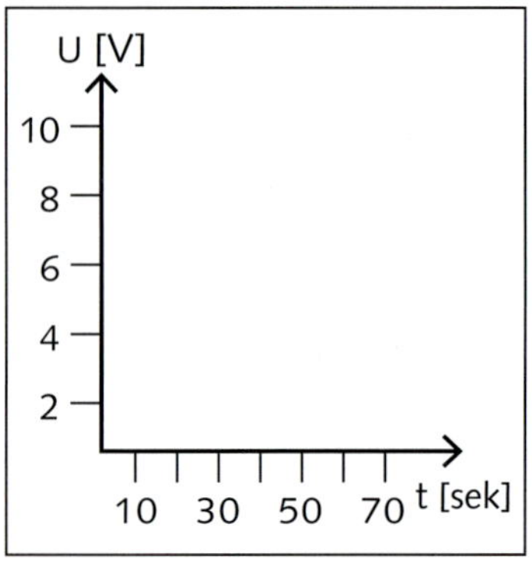

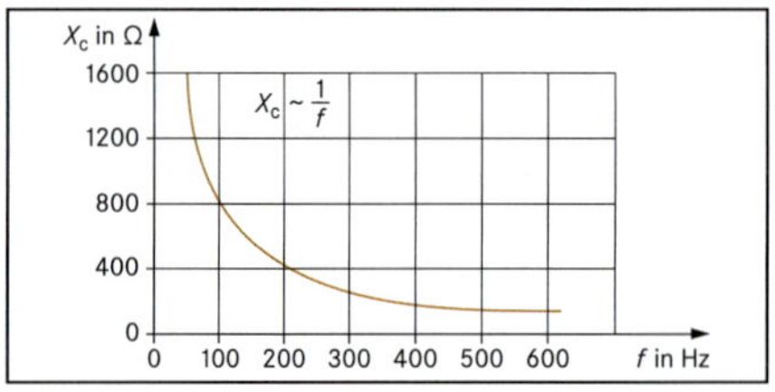

X_c in Abhängigkeit von der Frequenz f

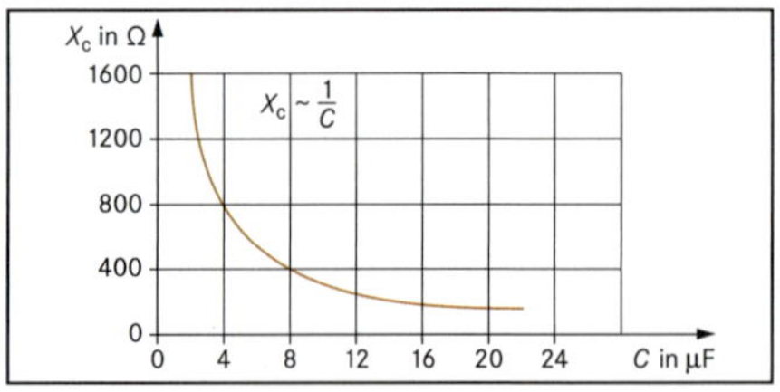

X_c in Abhängigkeit von der Kapazität C

1. Ermittle die Lade- und Entladekurve eines Kondensators.

Spulen

Eine Spule besteht aus gewickelten Drahtwindungen, die voneinander isoliert sind. Häufig sind die Windungen um einen festen Körper (Spulenkörper) gewickelt, er muss aber nicht zwingend vorhanden sein. Wenn er fehlt, spricht man von Luftspulen. Es gibt sie in unterschiedlichen Größen und Bauformen. Sie können z. B. als spiralförmig angeordnete Leiterbahnen vorkommen, z. B. bei RFID-Elementen (Radio Frequency Identification).

Spulen verhalten sich im Gleichstromkreis wie Ohmsche Widerstände. Je länger der Draht bzw. je höher die Windungszahl, desto größer der Widerstand. Im Wechselstromkreis verhalten sich Spulen jedoch anders. Ein Wechselstrom ändert ständig seine Größe und Richtung. Das damit in der Spule erzeugte Magnetfeld führt zu Induktionsvorgängen, die für den Wechselstromwiderstand verantwortlich sind.

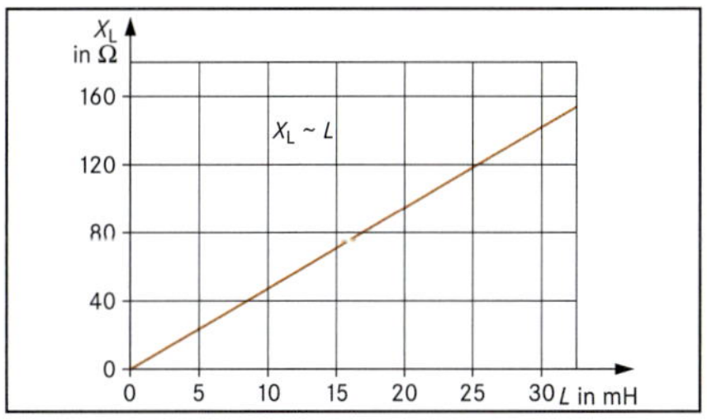

Zusammenhang zwischen *X* und *L*

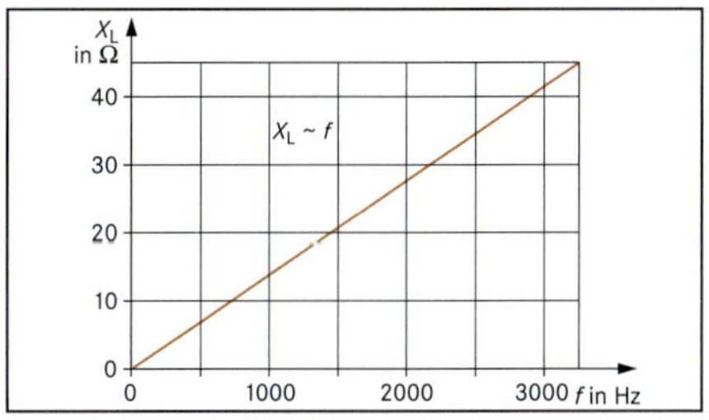

Zusammenhang zwischen *X* und *f*

Damit verhalten sich Spulen genau entgegengesetzt zu Kondensatoren, die ja den Wechselstrom passieren lassen. Dieses frequenzabhängige elektromagnetische Verhalten von Spulen hängt im Wesentlichen von den magnetischen Eigenschaften und der Größe des Kerns und der Windungszahl ab. Diese Eigenschaften werden unter dem Begriff Induktivität zusammengefasst. Die Maßeinheit für die **Induktivität** ist das Henry (H).

Spulen kommen häufig in Netzteilen vor. Dort sind mehrere Spulen auf einem gemeinsamen Kern zu Transformatoren zusammengeschaltet. Schließt man eine Wicklung an eine Wechselspannung an, so ändert sich dauernd das Magnetfeld und induziert in der zweiten Wicklung eine Wechselspannung.

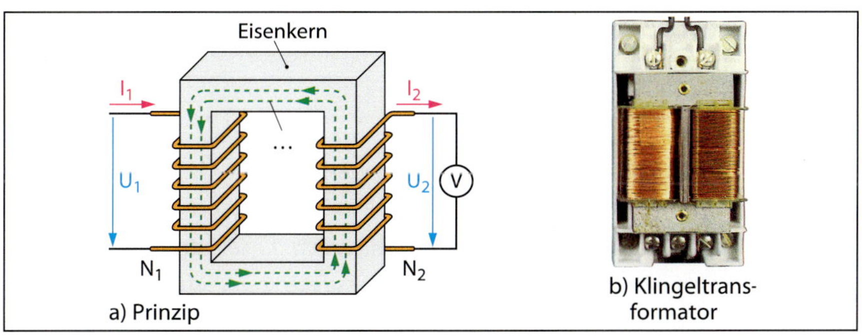

Transformator

INFO

Im Idealfall verhalten sich die Spannungen am Transformator wie die Verhältnisse der Windungszahlen:

$$\frac{U_1}{U_2} = \frac{N_1}{N_2}$$

Sensoren

Sensoren sind elektronische „Fühler“. Es sind spezielle Bauteile, die physikalische Größen in elektrische Größen umwandeln. Sie reagieren auf Licht, Wärme, Feuchtigkeit, Druck, Schall, Infrarotstrahlung, Magnetfelder, Radioaktivität und vieles mehr. Ohne Sensoren ist z. B. die Automatisierung von Prozessen und das Betreiben von Produktionsanlagen heute undenkbar.

Eine typische Sensor-Anwendung: Ein Bewegungsmelder reagiert auf die Veränderung der Infrarotstrahlung, z. B. Körperwärme in seinem Erfassungsbereich. Wenn ihr vor dem Melder einige Sekunden still stehen bleibt, erlischt die von ihm gesteuerte Beleuchtung wieder.

LDR – (Light Dependend Resistor)

LDRs sind lichtabhängige Halbleiter-Widerstände oder Fotowiderstände. Sie verringern ihren Widerstand auf wenige Ω, wenn genügend Licht eintritt und reduzieren ihn auf mehrere Hundert KΩ bei völliger Dunkelheit, je nach Typ. LDRs nutzen den Effekt, dass beleuchtetes Halbleitermaterial (Silizium oder Germanium) seinen elektrischen Widerstand verringert (photoelektrischer Effekt).

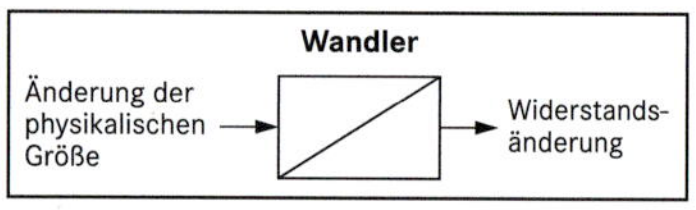

Sensoren sind Wandler

NTC – (Negative Temperature Coefficient)

Ein NTC ist ein Widerstand aus Halbleitermaterial, der im warmen Zustand den Strom wesentlich besser leitet als im kalten, daher auch „Heißleiter“ genannt. Die Kennlinie zeigt dieses Verhalten. In der Mathematik spricht man von negativer Steigung der Kurve – daraus leitet sich der Name ab. NTCs werden z. B. zur Temperaturmessung und -überwachung eingesetzt.

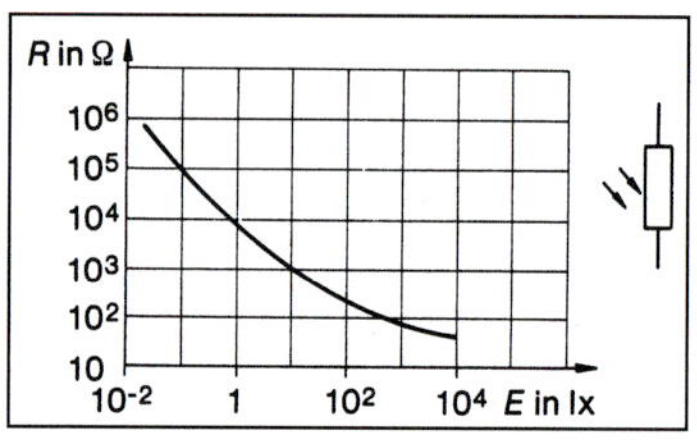

Kennlinie eines LDR-Widerstands in Abhängigkeit von der Beleuchtungsstärke

PTC – (Positive Temperature Coefficient)

Ein PTC ist das Gegenstück zum Heißleiter – also ein Kaltleiter. PTC werden nicht nur zur Temperaturüberwachung, sondern z. B. auch für die Füllstandsüberwachung eingesetzt. Taucht ein PTC in eine kalte Flüssigkeit, sinkt der Widerstand und der Sensorstrom steigt schlagartig.

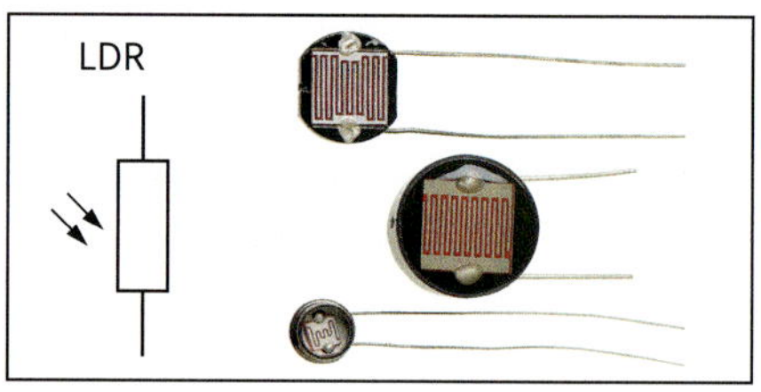

LDRs und das entsprechende Schaltzeichen

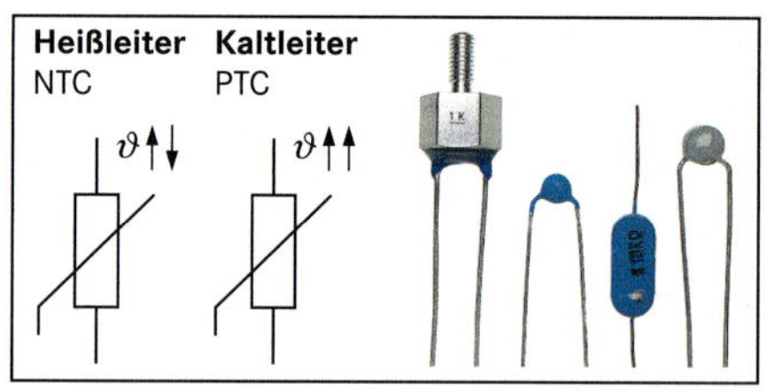

Temperaturabhängige Widerstände und die entsprechenden Schaltzeichen

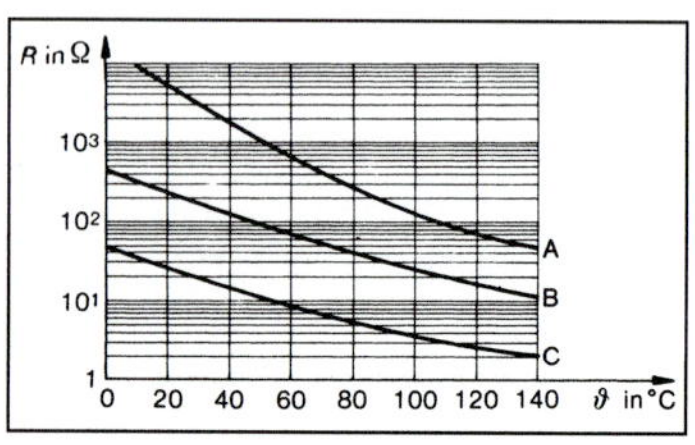

Kennlinien drei verschiedener NTC-Widerstände: Abhängigkeit des Widerstands von der Temperatur

1. Welche Geräte oder Anwendungen kennst du, die eine Temperatur- oder Lichtüberwachung notwendig machen?

2. Mit einem Ohm-Meter und einem LDR kannst du selbst eine Kennlinie aufnehmen. Wenn kein Beleuchtungsmessgerät zur Verfügung steht, kannst du dir mit einer unterschiedlich stark geschwärzten Overheadfolie behelfen.

3 Schaltungen mit Sensoren und Transistoren

Elektronische Bauteile werden erst dann interessant, wenn man sie zu Schaltungen zusammenfügt. Die nachfolgenden Schaltungen zeigen einen Transistor in Emitterschaltung, der eine LED schalten soll. Es wird gezeigt, wie sich die Bauelemente richtig dimensionieren lassen.

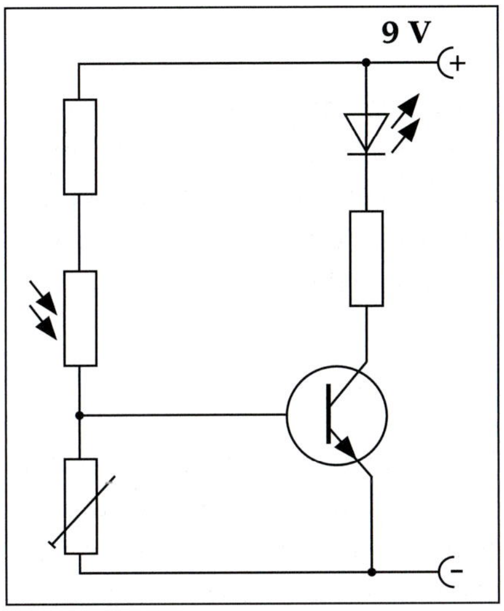

Transistor und LDR in „Hellschaltung“

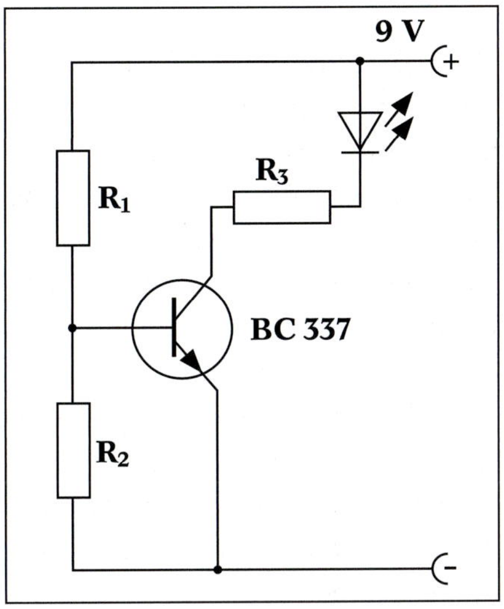

Transistor in Emitterschaltung mit einem Spannungsteiler für die Basisspannung

Die Grundlagen des Transistors habt ihr ja schon auf den Seiten 111–113 kennengelernt. Wenn an der Basis eine Spannung von ca. 0,7 V anliegt, schaltet der Transistor durch, d. h. die Kollektor-Emitter-Strecke wird mit nahezu 0 Ω leitend. Ein Transistor sollte daher nie direkt an einer Spannungsquelle betrieben werden. Für Ströme und Spannungen gibt es sog. Grenzwerte, die unbedingt eingehalten werden müssen, soll er nicht zerstört werden. Außerdem unterscheiden sich Transistoren noch in ihrer Bauform bzw. der Gehäuseform. Die Übersicht zeigt zunächst die Kenndaten des sog. Kleinsignaltransistors BC 337.

Pin-Belegung von unten/hinten im TO-92 Gehäuse.	
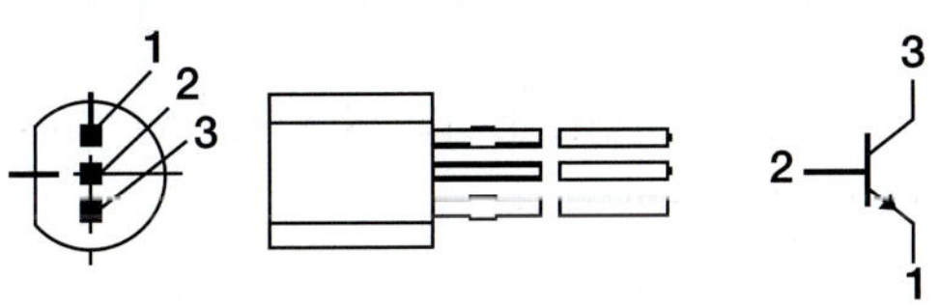	1 = Emitter 2 = Basis 3 = Kollektor
Maximaler Kollektorstrom: I_{Cmax} = 500 mA Gleichstromverstärkung: B bzw. h_{fe} = 100 bis 600 Maximale Spannung Kollektor-Emitter: U_{CE} max = 45 V	

INFO

Die angegebenen Werte sind **Maximalwerte**. In der Praxis bleibt man sicherheitshalber deutlich unterhalb dieser Werte.

INFO

Hellschaltung:
Bei Beleuchtung schaltet der Transistor durch, d. h. in diesem Fall, die LED leuchtet.

Kenndaten von Transistoren könnt ihr kostenlos im Internet finden, z. B. unter www.bg-electronics.de, www.conrad.de u. a. Dazu müsst ihr in den Produktkatalogen nach aktiven Bauelementen/Halbleitern suchen.

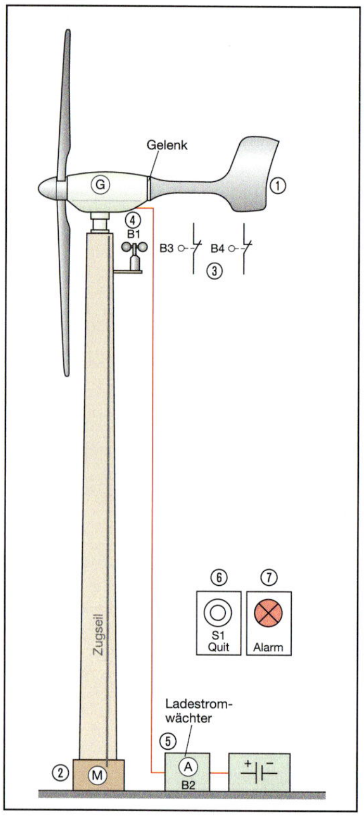

Technologieschema einer Windenergieanlage

Analyse einer Steuerung

Eine Windenergieanlage (WEA) wandelt Windenergie in elektrische Energie um. Dabei treibt der Wind über Rotoren einen Generator an, dessen elektrische Energie dann entweder in Akkumulatoren gespeichert oder in das öffentliche Versorgungsnetz eingespeist werden kann. Damit für die nebenstehende Windenergieanlage eine Steuerung entwickelt werden kann, muss zunächst die Funktion des Systems analysiert werden.

Im Technologieschema ist zu erkennen, dass der Rotor mithilfe einer Windleitfahne ① im Wind gehalten wird. Mit einem Zugseilmotor ② kann die Windleitfahne über ein Seil so um 90° gedreht werden, dass der Rotor in dem Wind oder parallel zum Wind gedreht ist. Bei Rechtslauf des Motors wird die Windenergieanlage in den Wind gedreht, bei Linkslauf aus dem Wind. Die Position der Windleitfahne („in dem Wind" = IDW, „aus dem Wind" = ADW) wird mit Endlagentastern ③ erfasst. Die Windstärke wird über einen Windwächter ④ und zur Sicherheit auch über die Höhe des Ladestroms ⑤ ermittelt. In der Steuerungsanlage sind ein Quittier-Taster ⑥ und ein Leuchtmelder ⑦ vorgesehen.

Analyseverfahren

Systemdarstellung: Die Windenergieanlage als ein in sich abgeschlossenes System lässt sich weiter analysieren, indem wir den Energiefluss und den Informationsfluss betrachten. In Anlagen, in denen Werkstücke bearbeitet werden, ist auch eine Analyse des Materialflusses durchzuführen.

Energiefluss: Die Windenergie wirkt bei einer WEA auf die Rotorenblätter. Da diese mit einer Welle verbunden sind, wird die Windenergie in Rotationsenergie umgewandelt. Diese mechanische Energie wird mithilfe des Generators (Funktionsprinzip: Dynamo) in elektrische Energie umgewandelt, die schließlich zur Speicherung den Akkumulatoren oder zur Nutzung dem Hausnetz zugeführt wird.

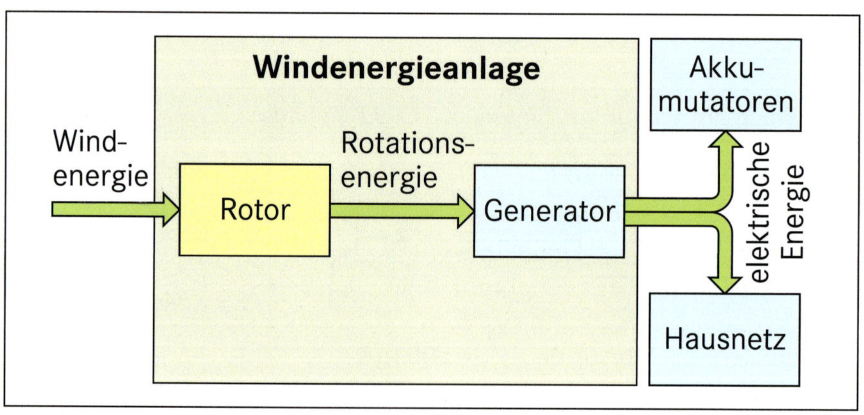

Systemdarstellung des Energieflusses

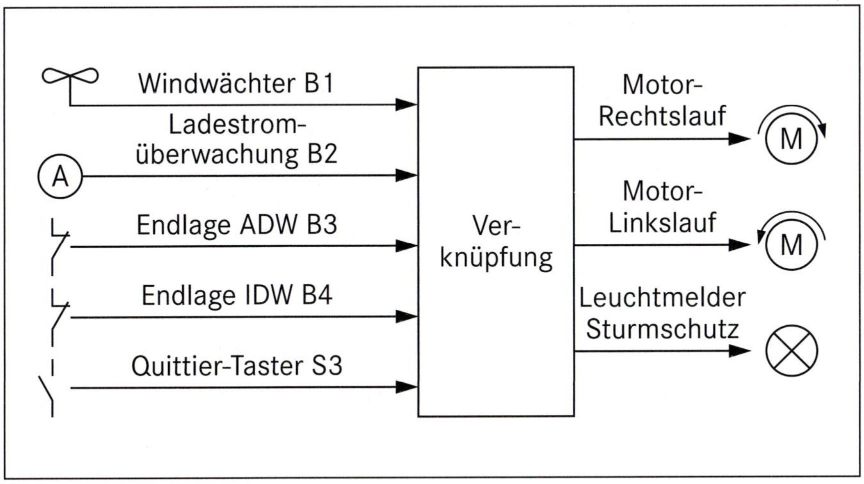

Informationsfluss

Informationsfluss: Die Abbildung stellt den Informationsfluss in der Windenergieanlage dar. Die Eingangsinformationen werden dabei verknüpft und das Ergebnis dem jeweiligen Objekt (Motor – Rechts-/Linkslauf und Leuchtmelder) mitgeteilt. Jede Informationsquelle (z. B. Windwächter und Quittier-Taster) und Informationssenke (z. B. Leuchtmelder, Ansteuerung des Motors) stellt ein eigenständiges Modul innerhalb des Systems dar.

Zur vollständigen Analyse müssen die Betrachtungen des Energie- und Informationsflusses zusammenfließen.

- Die Ladestromüberwachung beobachtet den elektrischen Energiefluss vom Generator zum Akkumulator. Damit wird verhindert, dass durch Überlastung der Generator, die Akkumulatoren oder die elektrischen Installationen Schaden nehmen.
- Der Windwächter soll überwachen, ob sich durch den Wind die Rotoren zu schnell drehen. Dies kann zu einem Abreißen der Rotoren oder zu einer mechanischen Zerstörung des Generators führen.
- Um den Windenmotor zu betreiben, ist ein Energiefluss notwendig.

Analyseelemente

Sturmschutz-Steuerung der Windenergieanlage: Um die Anlage vor Schäden durch starken Wind zu schützen, soll eine Steuerung entwickelt werden, die folgendes Verhalten aufweist:

- Die Rotoren werden so im Wind gehalten, dass sie nur bei Sturm (> 20 m/s) für 1,5 Stunden (t_S) aus dem Wind gedreht werden.
- Eine Meldeleuchte soll mitteilen, dass der Sturmschutz aktiv ist.
- Nach Ablauf der Zeit oder durch Betätigung einer Quittiertaste sollen die Rotoren in kleinen Schritten wieder in den Wind zurück gedreht werden.

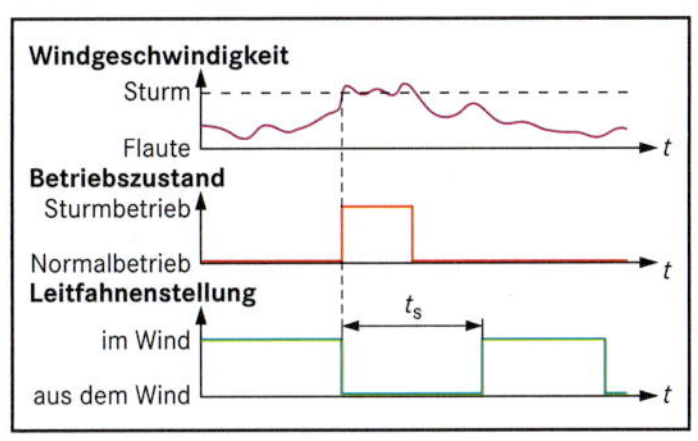

Signal-Zeit-Diagramm

1. Untersuche und beschreibe den Energie- und Informationsfluss einer Fußgängerampel.

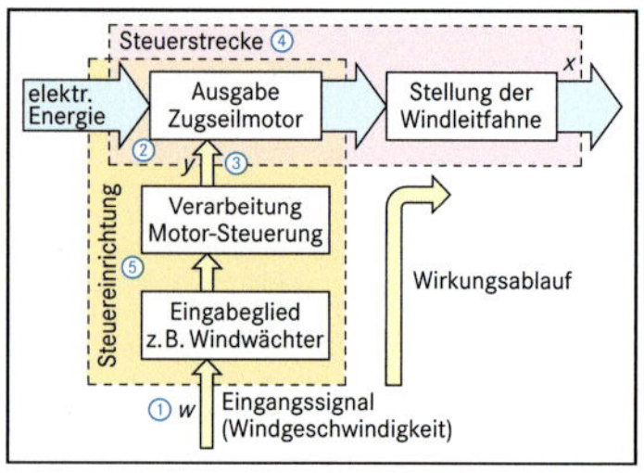

Prinzip einer Steuerung

Was wird gesteuert?

Wir betrachten die Sturmschutz-Steuerung anhand des Blockschaltbildes. Durch Überschreiten einer maximalen Windgeschwindigkeit (Eingangsgrößen) wird der Sturmschutz ausgelöst (Fachwort „geführt"). Das dabei erzeugte Eingangssignal (Steuersignal) wird daher Führungsgröße w (1) genannt. Bei der Sturmschutz-Steuerung wird elektrische Energie über ein Stellglied (2) dem Zugseilmotor entsprechend der Stellgröße y (3) (Ausgangssignal der Verarbeitung) zugeführt. Der Zugseilmotor wird also gesteuert und daher auch als Steuerstrecke (4) bezeichnet. Da nur die Zustände EIN und AUS möglich sind, können elektromechanische Schalter (Schütze, Relais) oder elektronische Schalter zur Ansteuerung verwendet werden.

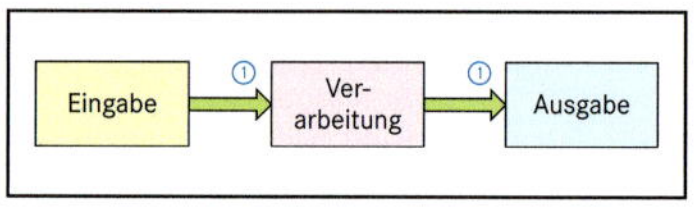

EVA-Prinzip

EVA-Prinzip

Jede Steuerung arbeitet nach dem sogenannten EVA-Prinzip. Die Abkürzung steht für: **E**ingabe [input], **V**erarbeitung [process], **A**usgabe [output].

Die **Eingabe-Ebene** empfängt die Informationen über den Prozess-Zustand und Eingaben der Bedienelemente. Sie werden durch Sensoren (hier: Windwächter, Ladestromüberwachung und Taster) übermittelt und in der Eingabe-Ebene falls notwendig für die Verarbeitungsebene so angepasst (Signalpegel, Signalform, u. Ä.), dass sie verarbeitet werden können.

Die Informationen der Eingabe-Ebene werden in der **Verarbeitungs-Ebene** entsprechend der vorgegebenen Bedingungen verarbeitet. Zum Einsatz kommen dabei logische Verknüpfungen, Speicherschaltungen usw.

Die Verarbeitungsergebnisse werden in der **Ausgabe-Ebene** so aufbereitet, dass sie an die zu steuernde Anlage ausgegeben werden können.

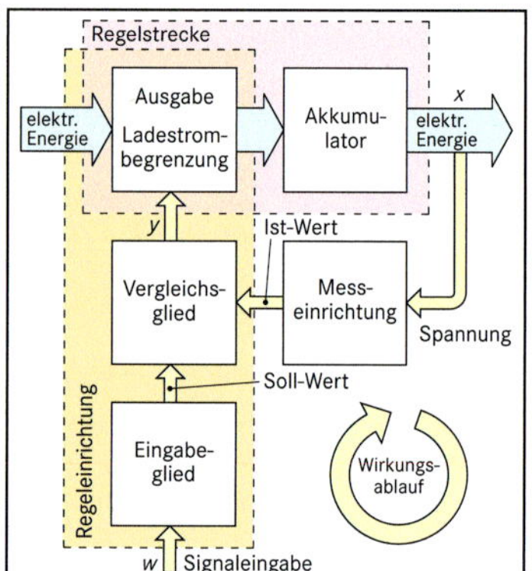

Prinzip einer Regelung

Prinzip einer Regelung

Ladestromregelung

Anhand einer Ladestromregelung soll der Unterschied zwischen Regeln und Steuern dargelegt werden. Bei einer Steuerung ist der Wirkungsgrad offen. Die Verarbeitung reagiert also lediglich auf die Signaleingabe mit den vorgegebenen Eigenschaften. Dabei kann ein Problem entstehen:

Damit die Akkumulatoren nicht ständig mit elektrischer Energie versorgt und somit überladen werden, muss der Ladezustand kontinuierlich überwacht und der Ladestrom entsprechend reguliert werden. Dazu muss der Ladezustand anhand der Spannung (IST-Zustand) der Akkumulatoren mit einem SOLL-Zustand verglichen werden. Je größer der Differenzbetrag zwischen SOLL- und IST-Zustand, desto größer ist der Ladestrom der Akkumulatoren. Ist der SOLL-Zustand (Akkumulatoren sind voll) erreicht, darf kein Ladestrom mehr fließen. Da der IST-Wert einen kontinuierlichen Einfluss auf den Ladestrom hat, spricht man von einer Rückwirkung der Ausgangsgröße auf die Eingangsgröße. Somit schließt sich der **Regelkreis**. In Regelungen werden Größen also rückwirkend beeinflusst. Ihre Struktur ist kreisförmig und der Wirkungsablauf geschlossen (Regelkreis).

INFO

- Steuern ist ein Vorgang in einem System, bei dem eine oder mehrere Größen als Eingangsgrößen andere Größen als Ausgangsgrößen beeinflussen.
- Die Führungsgröße w wird in einem Steuergerät verarbeitet.
- Die am Steuergerät vorhandene Stellgröße y beeinflusst das Stellglied (Ausgang des Steuergerätes)

1. Beschreibe den Unterschied zwischen Steuerung und Regelung.

Logische Grundfunktionen

Mit elektronischen Schaltungen können elektrische Signale nicht nur von einem Stromkreis auf einen anderen Stromkreis übertragen, sondern auch miteinander verknüpft werden.

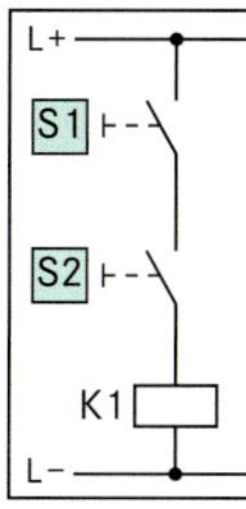

S1	S2	K1
0	0	0
0	1	0
1	0	0
1	1	1

UND-Verknüpfung mit Schaltern

B Am Beispiel einer Fußgängerampel wird die grundlegende Funktion einer Verknüpfungsschaltung deutlich:
Die grüne Lampe der Fußgängerampel darf nur dann leuchten, wenn der Taster betätigt wird **und** die rote Lampe der Kfz-Ampel eingeschaltet ist. Es muss also eine logische **UND**-Verknüpfung zwischen den beiden

- **Eingangsgrößen** (gespeichertes Tastersignal und rote Lampe der Kfz-Ampel) sowie der
- **Ausgangsgröße** (grüne Lampe der Fußgängerampel) bestehen.

Das Beispiel für eine logische Verknüpfung lässt sich verallgemeinern.

- Für die Ausgangsgröße (Kennzeichnung x) gibt es zwei mögliche Zustände: 0 und 1
- Für die zwei Eingangsgrößen (Kennzeichnung a, b) gibt es dagegen folgende möglichen Zustände (Kombinationen):
  a = 0 b = 0
  a = 1 b = 0
  a = 0 b = 1
  a = 1 b = 1

Wenn also ein Logik-Baustein zwei Eingänge besitzt, gibt es vier mögliche Eingangskombinationen.

Aus dem Beispiel können für die UND-Verknüpfung folgende verallgemeinernde Aussagen getroffen werden:

- Die Ausgangsgröße befindet sich im 1-Zustand, wenn sich die eine Eingangsgröße **und** die andere Eingangsgröße im 1-Zustand befinden.
- Die Ausgangsgröße befindet sich im 0-Zustand, wenn sich eine oder beide Eingangsgrößen im 0-Zustand befinden.

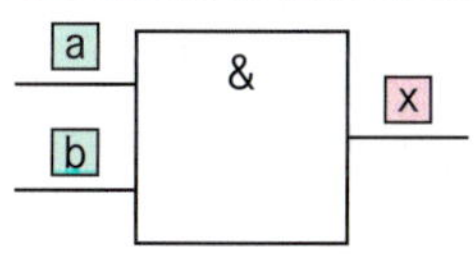

$x = a \wedge b$

Eingänge		Ausgang
a	b	x
0	0	0
0	1	0
1	0	0
1	1	1

UND-Glied

In der Praxis wird die Verknüpfungsschaltung in Tabellenform dargestellt und das Verhalten des Logik-Bausteins durch das &-Zeichen gekennzeichnet. Außerdem kann die logische Verknüpfung in Form einer Gleichung geschrieben werden. Die Eingangsgrößen a und b werden durch das logische UND-Zeichen & miteinander verknüpft.
$x = a \wedge b$ (sprich: x ist gleich a und b)
Neben der UND-Verknüpfung gibt es je nach Aufgabenstellung auch andere Formen der Verknüpfung. Ihnen allen gemeinsam ist, dass verschiedene Schaltzustände miteinander verbunden werden, um eine bestimmte technische Aufgabenstellung zu lösen.

ODER-Verknüpfung

Ein elektrischer Türöffner B1 soll die Verriegelung einer Tür nur dann freigeben, wenn durch die beiden Bewohner des Hauses die Taster S1 **oder** S2 einzeln oder gleichzeitig betätigt werden. Die ODER-Verknüpfung kann also durch eine Parallelschaltung aus zwei Tastern hergestellt werden.

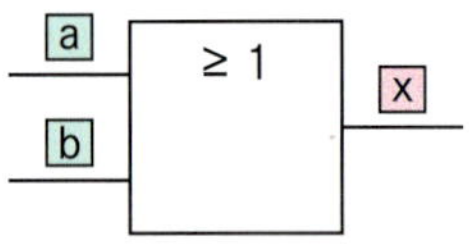

$x = a \vee b$

Eingänge		Ausgang
a	**b**	**x**
0	0	0
0	1	1
1	0	1
1	1	1

ODER-Glied

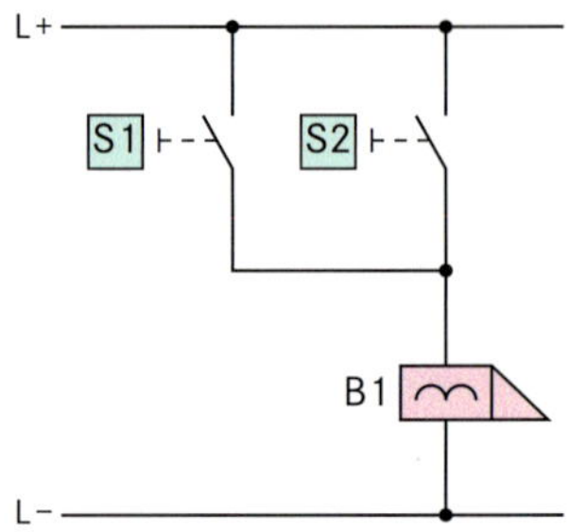

S1	S2	B1
0	0	0
0	1	1
1	0	1
1	1	1

ODER-Verknüpfung mit zwei Tastern bei einem Türöffner

Diese Abbildung zeigt das Schaltzeichen für einen ODER-Baustein und den Zusammenhang zwischen den Eingangsgrößen und der Ausgangsgröße. Am Ausgang eines ODER-Gliedes entsteht immer dann ein 1-Signal, wenn sich ein oder mehrere Eingänge im 1-Zustand befinden.

NICHT-Verknüpfung

Die Außenbeleuchtung eines Hauses soll nicht eingeschaltet sein, wenn es draußen noch hell ist. Die folgende Abbildung verdeutlicht die NICHT-Verknüpfung:
Die Lampe E1 leuchtet **nicht**, wenn der Schalter S1 geschlossen ist.

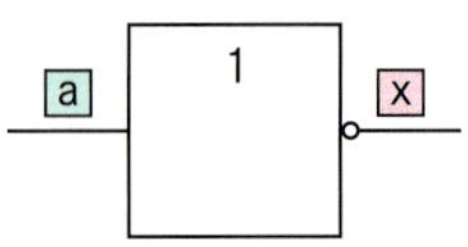

$x = \bar{a}$

Eingang	Ausgang
a	**x**
0	1
1	0

NICHT-Glied

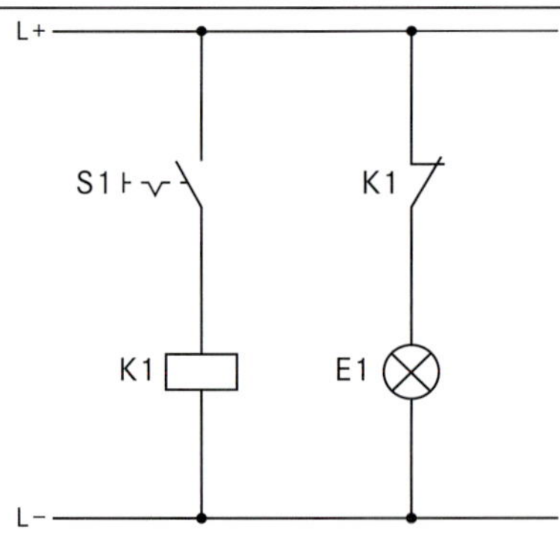

S1	H1
0	1
1	0

NICHT-Verknüpfung mit einem Relais

Das Ausgangssignal befindet sich im 1-Zustand, wenn sich das Eingangssignal im 0-Zustand, also nicht im 1-Zustand befindet.
In Schaltzeichen wird die Negation durch einen Kreis am Ausgang gekennzeichnet. Am Ausgang eines NICHT-Gliedes liegt stets der entgegengesetzte Zustand wie am Eingang.

NAND- und NOR-Verknüpfungen

Mit den drei beschriebenen Grundbausteinen lassen sich viele Steuerungsaufgaben lösen, wenn sie zusammengeschaltet werden.

So entstehen z. B. UND-NICHT-Glieder bzw. ODER-NICHT-Glieder. Diese umständliche Ausdrucksweise hat man vereinfacht durch:

- **NAND** (engl.: NOT-AND) bzw.
- **NOR** (engl.: NOT-OR)

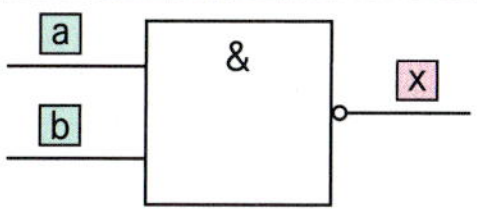

$x = \overline{a \wedge b}$

a	b	x
0	0	1
0	1	1
1	0	1
1	1	0

NAND-Glied

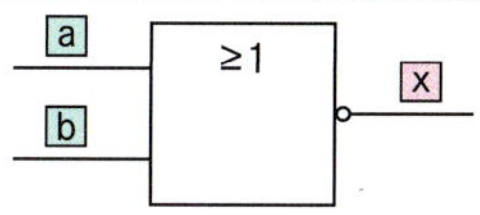

$x = \overline{a \vee b}$

a	b	x
0	0	1
0	1	0
1	0	0
1	1	0

NOR-Glied

Meist wird das NICHT-Glied am Ausgang nicht getrennt gezeichnet, sondern nur durch einen Kreis dargestellt.
Am Ausgang eines NAND-Gliedes entsteht nur dann ein 0-Signal, wenn an allen Eingängen 1-Signale liegen.
Am Ausgang eines NOR-Gliedes entsteht nur dann ein 1-Signal, wenn an allen Eingängen 0-Signale anliegen.

Signalausgabe

In einer Steuerung werden durch Sensoren Signale erzeugt, die in der Steuerungsanlage verarbeitet und schließlich am zu steuernden Gerät ausgegeben werden. So wandelt z. B. der Sensor im Dämmerungsschalter den Grad der Helligkeit in ein elektrisches Signal um. Dieses Signal wird verstärkt und am Lichtschalter als ein Schaltbefehl ausgegeben.

Die Bauteile, die Signale empfangen und sie am Betriebsmittel in Schaltbefehle umwandeln, nennt man **Aktoren**.

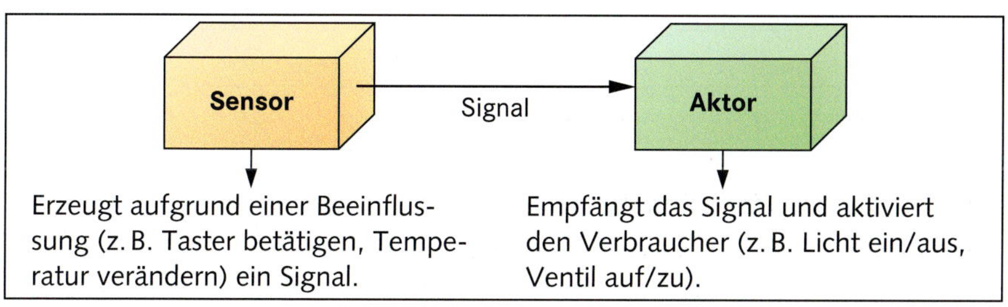

1. Welche Vorteile haben Verknüpfungsschaltungen?

Entwicklung und Realisierung von Verknüpfungsschaltungen im Wohnbereich

Um die Wirkungsweise einer Verknüpfungsschaltung auch praktisch kennenzulernen, entwickeln wir selbst eine Schaltung.

Aufgabe:
In einem Einfamilienhaus soll der Türöffner sowohl vom Erdgeschoss als auch von der 1. Etage bedient werden können.

Zunächst analysieren wir, welche Verknüpfungsschaltung dafür geeignet erscheint. Die Schaltung soll es ermöglichen, die Haustür vom Erdgeschoss **oder** von der 1. Etage zu öffnen. Die Aufgabe scheint also mit einer ODER-Schaltung lösbar. Wir betrachten den grundlegenden Schaltungsaufbau auf Seite 124. Auf dieser Grundlage entwickeln wir eine Schaltung, die mit den in der Schule vorhandenen Bauteilen herstellbar ist.

Beispiel:

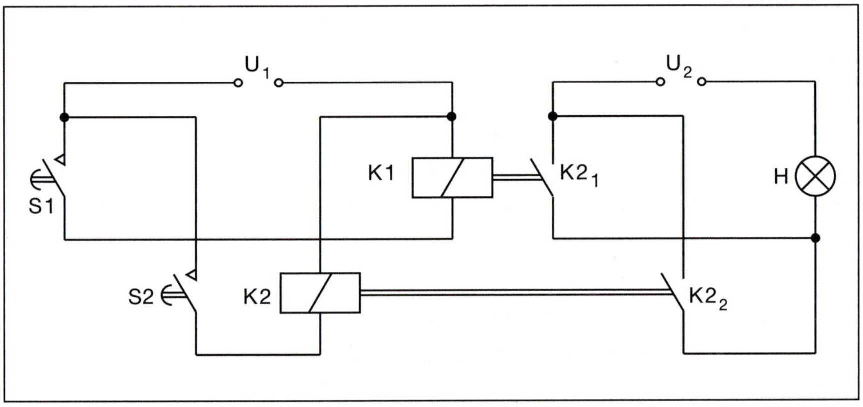

Die Schaltung wird aufgebaut und eine Funktionsprüfung durchgeführt. Es werden alle Schaltmöglichkeiten ermittelt und in eine Schaltbelegungstabelle eingetragen.

	S1	S2	K1	K2	H
1	O	O	O	O	O
2	L	O	L	O	L
3	O	L	O	L	L
4	L	L	L	L	L

Die Schaltbelegungstabelle zeigt, dass die Schaltung die geforderte Funktion erfüllt und die Merkmale einer ODER-Schaltung hat.

INFO

Mögliche Kriterien für die Bewertung der selbst entwickelten und gefertigten Schaltung:
- Erfüllt die Schaltung die geforderte Funktion?
- Ist die Schaltung übersichtlich?
- Wurden nur unbedingt notwendige Bauteile eingesetzt?
- Ist die Schaltung kostengünstig?
- Gewährleistet die Schaltung den notwendigen Schutz gegen Stromschläge?
- Wie ist die Störanfälligkeit?
- Sind Störungen schnell zu beseitigen?

4 Wer einen Computer beurteilen will, muss technische Kenntnisse haben

Blick hinter die Kulissen: Aufbau heutiger Personalcomputer

Anzeige für ein Notebook

INFO

Informatik ist die Wissenschaft der automatischen Verarbeitung von Informationen.
INFORMATIK = INFORmation + AutoMATIK

Diese Art von Inseraten ist häufig in Zeitungen zu sehen. Wer sich aber nicht mit Computern beschäftigt, kann mit den technischen Begriffen und Angaben kaum etwas anfangen. So entsteht bei vielen Menschen der Eindruck, dass ein Computer etwas unglaublich Kompliziertes sein muss. Auf den nächsten Seiten könnt ihr euch ein Wissensfundament aneignen um solche Anzeigen beurteilen und erklären zu können.

Eingabe – Verarbeitung – Ausgabe

Obwohl sich die Technik rasant entwickelt hat, sind bestimmte Grundlagen im Aufbau eines Computers gleich geblieben. Ein Computer wird mit Daten in irgendeiner Form „gefüttert", die mithilfe eines oder mehrerer Programme verarbeitet und in einer bestimmten Form wieder ausgegeben werden. Kernstück einer vollständigen Computeranlage ist die Zentraleinheit (Computer), an die weitere Komponenten angeschlossen sind. Im Computer enthalten ist der Prozessor (**CPU = central processing unit**), der die Hauptarbeit leistet und viele Befehle mit hoher Geschwindigkeit ausführen kann. Den Computer und alles, was an Geräten daran angeschlossen ist, bezeichnen wir als **Hardware**.

Damit aber ein Computer etwas Vernünftiges leisten kann, braucht er ein Programm, mit dem wir z. B. einen Text schreiben können. Das Programm enthält eine Folge von Befehlen, die vom Prozessor Schritt für Schritt abgearbeitet werden. Alle Programme werden als **Software** bezeichnet. Programme sind wie Kochrezepte, die festlegen, was „der Koch", die CPU, der Reihe nach zu tun hat. Um einen Text zu schreiben, müssen die Buchstaben und Zeichen aus dem Kopf des Autors in den Computer hinein kommen. Anschließend sollen sie nicht nur am Bildschirm lesbar sein, sondern auch auf dem Papier. Damit der geschriebene Text nach dem Ausschalten des PC nicht wieder verschwunden ist, muss er im Computer fest gespeichert werden. Dazu benötigen wir **Ein- und Ausgabegeräte** sowie einen **Speicher**.

CPU

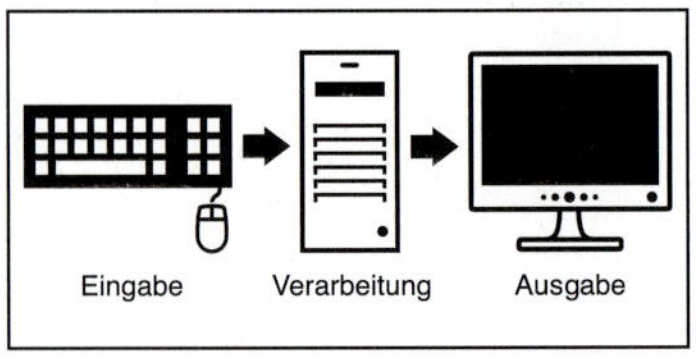

EVA-Prinzip

Ein Computer erhält Eingaben, wie z. B. Zahlen, Texte oder Bilder. Diese werden zur Verarbeitung angenommen, bearbeitet und es kommt zur Ausgabe. Dies wird das **„EVA-Prinzip" (Eingabe – Verarbeitung – Ausgabe)** genannt.

Arbeitest du am Computer, so machst du deine Eingaben über die Tastatur oder mit Mausklick. Der Computer verarbeitet sie mit seinen Programmen. Auf dem Monitor wird das Ergebnis ausgegeben.

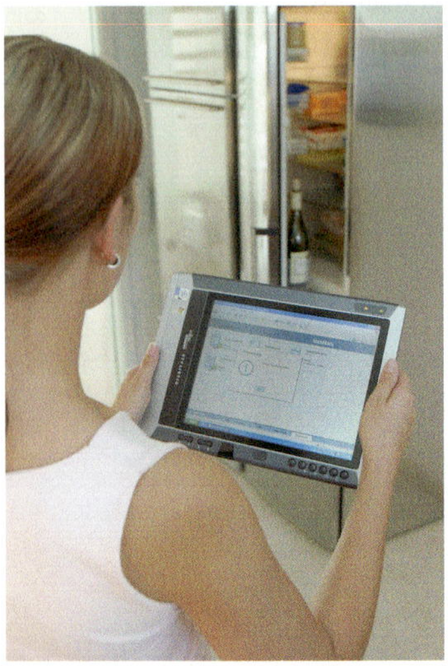

Ein berührungssensitiver Bildschirm als Eingabegerät (touchscreen)

Einige Zusatzgeräte sind meist reine Eingabegeräte (Tastatur, Maus), andere reine Ausgabegeräte (Monitor, Drucker). Manche Geräte sind für Eingaben und Ausgaben geeignet.

Was steckt unter dem Blech?

Fast alle wichtigen Teile eines PC sind auf der sog. Hauptplatine (motherboard) untergebracht. Einer der wichtigsten elektronischen Bausteine der Zentraleinheit eines Computers ist der Prozessor (CPU). Er ist direkt mit dem Arbeitsspeicher verbunden. In diesem befindet sich das Programm, das vom Prozessor abgearbeitet wird.

In der Datenverarbeitung muss immer alles möglichst schnell gehen. Die CPU ist hauptsächlich für die Leistungsfähigkeit und Geschwindigkeit eines Computers verantwortlich. Eine Art innerer Uhr „sagt" dem Prozessor, in welchen Zeitabständen er Befehle zu verarbeiten hat. Je schneller der „Uhrtakt" schlägt, desto schneller wird auch der Computer arbeiten. Heute (2011) liegt die sog. Taktfrequenz bei 3 GHz (GigaHertz)! Der erste elektronische Röhrenrechner – ENIAC – brachte es gerade einmal auf 10 000.

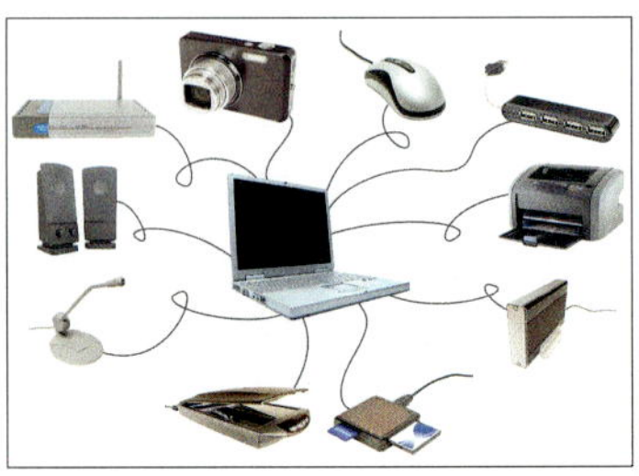

1. Welche der abgebildeten Geräte dienen der Eingabe, welche der Ausgabe?

2. Welche Eingabe- und Ausgabegeräte sind dann im Einsatz, wenn du ein Computerspiel spielst?

3. Stelle weitere Beispiele für das EVA-Prinzip zusammen.

4. Mit welchen Geräten können sowohl Eingaben als auch Ausgaben gemacht werden?

5. Wie reagiert dein Computer auf fehlerhafte Eingaben, z. B. bei der Anmeldung nach dem Hochfahren, oder bei einer unbeabsichtigten Eingabe während des Hochfahrens?

6. Warum kann eine Soundkarte auch ein Eingabegerät sein? Informiert euch z. B. im Computerfachhandel.

INFO

Die **Taktfrequenz** wird in **Hz** (sprich Hertz) gemessen. 600 Millionen Takte pro Sek. nennen wir 600 **MHz** (sprich: Megahertz).

Der Arbeitsspeicher

Im Arbeitsspeicher (random access memory, kurz: **RAM**) werden Programme und Daten zwischengespeichert und gelesen. Nach dem Ausschalten des Rechners gehen alle hier gespeicherten Daten verloren. Die Speicherkapazität wird in Megabyte angegeben:

- 1 MB (Mega Byte) = 1024 kB (Kilo Byte) = 1024 x 1024 Byte
- 1 Byte entspricht einem Buchstaben oder Zeichen

Üblich sind heute (2011) bis 6 GB (Giga Byte).

Arbeitsspeicher: Heute übliche Speichermodule haben eine Kapazität von bis zu 6 GB.

Der Datenbus

Der Prozessor muss mit verschiedenen Geräten für Ein- und Ausgabe, zur Datenspeicherung usw. verbunden werden. Diese Verbindung, über die Daten ausgetauscht werden, erfolgt über den sogenannten Bus. Es gibt verschiedene Arten solcher Busse. Ziel ist es, möglichst viele Information in einer gewissen Zeit transportieren zu können. Zurzeit werden z. B. gute Soundkarten für den PCI-Bus angeboten, Grafikkarten für die Verbindung zum Bildschirm benutzen den AGP-Bus. Zum Anschluss externer Ein-Ausgabegeräte wird häufig der USB-Bus benutzt – ein einheitlicher Anschluss, an den die verschiedensten Geräte angeschlossen werden können. Bus-Typen und Steckkarten werden sehr schnell weiterentwickelt.

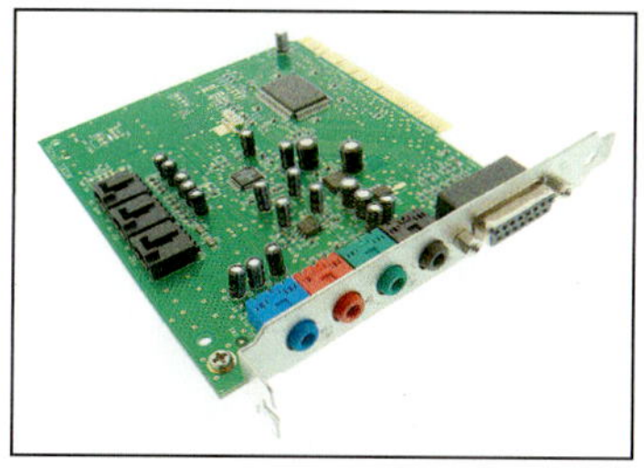

Soundkarte zum Einstecken in die Hauptplatine

Anschlüsse am Computer

Um Eingabe- und Ausgabegeräte an den Computer anzuschließen, braucht man geeignete Anschlüsse (Schnittstellen). Es gibt sehr viele verschiedene Anschlüsse. Sehr häufig wird die USB-Schnittstelle verwendet, denn sie ist sehr vielseitig. Einige andere Anschlüsse sind farblich gekennzeichnet, sodass man sie leichter findet. Vorsicht: Stecke niemals mit Gewalt einen Stecker in die Buchse!

Die **USB-Schnittstelle** ① sorgt für eine schnelle Datenübertragung, hier können sehr viele verschiedene Geräte angeschlossen werden.

Die **Ethernet-Schnittstelle** ② verbindet den Computer mit dem Netzwerk.

An der **VGA-Schnittstelle** ③ wird der Monitor angeschlossen.

Die **DVI-Schnittstelle** ④ ist für den Anschluss moderner Flachbildmonitore gedacht.

Über den **Display Port (DP)** ⑤ können Bild- und Tonsignale übertragen werden.

Die **HDMI-Schnittstelle** ⑥ dient dem Anschluss von modernen Fernsehgeräten und Beamern.

Die **eSATA-Schnittstelle** ⑦ zum Anschluss von z. B. externen Festplatten ermöglicht eine schnelle Datenübertragung. Datenträger können sogar während des Betriebs ausgetauscht werden.

Audioverbindungen ⑧ ermöglichen den Anschluss von Kopfhörern (grüner Anschluss), Lautsprechern (blauer Anschluss) oder einem Mikrofon (roter Anschluss).

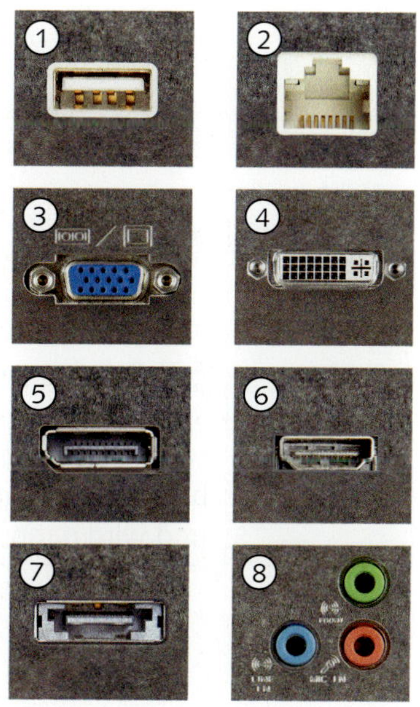

Schema der Darstellung eines Buchstaben auf einem Monitor aus 4 x 5 Pixeln und 10 x 12 Pixeln.

Ausgabegerät: Der Bildschirm oder Monitor

Die gesamte Bildfläche ist aus vielen einzelnen Punkten (engl. pixel) aufgebaut. Die Punkte sind in Zeilen und Spalten angeordnet. Wenn ein Text oder ein Bild angezeigt werden soll, müssen nur die entsprechenden Bildpunkte vom Computer ein- oder ausgeschaltet werden. Im nebenstehenden Beispiel sind zwar nur wenige Bildpunkte „angeschaltet", trotzdem ist der Buchstabe „C" leicht zu identifizieren.

Für Bildschirme gibt man die Auflösung an um zu zeigen, wie viele Spalten und Zeilen dargestellt werden können. Ist die Auflösung beispielsweise 800 x 600, so ist das Bild 800 Punkte breit und 600 Punkte hoch. Heute liegt die Auflösung zwischen 800 x 600 und 1920 x 1080 Pixeln. Je mehr Punkte auf dem Bildschirm, umso besser ist das Bild. Ein wichtiges Merkmal für Monitore ist die Größe der Bildfläche. Dazu gibt man die Länge der Diagonalen über die sichtbare Bildfläche an. Sie wird aber nicht in Zentimetern angegeben, sondern in der englischen Einheit inch, bei uns auch Zoll genannt (1" = 2,54 cm). Üblich sind heute Monitore von 15", 17", 19" und 24".

Ausgabegerät: Drucker

Der Drucker bringt zu Papier, was wir geschrieben oder gezeichnet haben. Beim Drucken wird nach demselben Prinzip vorgegangen wie beim Bildschirm: einzelne Punkte werden gedruckt oder bleiben weiß. Die Punkte sind so klein, dass sie einzeln kaum erkannt werden können. Um die Druckqualität zu beschreiben wird angegeben, wie viele Punkte auf einer bestimmten Länge gedruckt werden. Wieder wird das englische Maß verwendet: 300 dpi (dots per inch) = 300 Punkte auf 2,54 cm Länge, das entspricht etwa 40 Punkten pro cm. Weit verbreitet sind Drucker mit 600 dpi oder 240 Punkte/cm. Professionelle Geräte bringen es auf 3 000 dpi (entspricht 1 200 Punkten/cm). Man kann Drucker in die folgenden Klassen einteilen:

Druckertyp		Vorteile	Nachteile
Tintenstrahldrucker	Winzige Düsen spritzen Tinte auf das Papier.	sehr leise relativ schnell recht hohe Druckqualität auch in Farbe	hohe Unterhaltskosten bei Farbdruckern
Laserdrucker	Eine rotierende Trommel wird elektrostatisch geladen und verliert diese Ladung an den Stellen, auf die ein Laserstrahl das Druckbild schreibt. Das ebenfalls geladene Tonerpulver bleibt nur an den entladenen Stellen hängen und wird dann mit Hitze auf dem Papier fixiert.	sehr hohe Druckgeschwindigkeit sehr gute Druckqualität leise	teuer in Anschaffung und Unterhalt

1. Aus wie vielen Einzelpunkten besteht ein Quadrat von 1 cm Seitenlänge, das mit 300 dpi gedruckt ist?

Speichermedien

Wenn man am Computer gearbeitet hat, kann man seine Texte, Bilder und Aufgaben speichern. Heute gibt es viele verschiedene Speicher für unterschiedliche Zwecke mit unterschiedlicher Speicherkapazität. Hier werden einige wichtige Speichermedien abgebildet und erklärt:

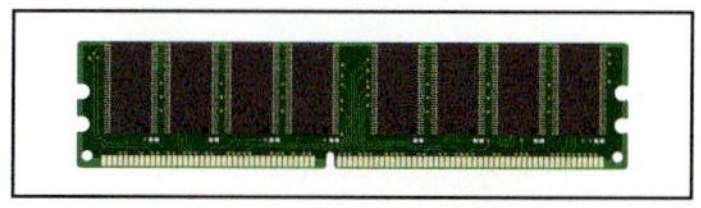

Ein **Arbeitsspeicher** ist ein Speicher, den der Computer für den laufenden Betrieb benötigt, um z. B. Programme oder Dateien zu laden. Nach dem Ausschalten des Computers wird der Arbeitsspeicher wieder gelöscht. Daher müssen die Dateien stets auf einem anderen Speichermedium abgespeichert werden.

Die **Festplatte** ist der wichtigste Speicher, den man im Computer findet. Hier werden viele Daten auf Dauer gespeichert (Massenspeicher): das Betriebssystem, die Programme und alle Dateien. Externe Festplatten sind Festplatten, die nicht im Computer eingebaut sind, sondern extra angeschlossen werden.

Auf **CD-ROM**, DVD-ROM oder Blu-ray Disc können Dateien auf Dauer gespeichert werden. Hierzu ist ein „Brenner" notwendig.

USB-Sticks können leicht transportiert werden. Diese Speichermedien können wie ein zusätzliches Laufwerk benutzt werden. Ganz ähnlich funktionieren Speicherkarten (digitale Speicherchips). Es gibt sie heute in Handys, digitalen Fotoapparaten und zahlreichen elektronischen Geräten.

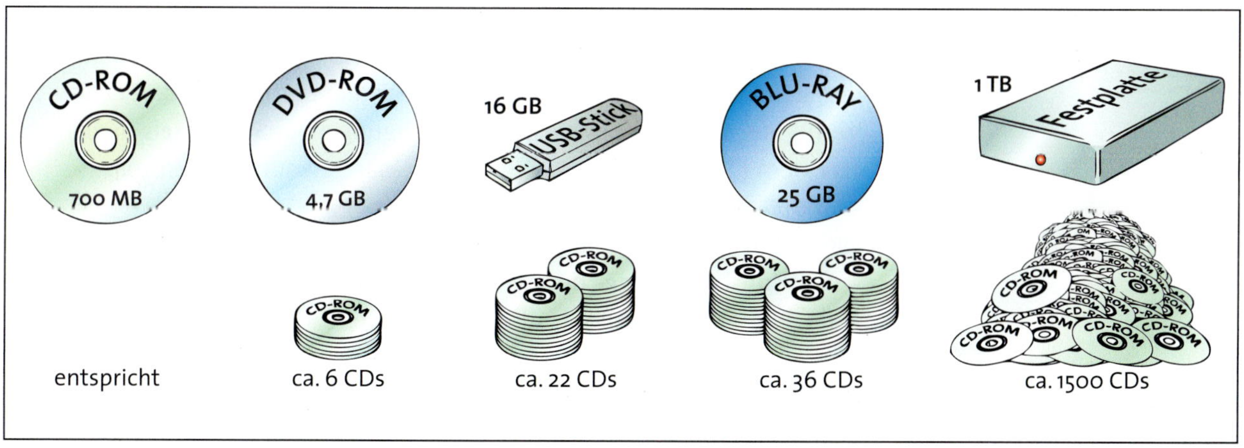

1. Wofür kannst du die gezeigten Speichermedien verwenden?

2. Kennst du weitere Speichermedien für Dateien und Programme?

3. Finde Vorteile von externen (von außen angeschlossenen) Speichern gegenüber internen (von innen angeschlossenen) Speichermedien.

5 Computereinsatz bei der Fertigung von Produkten

In unserem Leben spielt der Computer eine immer größere Rolle. Wir benutzen ihn zum Schreiben von Texten, zum Versenden und Empfangen von E-Mails, zum Surfen im Internet, zum Herunterladen unserer Lieblingsmusik, zum Bearbeiten von Bildern oder Videos oder für Computerspiele. Soziale Netzwerke wie Facebook erhalten immer größere Bedeutung.

Das gilt auch für Unternehmen. Dort ist ebenfalls eine Arbeit ohne Computer kaum noch denkbar. So wird der Schriftverkehr über Computer abgewickelt, Personaldaten, Kundendaten, Lagerbestände usw. werden gespeichert. Auch bei der Fertigung von Produkten werden viele Aufgaben von Computern erledigt, von der Erstellung der Konstruktionsunterlagen über die Fertigung selbst bis zur Qualitätskontrolle sind Computer nicht mehr wegzudenken. Die Unternehmen müssen sich in immer stärkerem Maße dem weltweiten Wettbewerb stellen. Das erfordert eine ständige Verkürzung der Entwicklungs- und Produktionszeiten. Um erfolgreich gegenüber der Konkurrenz zu sein, ist es notwendig, die Neuentwicklungen möglichst schnell auf den Markt zu bringen. Nur wer ein neues Produkt als erster zum Verkauf bringt, wird einen guten Preis erzielen. Oft verlangen die Kunden spezielle, auf ihre Bedürfnisse zugeschnittene Produkte. So sind z. B. die Wünsche für die Ausstattung eines neuen Autos sehr unterschiedlich (Farbe, Sitze, Extras). Das erfordert eine sehr flexible Fertigung, die rationell nur computergesteuert möglich ist. Dabei muss die Produktion möglichst kostengünstig sein und trotzdem hohen Qualitätsanforderungen genügen. Das gelingt nur durch den Einsatz immer leistungsfähigerer Computersysteme.

Die Vorteile einer computerunterstützten Fertigung können ebenfalls in der Schulwerkstatt genutzt werden, wenn die entsprechende Technik zur Verfügung steht. Als Beispiel soll die Fertigung eines **Steckspiels** dienen, das zu einem Klassenfest oder Weihnachtsbasar verkauft werden soll.

Die ersten Schritte bei der Planung der Produktion sind:
- Die Konstruktionszeichnung des Steckspiels anfertigen und
- die Fertigungsplanung festlegen (siehe Seite 133).

Es sollten zwei Fertigungsarten geplant werden:
- die Einzelfertigung mit einer herkömmlichen Ständerbohrmaschine,
- die computerunterstützte Fertigung mit einer entsprechenden Bohreinrichtung (siehe Abbildung auf Seite 134).

Für eine computerunterstützte Fertigung werden entsprechende
- Geräte (Hardware),
- ein CAD-Programm (Software) und
- Informationen zur Nutzung der Hard- und Software benötigt.

INFO

CAD – computer aided design
(Computerunterstütztes Zeichnen)
Damit werden alle Konstruktions-, Berechnungs- und Zeichentätigkeiten mit Computern bezeichnet.

Bevor aber ein CAD-Programm genutzt werden kann, muss die Programmierung sorgfältig geplant werden:
- In einer Skizze muss das Spiel entworfen werden.
- Es müssen die Maße festgelegt werden.

Dazu gehört auch die Festlegung der Bohrtiefe für die Löcher. Je exakter die Planung ist, desto weniger Mängel gibt es bei der Ausführung des Programms.

INFO

Interface
Anschlussstelle zwischen einem Computer und einem weiteren elektronischen Gerät.

Hardware

Die Eingabe der Daten aus der Skizze und die Befehle zur Fertigung der Zeichnung erfolgt über die Tastatur oder die Maus in den Computer. Die Verarbeitung der Daten zu einer Zeichnung kann man am Computer verfolgen und gegebenenfalls korrigieren. Die fertige Zeichnung kann auf einem Drucker ausgedruckt oder über eine Schnittstelle (Interface) an die Bearbeitungsmaschine, z. B. an die angekoppelte Bohrmaschine, weitergegeben werden.

Software

Zur Erstellung einer Zeichnung wird ein Zeichenprogramm (CAD-Programm) benötigt. Mit diesem Programm ist es möglich:
- technische Zeichnungen maßstabgerecht zu zeichnen.
- Zeichnungen mit Maßen zu versehen.
- Zeichnungen zu drucken.
- Informationen an eine Bearbeitungsmaschine z. B. Bohrmaschine auszugeben.

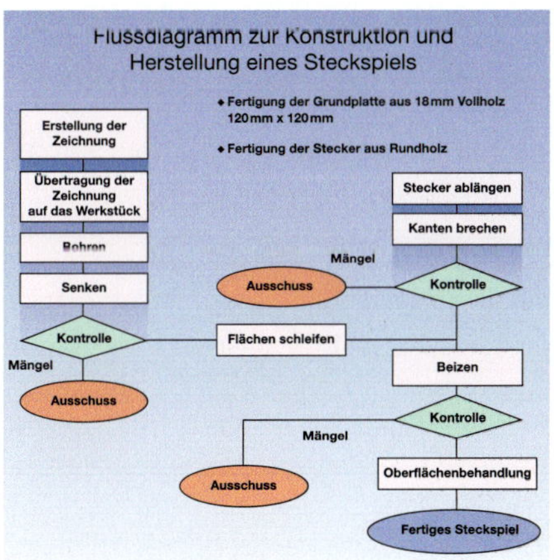

Fertigungsablaufplan

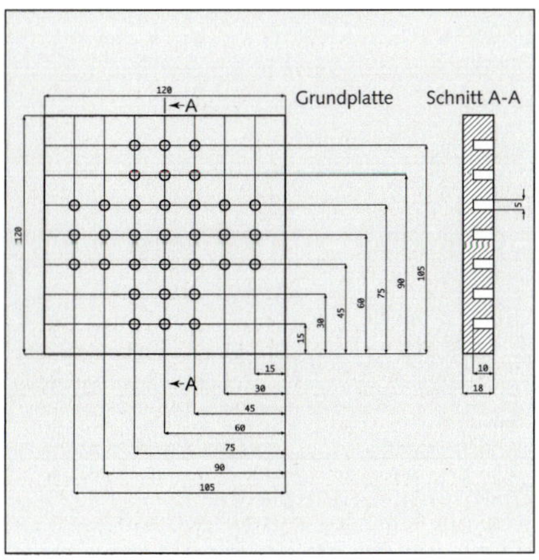

Konstruktionszeichnung

1. Welche Funktion haben CAD-Programme im Fertigungsprozess?

2. Welche Hard- und Software ist notwendig, um eine Zeichnung mit dem Computer herzustellen?

Lösen einer CAD-Aufgabe

Wie wird das Steckspiel programmiert?

Zunächst steht die Frage, ob es überhaupt sinnvoll ist, für die Fertigung eines solchen einfachen Werkstückes den Computer einzusetzen.
Sicher lohnt es sich kaum, wenn nur wenige Steckspiele gefertigt werden sollen. Bei einer größeren Stückzahl ist es aber sinnvoll, da das zeitaufwendige Übertragen der Maße für die Bohrungen entfällt. Außerdem ist es leichter, an einem einfachen Werkstück das Prinzip einer computergesteuerten Fertigung zu verstehen.

Nach Einschalten des Computers wird das Betriebssystem geladen, danach der Programmname, z. B. „AutoCAD", eingegeben; das Programm wird geladen und auf dem Bildschirm erscheint das Hauptmenü des Programms. Nachdem der Zeichnungsname festgelegt, der Maßstab und das Format bestimmt sind, wird zur besseren Orientierung ein 5-mm-Raster auf den Bildschirm gelegt. Aus dem Hauptmenü wird der Befehl Startpunkt aufgerufen. Der Startpunkt wird mit der Maus auf die Position x = 10; y = 10 übertragen. Mithilfe der Vektorfunktion (Zeichnen von Linien) wird der Umriss des Steckspiels gezeichnet.

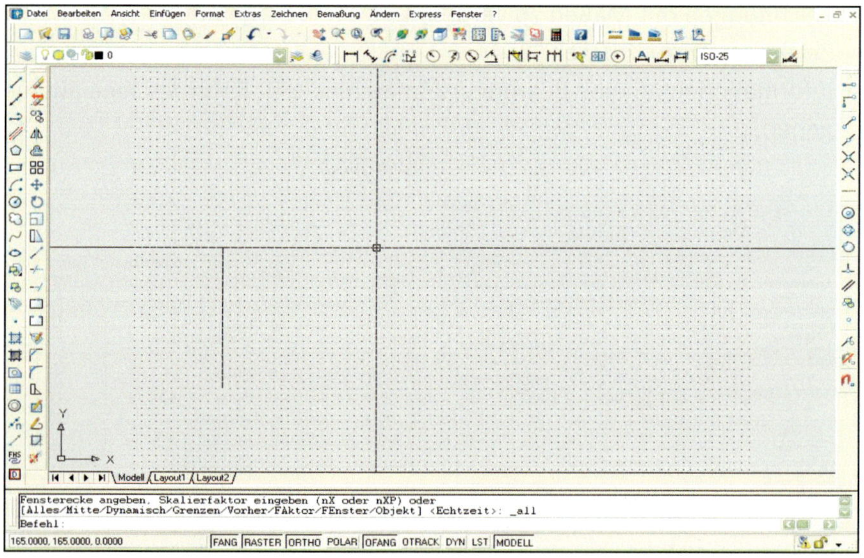

Zeichnung Grundplatine

Die Kreise für die späteren Löcher werden mit dem Kreisbefehl und dem entsprechenden Radius ausgeführt.
Über das Menü „Simulieren" kann verfolgt werden, ob und in welcher Reihenfolge die Löcher später gebohrt werden.
Die Zeichnungsdaten werden an eine Bohrmaschine ausgegeben, die die Löcher automatisch in die Grundplatte bohrt.

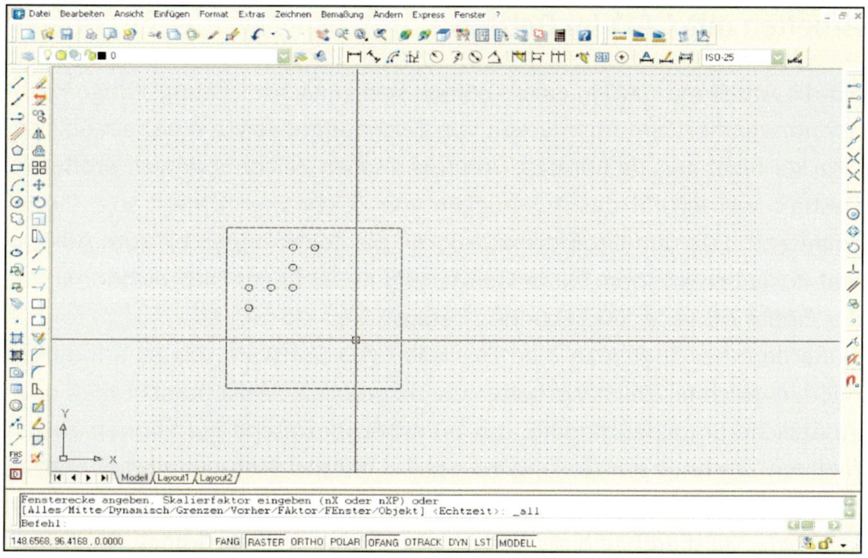

Die Zeichnung entsteht.

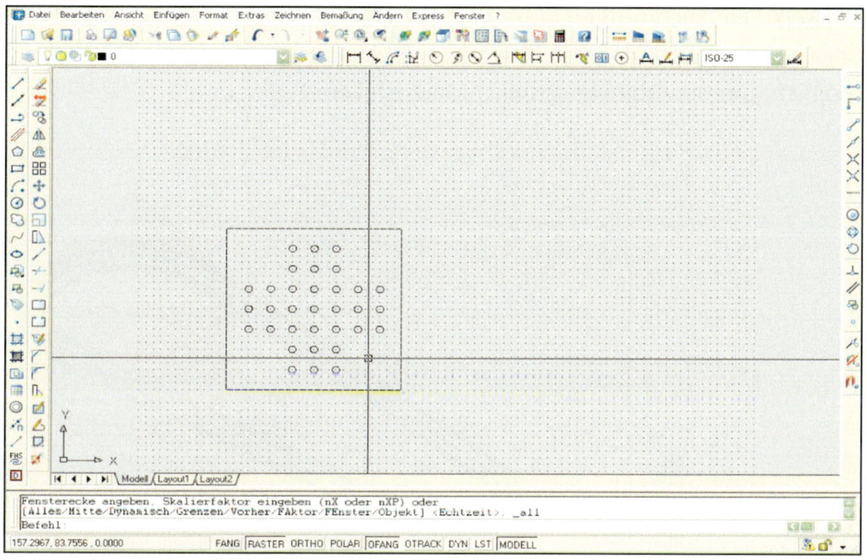

Die Zeichnung ist fertig gestellt.

Unterschiedliche Fertigungsarten

Wir haben verschiedene Möglichkeiten zur Fertigung des Steckspieles kennengelernt: Die traditionelle Art der handwerklichen Fertigung mit der Bohrmaschine und die computergestützte Fertigung. Sicher sind die Vorteile einer computerunterstützten Fertigung deutlich geworden. Durch eine computergestützte Fertigung können Routinearbeiten wesentlich rationeller erledigt werden. Die Produktion ist kostengünstiger. Auf diese Weise ist es möglich, auch mit einer Einzelfertigung konkurrenzfähig zu bleiben.

Sichtbar wurde aber auch, dass bei Einzelanfertigungen von Produkten eine handwerkliche Fertigung nach wie vor sinnvoll ist.

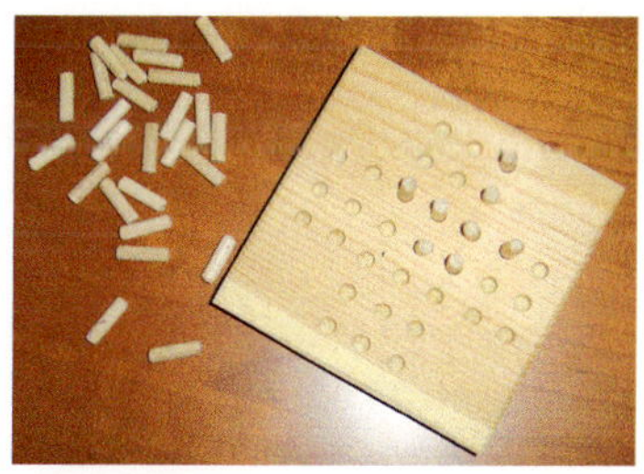

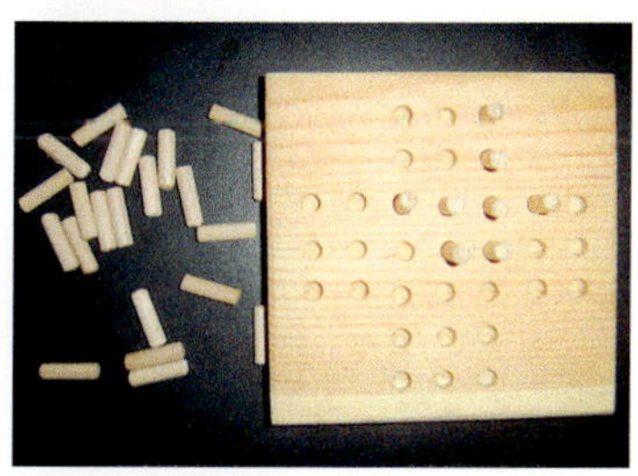

Arbeiten mit CAD im Betrieb

CAD-Arbeitsplatz

Für die Arbeit mit CAD in einem Betrieb sind zunächst leistungsfähige Rechner notwendig. Zum Ausdrucken von Zeichnungen reicht meist ein üblicher Drucker nicht aus, da Formate von technischen Zeichnungen zu groß sind. Deshalb werden für das Ausdrucken von Zeichnungen meist sog. Plotter eingesetzt. Das sind Großformatdrucker, die Zeichnungen bis zum A0-Format ausgeben können. Diese Geräte sind in der Lage, Farbzeichnungen in der Größe A0 in ca. 60 Sekunden herzustellen.
Außerdem benötigt man eine spezielle CAD-Software, die es ermöglicht mit dem Rechner Zeichenarbeiten durchzuführen. Meist braucht man noch zusätzliche Branchenmodule, um branchenspezifische Funktionen zur effektiven Zeichnungserstellung zu nutzen. Solche Softwaremodule gibt es z. B. für den Maschinenbau, die Elektrotechnik, die Architektur bzw. den Hausbau. Meist enthält diese Software auch eine Teile-Bibliothek. Sie enthält Zeichensymbole, Normteile und oft vorkommende Bauteile, die in die Zeichnungen eingefügt werden können, ohne ständig neu gezeichnet werden zu müssen. Die Zeichnungen können in 2D-Darstellung in einer Zeichenebene oder perspektivisch dargestellt werden. Es ist aber auch eine 3D-Darstellung möglich, um die Objekte räumlich darzustellen.

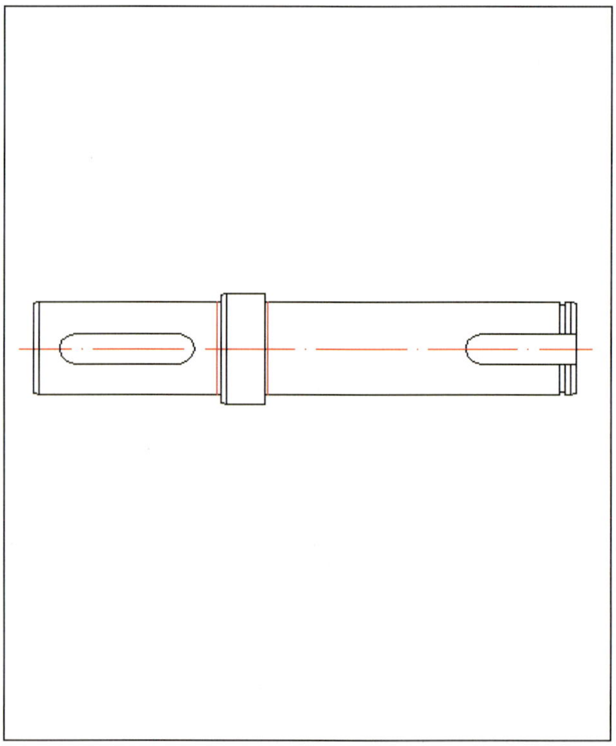
2D-Objekt

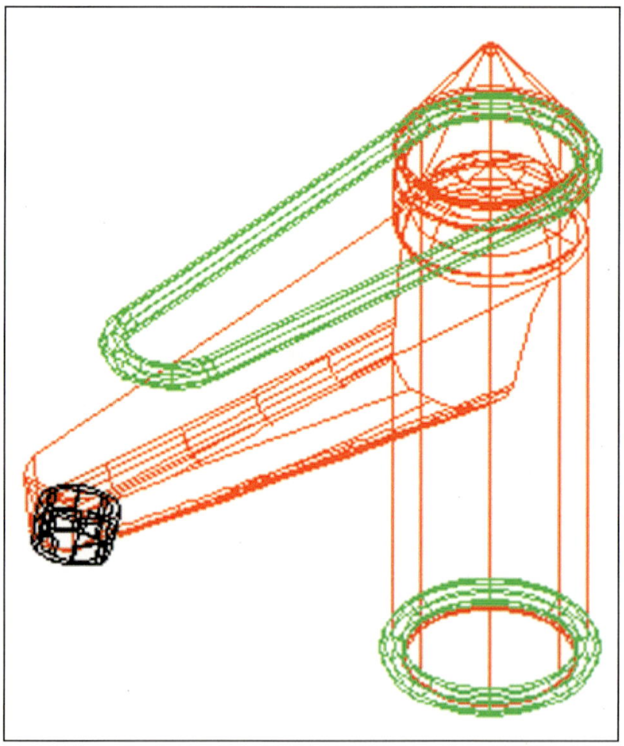
3D-Objekt

1. Welche Vorteile hat eine 3D-Darstellung gegenüber anderen Darstellungsformen?

Die Abbildungen zeigen eine fertige Zeichnung auf dem Bildschirm sowie die Vorlage zum Ausdrucken der Zeichnung.

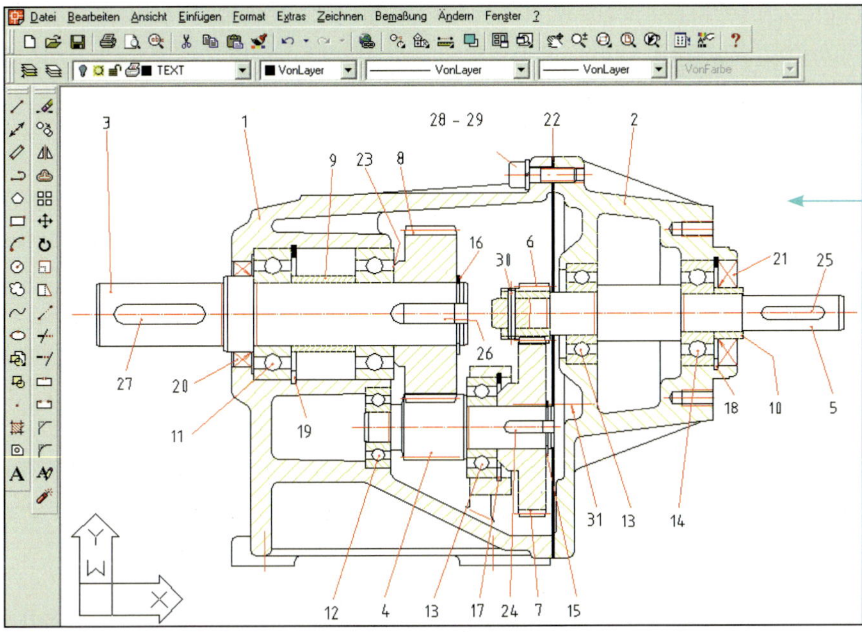

Zeichnen im Maßstab 1 : 1 am Bildschirm

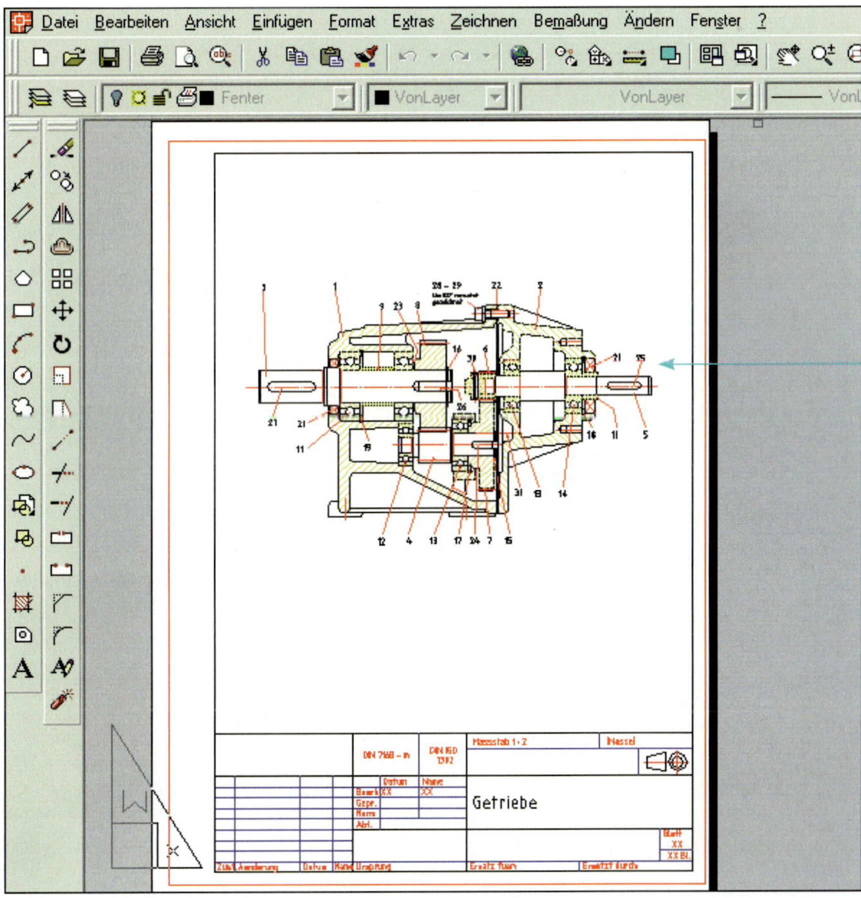

Drucken im Maßstab 1 : 2 auf einem A4-Format mit Schriftfeld

Mit diesem Kapitel erfolgte eine Einführung in die Grundlagen der Informations- und Kommunikationstechnik. Dieser Bereich der Technik gewinnt zunehmend an Bedeutung in allen Bereichen unserer Gesellschaft und entwickelt sich sehr schnell. Es ist daher für die Arbeit mit dieser Technik wichtig, ihre grundlegende Wirkungsweise zu verstehen. Dafür wurden im diesem Kapitel folgendes Grundwissen vermittelt:

- wichtige Arten von elektrischen Schaltungen im Wohnbereich,
- verschiedene Arten von Schaltplänen,
- die Vorgehensweise beim Lesen von Schaltplänen,
- die verschiedenen Arten von elektronischen Bauelementen und ihre Funktionsweise,
- einfache Schaltungen mit elektronischen Bauelementen,
- wie logische Grundfunktionen durch Verknüpfungsschaltungen realisiert werden können,
- die grundlegenden Bauteile von Computern und deren Funktion,
- die Möglichkeiten des Computereinsatzes zur Rationalisierung der Produktion.

1. Zeichnet zum unten dargestellten Installationsplan für ein Kinderzimmer den Übersichtsschaltplan.

2. Untersucht, wo in eurer Wohnung Wechselschaltungen installiert sind und warum.

3. Beschreibt die Funktionsweise von Leuchtdioden und begründet, weshalb sie zunehmend in Kraftfahrzeugen zum Einsatz kommen.

4. Weshalb werden in elektrischen Schaltungen als Schalter vorwiegend Transistoren anstelle von Relais eingesetzt?

5. Beschreibt die Funktionsweise eines Transistors.

6. Was sind Sensoren und welche Aufgabe haben sie in elektrischen Schaltungen?

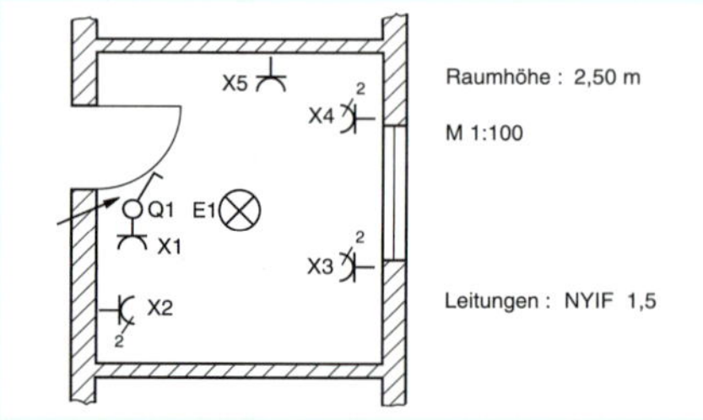

Installationsplan für ein Kinderzimmer

Kfz-Beleuchtung mit LED (Heckbeleuchtung)

7. Beschreibt die Funktionsweise des in der Zeichnung dargestellten Bewegungsmelders.

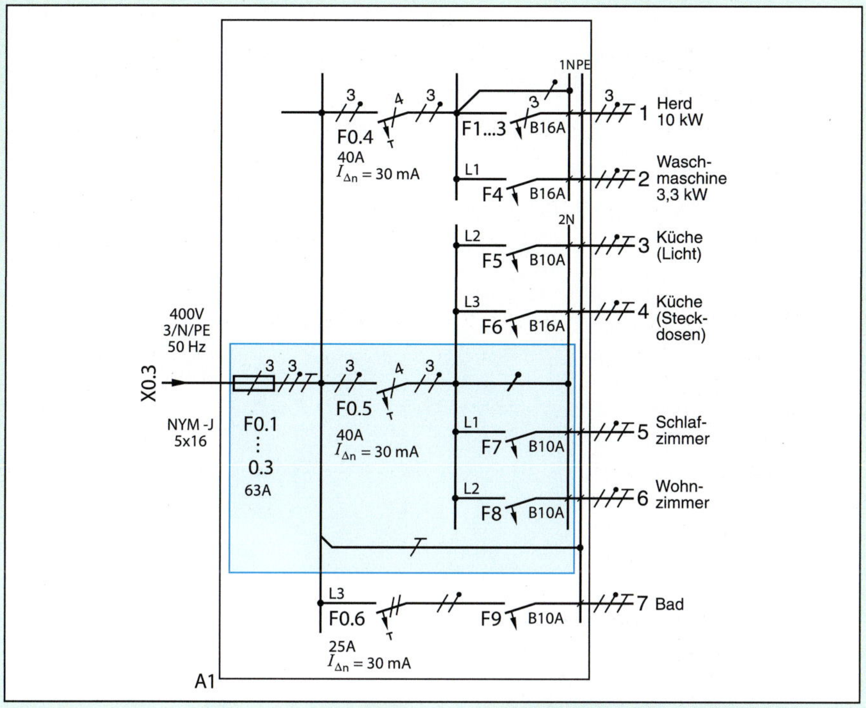

Bewegungsmelder im Stromkreis

8. Was versteht man unter logischen Grundfunktionen?

9. Erstellt die Wertetabellen für folgende Verknüpfungsschaltungen.

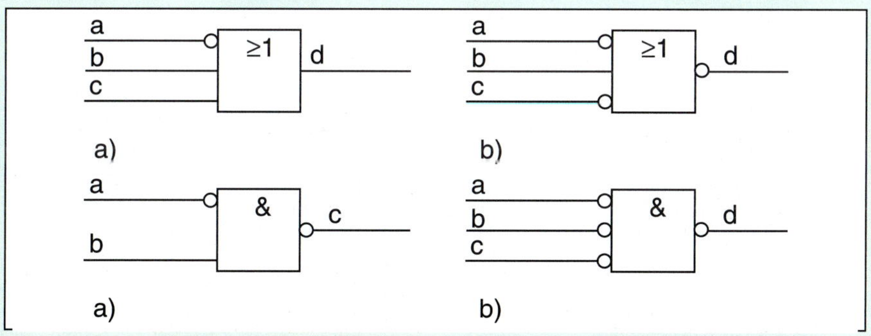

10. Bestimmt die Leistungsdaten der wichtigsten Bauteile eures Computers. Welche Möglichkeiten gibt es, die Leistungsfähigkeit des Computers zu erhöhen?

11. Analysiert in einem Unternehmen eurer Region, wozu Computer in der Produktion eingesetzt werden und welchen Einfluss sie auf die Produktivität haben.

IV Natur und Technik

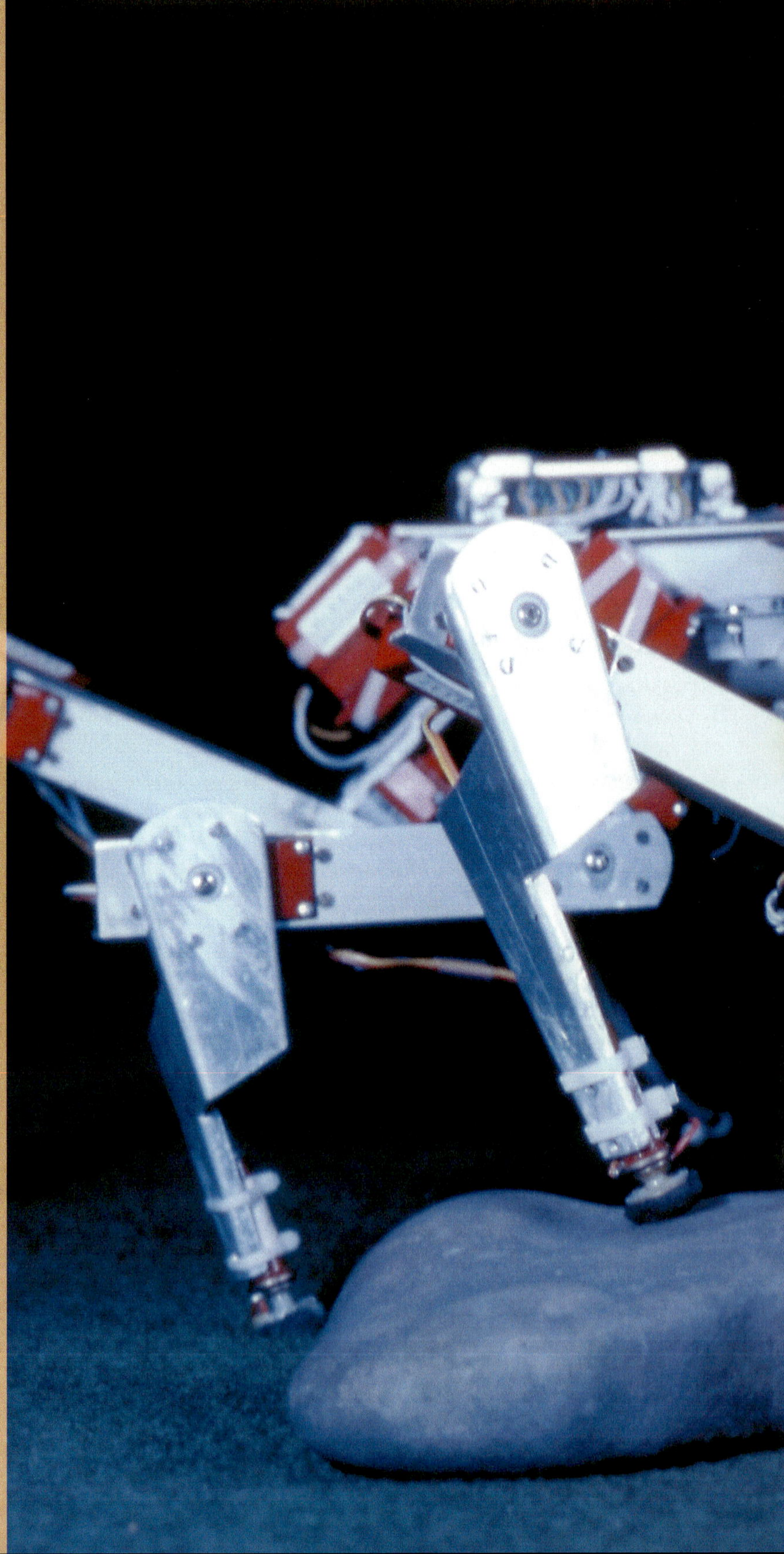

Es werden Möglichkeiten und Verfahren zur Nutzung regenerativer Energien aufgezeigt. Bionik befasst sich mit dem Zusammenhang von Natur und Technik. Sie zeigt, wie Phänomene in der Natur für die Entwicklung technischer Lösungen genutzt werden können.

1 Regenerative Energien

Was sind regenerative Energien?

Seit Jahren wird in Wissenschaft und Politik darüber diskutiert, wie man in der Zukunft eine umweltverträgliche und sichere Energieversorgung gewährleisten kann. Diese Diskussion wurde durch den Atomunfall in Japan noch verstärkt. Die Lösung wird in der verstärkten Nutzung von regenerativen Energien gesehen.

Zu den regenerativen Energiequellen gehören die Sonnenenergie, Biomasse, Erdwärme, Wasserkraft, Windenergie und Gezeitenenergie. Die größte Bedeutung hat die Sonnenenergie. Ihre Strahlungsenergie ist auch die Quelle für die meisten regenerativen Energieträger. Sie ist unerschöpflich und würde theoretisch ausreichen das ca. 8000-fache des Weltenergieverbrauchs zu decken.

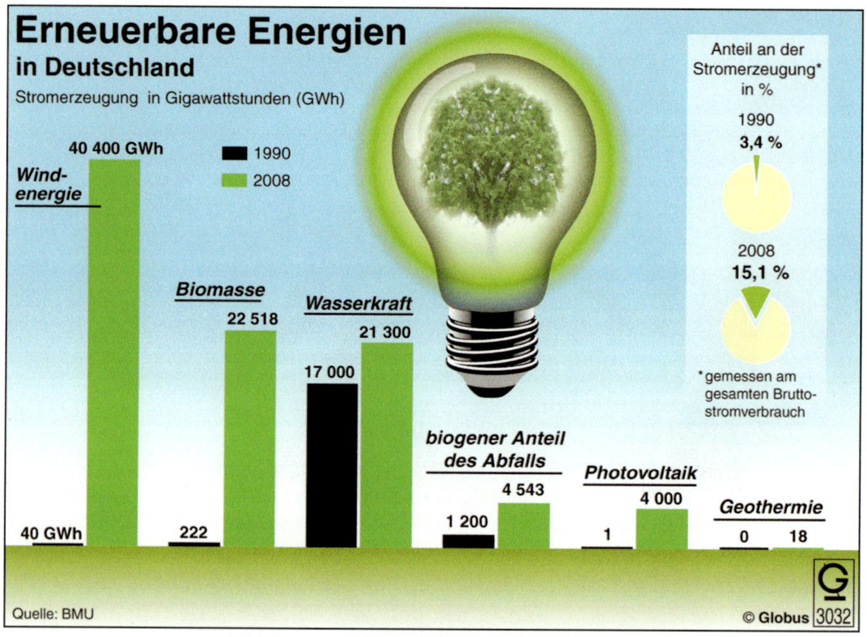

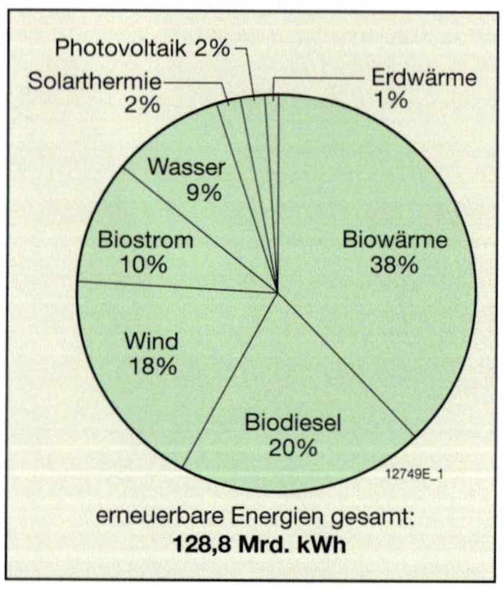

Beiträge erneuerbarer Energien zur Energieversorgung
Anteile in %

	1998	2007	Ziel 2020
Stromversorgung	4,8	14,2	mind. 30
Endenergieverbrauch insgesamt	3,1	8,6	18
Kraftstoffverbrauch	0,2	7,6	keine Angabe
Wärmeverbrauch	3,5	6,6	14

258W — Quelle: BMU

Überblick über regenerative Energien

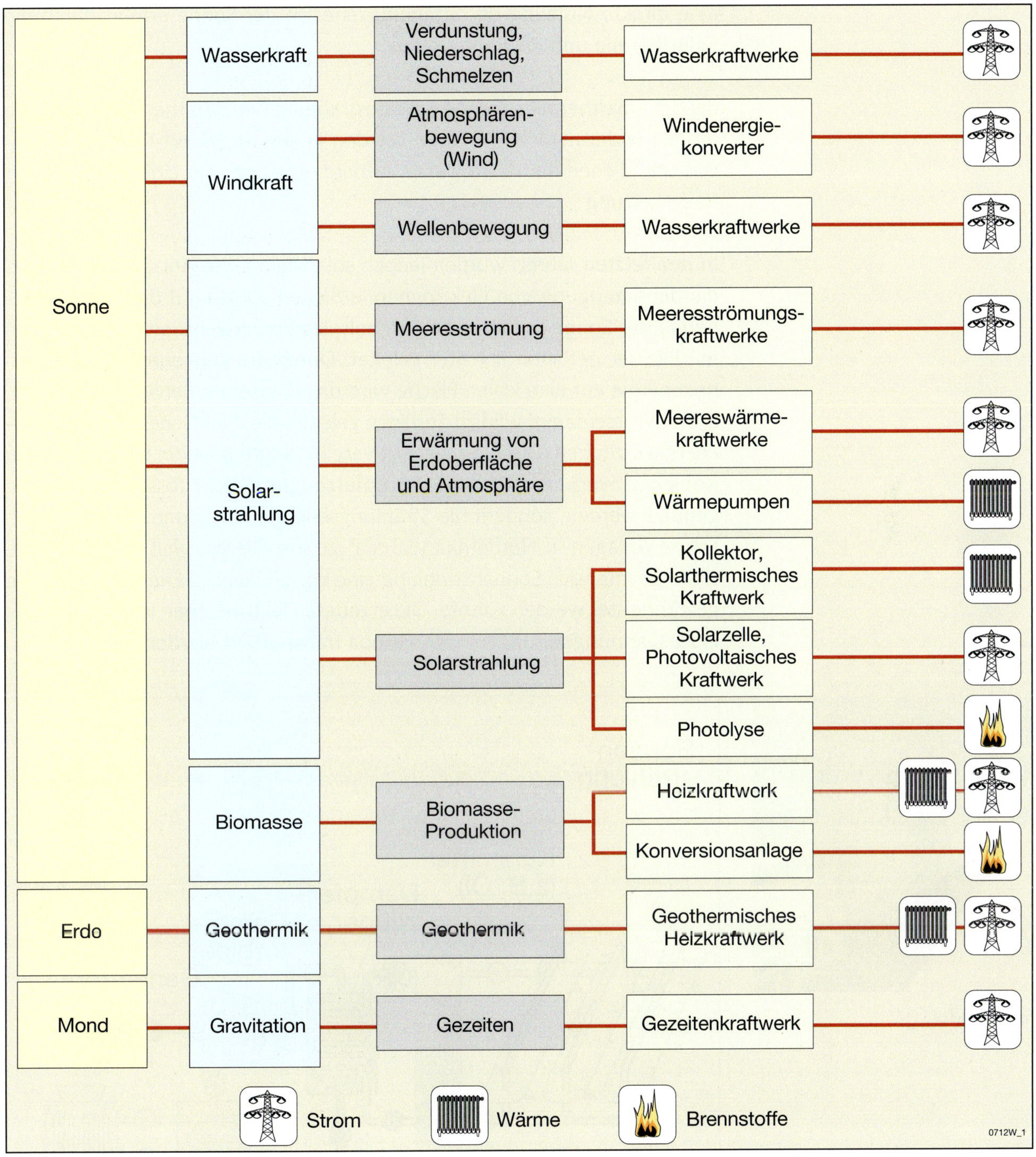

1. Begründe, weshalb es notwendig ist, den Anteil an regenerativen Energien in den nächsten Jahren wesentlich zu erhöhen.

2. Welche technischen Probleme sind zu lösen, um eine stärkere Nutzung regenerativer Energien zu sichern?

Solarthermie und Photovoltaik

Eine direkte Nutzung der Strahlungsenergie der Sonne erfolgt durch die **Solarthermie** und die **Photovoltaik**.

Bei der Solarthermie wird die Sonnenstrahlung direkt in thermische Energie umgewandelt. Solche Anlagen werden in der Regel auf Dächern installiert und dienen der Warmwasseraufbereitung oder der Unterstützung der Raumheizung.

In den letzten Jahren wurden jedoch solarthermische Anlagen entwickelt, die der Erzeugung von Elektroenergie dienen. Dort wird die Strahlungsenergie der Sonne mithilfe von Parabolspiegeln konzentriert und auf einen mit Wasser gefüllten Behälter geleitet. Durch die Konzentration der Sonnenenergie auf eine kleine Fläche wird das Wasser im Behälter verdampft. Dieser Wasserdampf wird zu Turbinen geleitet, die über Generatoren Elektroenergie erzeugen. Dieser Prozess ist vergleichbar mit einem herkömmlichen Kohlekraftwerk, nur dass zur Dampferzeugung nicht fossile Brennstoffe genutzt werden, sondern die Strahlungsenergie der Sonne. Es ist geplant, solche Anlagen in Nordafrika (Sahara) zu installieren, weil dort durch die ständige intensive Sonnenstrahlung eine kontinuierliche Energieversorgung gewährleistet werden könnte. Die erzeugte Elektroenergie kann dann über Hochspannungsleitungen nach Europa transportiert werden.

Solarmodul

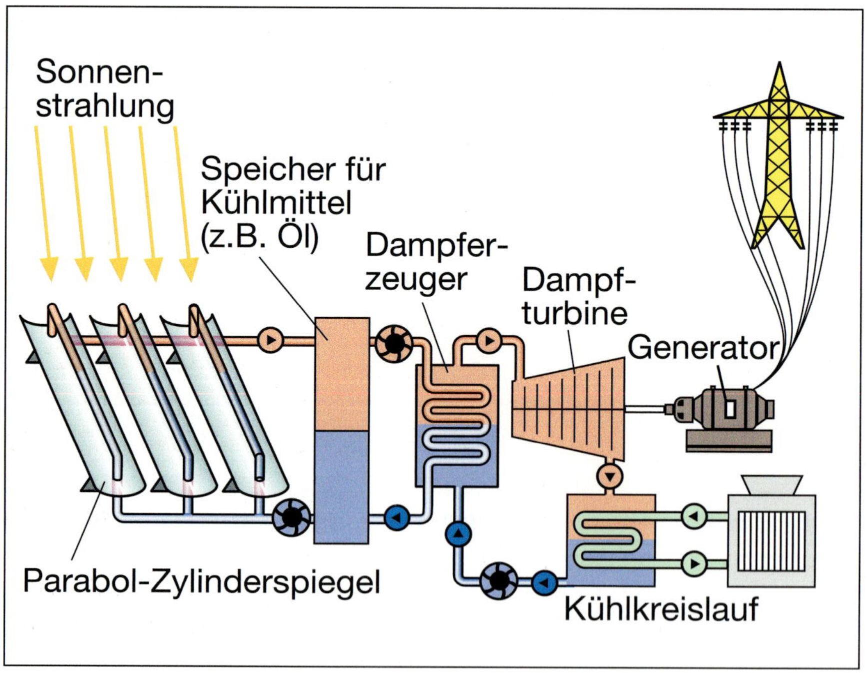

Schema eines solarthermischen Kraftwerks

1. Welche Vorteile hätte der Bau solarthermischer Kraftwerke für Afrika?

Photovoltaik

Unter Photovoltaik versteht man die direkte Umwandlung der Energie des Sonnenlichtes in elektrische Energie mithilfe von Solarzellen. Die Solarzellen bestehen aus zwei übereinander liegenden **Siliziumschichten** mit unterschiedlichen elektrischen Eigenschaften. Bei Lichteinstrahlung entsteht Gleichspannung. Von einer 100 mm x 100 mm großen Zelle beträgt die **Leistung** bei voller Sonneneinstrahlung max. 1 W. Mehrere Zellen werden zu einem **Modul** und mehrere Module zu einem **Solargenerator** zusammengesetzt. Die „geerntete" Energie kann entweder in **Akkus** gespeichert oder auch direkt in Wechselspannung umgeformt und ins Netz eingespeist werden. Die Energiegewinnung ist sehr stark **wetterabhängig**.
Der **Wirkungsgrad** beträgt ca. 25 %. Die mögliche Leistung je Anlage beträgt ca. 300 W pro Modul.

Spannungsquellen in einer Solaranlage

In der folgenden Abbildung ist der prinzipielle Aufbau einer Solaranlage zu sehen. Sie kann sich z. B. in einem Kleingarten oder einem Wochenendhaus (Inselanlage) befinden. Es soll herausgefunden werden, welche Spannungsquellen und welche Spannungsarten verwendet werden.
Die Sonnenenergie wird besonders umweltschonend im Solarmodul ① in elektrische Energie umgewandelt. Ein **Solarmodul** besteht aus mehreren Zellen, wobei jede Zelle eine Gleichspannung von etwa 0,5 V liefern kann. Durch Reihenschaltung von mehreren Zellen erzielt man höhere Spannungen (siehe Abbildung unten). Durch Parallelschaltung erhöht man die Stromstärke. Da nicht nur bei Sonnenschein elektrische Energie benötigt wird, speichert man die nicht benötigte elektrische Energie in **Akkumulatoren** ②. Sie kann aber auch zum Betreiben von Gleichstromgeräten genutzt werden ③.
Da in der Anlage auch Geräte mit 230 V Wechselspannung angeschlossen werden sollen, erfolgt mithilfe eines Wechselrichters eine entsprechende Umformung, sodass herkömmliche Haushaltsgeräte über Steckdosen betrieben werden können ④.

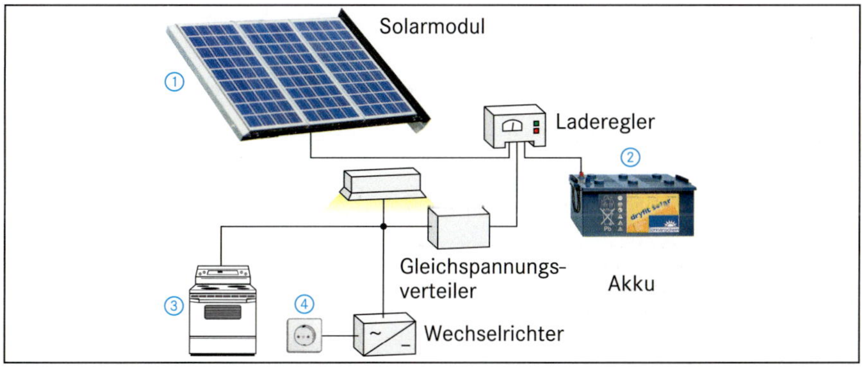

Solaranlage

INFO

- In Solarmodulen sind Solarzellen zur Erhöhung der Spannung in Reihe und zur Erhöhung der Stromstärke parallel geschaltet.
- In Solaranlagen können Stromkreise für Gleich- und Wechselspannung vorkommen.

Zusammenfassend hat die Analyse des Systems zu folgendem Ergebnis geführt:

- Sonnenenergie wird mithilfe des Solarmoduls direkt in elektrische Energie umgewandelt.
- Die gewonnene elektrische Energie wird auf chemischem Wege in Akkumulatoren gespeichert.
- Mithilfe von Umformern entsteht aus Gleichspannung Wechselspannung.

Wie funktioniert eine Solarzelle?

Eine **Solarzelle** besteht aus zwei Siliziumschichten, in die Fremdatome eingelagert sind (**Dotierung**). Die eine Schicht ist so dotiert, dass negative bewegliche Ladungen (Elektronen) entstehen (N-Dotierung). In der anderen Schicht befinden sich Fremdatome, die zu beweglichen positiven Ladungen (positive Atomrümpfe, P-Dotierung).

An der Berührungsstelle wandern nun die jeweils beweglichen Ladungen in die andere Zone und hinterlassen einen sehr schmalen Bereich, in dem keine beweglichen Ladungen mehr vorkommen, aber die fest im Kristallgitter verankerten Ladungen noch vorhanden sind. Diese Zone wirkt jetzt auf die beweglichen Ladungen abstoßend und es entsteht eine für bewegliche Ladungen gesperrte Zone (Sperrschicht).

Dringt jetzt Licht (Photonen) in die Sperrschicht ein, werden durch die im Licht vorhandene Energie Elektronen von den Atomen gelöst. Es entstehen also wieder bewegliche negative und positive Ladungen in der Sperrschicht, die aufgrund der vorhandenen Anziehungskräfte getrennt bleiben. Durch diese Ladungstrennung ist eine Gleichspannung entstanden. Verbindet man jetzt mit einem elektrischen Leiter die beiden Schichten, dann fließt ein elektrischer Strom. Die getrennten Ladungen können sich wieder ausgleichen.

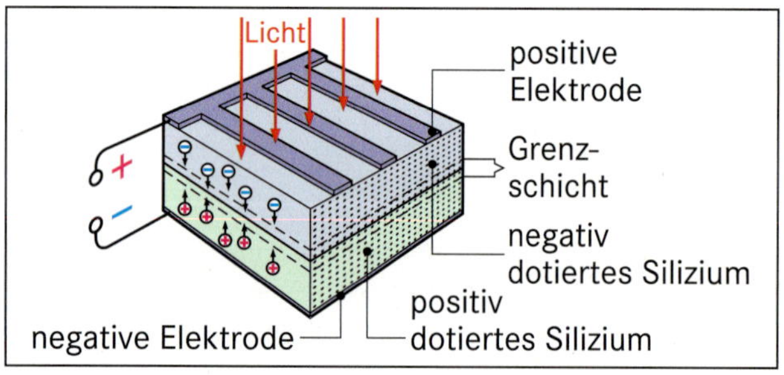

Funktion Solarzelle

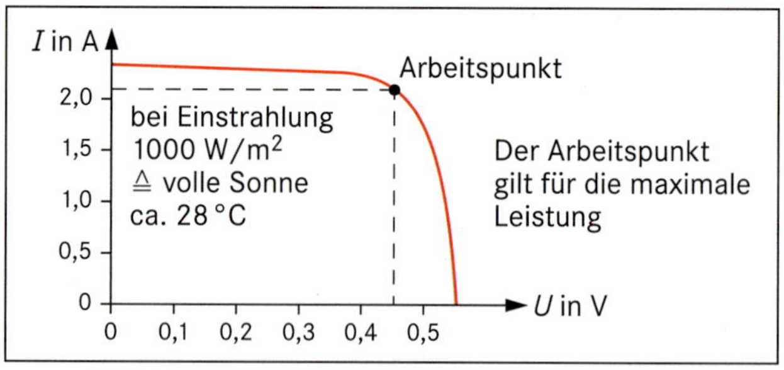

Strom-Spannungs-Kennlinie eines Solarmoduls

1. Ermittle, in welchen Geräten des täglichen Gebrauchs Solarmodule bzw. Solarzellen eingesetzt werden.

2. Wie groß ist etwa die Leistung des Solarmoduls in der Abbildung oben bei 0,4 V?

Neben Solaranlagen auf Dächern entstehen in zunehmenden Maße Solarparks, die Elektroenergie in das Stromnetz einspeisen.
So ist in der Bundesrepublik geplant, bis zum Jahr 2020 bis zu 70000 MW Elektroenergie durch Solaranlagen zu erzeugen.
Diese Anlagen haben allerdings zwei große Nachteile bzw. Begrenzungen: Zum einen ist der Wirkungsgrad der Solarmodule recht gering. Er liegt bei ca. 20 Prozent.
Zum anderen ist die durchschnittliche Sonnenscheindauer in Mitteleuropa ebenfalls eher mäßig, was die Energieumwandlung aus Sonnenenergie in unseren Breiten begrenzt.
Somit kann eine kontinuierliche Versorgung mit Elektroenergie alleine aus Sonnenenergie keinesfalls erreicht werden. Sie kann nur im Zusammenwirken mit anderen regenerativen Energien gesichert werden.

Solarmodul

Bioenergie

Biogasanlage

Eine wachsende Bedeutung als regenerativer Energieträger hat die **Biomasse**. Biomasse stellt **gespeicherte Sonnenenergie** dar. Sie ist damit nicht direkt an die unmittelbare Sonnenstrahlung gekoppelt und unterliegt nicht den Schwankungen des Energieangebots. Es sind keine zusätzlichen Speichersysteme notwendig. Für jede Pflanzenart wird ein geeignetes Speichersystem von der Natur „mitgeliefert". Man unterscheidet zwischen **primärer Biomasse**, zu der schnell wachsende Pflanzen gehören, und **sekundärer Biomasse** wie Stallmist, Gülle oder Klärschlamm. Bei der Gewinnung von Bioenergie wird Biomasse entweder verbrannt, vergast oder vergärt. Die dabei entstehende Wärme erhitzt Wasser, die eine **Dampfturbine** zur **Stromerzeugung** antreibt. Die **Kohlenstoffdioxid-Bilanz** ist **neutral**. Die schnell nachwachsenden Bioenergieträger geben nur die CO_2-Menge an die Atmosphäre ab, die bei ihrer Entstehung gebunden wurde.
Der **Wirkungsgrad** beträgt ca. 85 % und die mögliche Leistung je Anlage beträgt 5 MW.

Zur Biomasse gehören alle Pflanzen, ihre Abfall- und Reststoffe, Haus- und Industriemüll sowie die bei Umsetzungsprozessen entstehenden Biogase, z. B. durch die Nutzung von Gülle in der Landwirtschaft.

Rapsfeld

Die wichtigsten Energieträger auf der Basis von Biomasse sind:
- **Festbrennstoffe** wie Stroh, Holz und Holzreste, sie dienen vor allem der Stromerzeugung in Biomasse-Kraftwerken.
- **Bioalkohole** aus Mais, Getreide, Rüben und Zuckerrohr, sie werden vor allem zur Kraftstofferzeugung genutzt.
- **Pflanzenöle** aus Raps oder Sonnenblumen, sie sind die Grundlage für Biodiesel.
- **Biogas** aus Abfallprodukten in der Landwirtschaft wie Stallmist und Gülle, das Gas wird vornehmlich für die Strom- oder Wärmeerzeugung eingesetzt.

Der Vorteil der Biomasse ist, dass sie unabhängig von der Witterung ist und die Energierohstoffe einfach gelagert werden können. So kann mit Biomassekraftwerken die diskontinuierliche Stromerzeugung durch Wind- oder Solaranlagen ausgeglichen werden. Es ist vorgesehen, ab 2030 15 % des Strombedarfs mit Biogas zu decken.

1. Welche Probleme ergeben sich, wenn Biomasse in großem Maße durch landwirtschaftliche Produktion erzeugt wird, z. B. durch verstärkten Maisanbau?

2. Warum wird die Umwelt durch die Nutzung von Bioenergie weniger belastet als durch den Einsatz von Erdgas?

Wasserkraft

Zu den regenerativen Energien gehört auch die **Wasserkraft**. Dazu wird in der Regel das Flusswasser durch Dämme zu den Turbinen gelenkt, die der Stromerzeugung dienen. Anders als in gebirgigen Ländern, z. B. Österreich und Norwegen, sind die Möglichkeiten in Deutschland begrenzt. Gegenwärtig wird ca. 4 % des Strombedarfs durch Wasserkraft gedeckt. Eine Erweiterung ist wegen der strengen Naturschutzbestimmungen und der geringen Fließgeschwindigkeit der Flüsse kaum noch möglich.

Wasserkraftwerk

Möglichkeiten zur stärkeren Nutzung der Wasserkraft bieten die Gezeitenkraftwerke. Hierzu nutzt man die durch die Gezeiten erzeugte Meeresströmung zum Antrieb von Turbinen. Für Deutschland hat diese Möglichkeit wegen der geringen Gezeitenunterschiede kaum Bedeutung. Günstige Bedingungen bestehen dafür z. B. an der Atlantikküste von Nordfrankreich.

Gezeitenkraftwerk

Windmühle

Größenvergleich

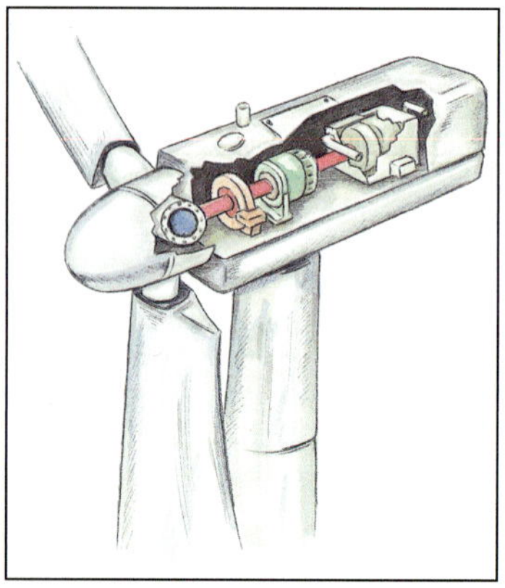

Schnittdarstellung eines Windrads

Windkraft

Die **Windkraft** wird vom Menschen schon seit Jahrhunderten genutzt. Im Mittelalter gab es tausende von Windmühlen, die als Getreidemühlen oder zum Wasserpumpen genutzt wurden. Heute prägen Windkraftanlagen in vielen Regionen bereits das Landschaftsbild. Bis 2020 soll die installierte Leistung der Windkraftanlagen an Land von 27,7 Gigawatt auf 45 Gigawatt gesteigert werden.
Über 40 % der regenerativen Energien wird durch Windenergie erzeugt, die ebenfalls wetterabhängig ist. Ab einer Windgeschwindigkeit von ca. 2 m/s startet ein Computer die **Windrichtungsführung** und dreht die Anlage in den Wind. Bei zu hohen Windgeschwindigkeiten sorgt er auch für die **Abschaltung** der Anlage. Das aerodynamische Profil der **Rotorblätter** erzeugt auf der einen Seite **Überdruck** und auf der anderen Seite **Unterdruck**. Dabei wird die Energie des Windes auf die Blätter übertragen. Der **Rotor** dreht sich. Der Rotor ist über eine **Antriebswelle** mit einem mehrstufigen **Getriebe** verbunden. Das Getriebe passt die Drehzahl des Rotors an die Generatordrehzahl an. Wenn der **Generator** schnell genug läuft, wird der erzeugte Strom in das Energieversorgungsnetz eingespeist.
Der **Wirkungsgrad** beträgt ca. 60 % und die mögliche Leistung je Anlage beträgt 5 MW.
Der Schwerpunkt der zukünftigen Entwicklung liegt allerdings im Bau sogenannter Offshore-Windparks, also Windkraftanlagen, die im Meer gebaut werden. Bis 2020 sollen Offshore-Windparks 10 Gigawatt Strom produzieren. Der Bau von Windkraftanlagen vor der Küste ist sehr aufwendig und daher teuer. So müssen die Fundamente für die Windräder bei über 30 m Wassertiefe fest im Meeresgrund verankert werden, damit sie auch schweren Stürmen widerstehen. Notwendig ist weiterhin ein besonderer Schutz vor Korrosion durch das Salzwasser. Es müssen Seekabel verlegt werden, um den erzeugten Strom an Land an die Verbraucher transportieren zu können. Gegenwärtig stehen über 21 600 Windräder in Deutschland.
Moderne Windräder erreichen eine Höhe von 180 Metern und liefern eine Leistung von über 6 Megawatt. Jeder Höhenmeter bringt 1 % mehr Strom. Bei den Windkraftanlagen besteht das Problem, dass sie nicht kontinuierlich Elektroenergie erzeugen. Im Inland sind die Windräder im Mittel nur 2 000 Stunden pro Jahr in Betrieb. Auf See sind es in der Regel doppelt so viel. Wenn kein Wind weht, muss der Strom von anderen Energielieferanten bereitgestellt werden. Eine Energieversorgung, die sich ausschließlich auf Windkraftanlagen stützt, ist daher nicht möglich, vor allem auch weil die Speichermöglichkeiten von Elektroenergie begrenzt ist.

1. Erkunde, wo in eurer Region Windkraftanlagen errichtet wurden und begründe deren Standort.

2. Konstruiert eine einfache Windkraftanlage, siehe dazu auch Seite 152.

Wasserstoff und Geothermie

Wasserstoff ist Bestandteil von über 90 % der kosmischen Materie. In den Ozeanen kommt er in nahezu unbegrenzter Menge vor. Um den Wasserstoff zur Energiegewinnung nutzbar zu machen, ist es notwendig, ihn freizusetzen, also Wasser zu spalten. Dies geschieht z. B. durch **Wasserelektrolyse**. Der freigesetzte Wasserstoff dient in **Brennstoffzellen** als Brennstoff. In diesen Zellen wird **chemische Energie** in **elektrische** und **thermische Energie** umgewandelt. Eine Zelle besteht aus **zwei getrennten Kammern** und zwei **Elektroden**, die durch eine spezielle **Membran** getrennt sind. Die mit der Anode bestückte Kammer wird mit **Wasserstoff** und die katodenseitige mit **Sauerstoff** befüllt. Die Wasserstoffmoleküle teilen sich an der Anode in ihre zwei Wasserstoffatome. Jedes Atom gibt ein Elektron ab, das über einen elektrischen Leiter zur Katode wandert. Es fließt ein elektrischer Strom. Als „Verbrennungsrückstand" entsteht Wasser.
Der **Wirkungsgrad** beträgt ca. 80 % und die mögliche Leistung je Anlage beträgt bis 250 kW je Brennstoffzelle.

Eine weitere Möglichkeit zur Nutzung regenerativer Energie ist die **Geothermie**. Der Kern unserer Erde ist 5 000 bis 7 000 Grad heiß. Wenn man wie beim Bergbau in das Erdinnere vordringt, steigt die Temperatur im Mittel um 3 °C pro 100 m. Deshalb ist es in tiefen Bergwerken wie z. B. in den Goldminen in Südafrika unerträglich heiß.

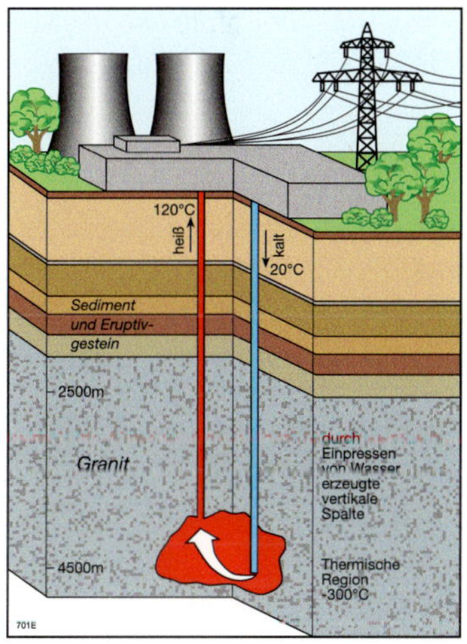

Geothermie

Mithilfe von Wärmepumpen kann man die Erdwärme zum Beheizen von Gebäuden nutzen.
Um ein Kraftwerk zur Stromerzeugung mit Erdwärme zu betreiben, braucht man mindestens 150 °C heißes Wasser, um damit Dampf für Turbinen erzeugen zu können. Dazu muss man zunächst mindestens 2 Bohrlöcher bis zu 5 000 m tief in die Erde einbringen. In einem Bohrloch presst man kaltes Wasser in das Gestein, lässt es erwärmen und fördert es im 2. Bohrloch wieder nach oben. Diese Technik steht noch am Anfang der Entwicklung und ist sehr teuer. Bei einer Vervollkommnung der Technik könnten im Jahr 2025 ungefähr 2–5 % des deutschen Stromverbrauchs auf diese Weise gedeckt werden.

1. Begründe, warum die immer stärkere Nutzung der erneuerbaren Energie eine entscheidende Voraussetzung für die weitere Entwicklung unserer Gesellschaft ist.

2. Erkunde, welche Projekte für die stärkere Nutzung erneuerbarer Energie es in deiner Region gibt.

3. Warum ist es auf absehbare Zeit nicht möglich, die Energieversorgung ausschließlich durch erneuerbare Energien zu sichern?

Beispiele für Modelle zur Nutzung regenerativer Energien

Modelle veranschaulichen die Nutzungsmöglichkeiten und Funktionen regenerativer Energien am besten. Bausätze erhält man auch bei Stadtwerken und regionalen Energieversorgern.

Modell einer Pelton-Turbine

Rückseite der Pelton-Turbine

Oberschlächtiges Wasserrad

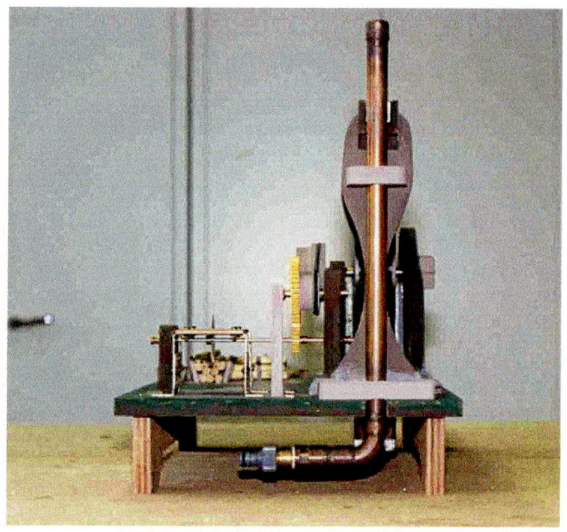

Rückansicht des Wasserrades

Solarhaus mit Windgenerator

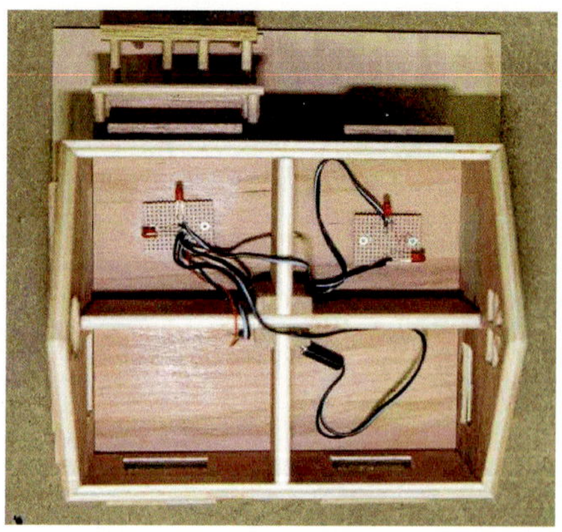

Verkabelung mit LEDs

Solarbootwettbewerb

Eine weitere Möglichkeit zum Bau eines Modells zur Nutzung der Solarenergie besteht in der Teilnahme am Solarboot-Wettbewerb der Meyer-Werft. Der Solarbootwettbewerb richtet sich an Schülerinnen und Schüler aller Schulformen. In Gruppenarbeit werden hierfür Entwürfe entwickelt. 20 Ideen werden für den Wettbewerb ausgewählt und können anschließend realisiert werden. Höhepunkt ist ein Wettbewerb, bei dem die Boote dann auch zu Wasser gelassen werden und gegeneinander antreten.

Entwurf und Modell müssen folgende Vorgaben erfüllen:
- Als Antrieb dürfen ausschließlich die bereitgestellten Solarzellen genutzt werden.
- Der Einbau von Speichermedien ist verboten.
- Die Solarzellen sollten nach der Sonne ausgerichtet werden können.
- Die Boote müssen sich durch Fernsteuerungen navigieren lassen.
- Die Elektronik muss vor eindringendem Wasser geschützt sein.
- Das Boot sollte unsinkbar sein.
- Die Maße sind freigestellt. Eine Länge von mindestens 60 cm ist jedoch zu empfehlen.
- Es dürfen nur Stoffe verwendet werden, die frei von Ölen, Fetten und sonstigen Substanzen sind, die das Wasser verschmutzen könnten.
- Die Farbe für den Anstrich muss wasserfest sein.

2 Bionik – technische Lösungen nach dem Vorbild der Natur

Was ist eigentlich **Bionik**? Bionik ist ein Kunstwort, das sich aus den Begriffen Biologie und Technik zusammensetzt. Verwendet wurde dieser Begriff „bionics“ erstmals 1969 auf einem Kongress in den USA vom Amerikaner J. E. Steele. Der Begriff bedeutet: „Das Modell aus der Natur auf technische Prozesse und Produkte anwenden, mit dem Ziel zu technischen Innovationen zu gelangen“.

Forscher, Produktentwickler und Ingenieure schauen der Natur auf die Finger und versuchen im Reich der Natur Werksspionage zu betreiben, um das Potenzial für ihre Zwecke und Aufgaben zu nutzen.
Der Einfallsreichtum der Natur fasziniert seit vielen Jahren auch die Mediziner. Lösungen, die sich an der Natur orientieren, gelten als raffiniert, ökologisch angepasst und risikoarm. Neue Operationswerkzeuge, bessere Prothesen u. a. sind nur einige Beispiele, welche die Vielfältigkeit der medizintechnischen Nutzung aufzeigen. Der humanitäre und der wirtschaftliche Wert ist enorm.
Pflanzen und Tiere sind die großen Vorbilder für Hightech-Produkte.

Roboter

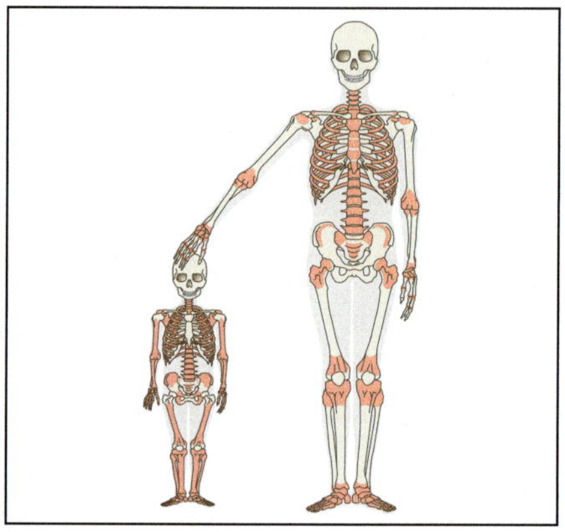

Vorbild Mensch

Vorbild Spinnennetz

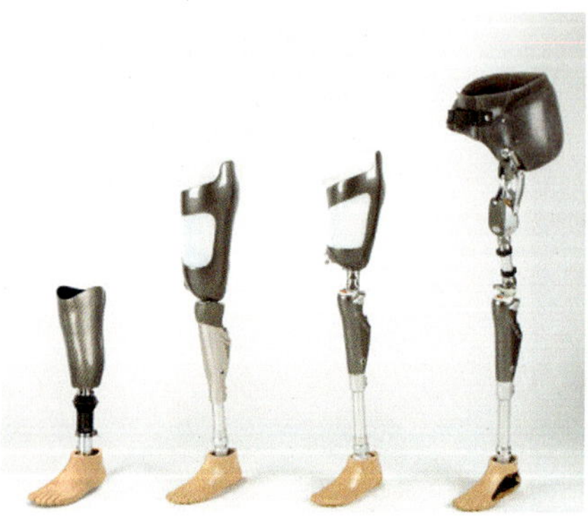

Prothesen

Roboter

Dachkonstruktion

Grundsätzlich ist eine Entwicklung ein beidseitiges Nutzen von vorhandenem Wissen und dem Analysieren von natürlichen Vorbildern. Wenn man vorhandenes Wissen auf die Natur anwendet, spricht man von **Biotechnik**. Wenn man natürliche Entwicklungen erkennt und technisch umsetzt, spricht man von **Bionik**.

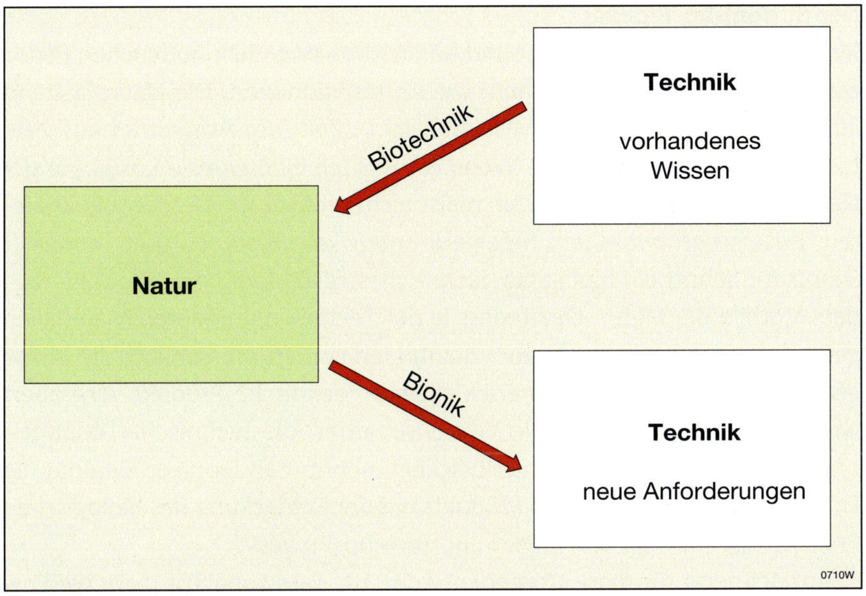

Die folgende Übersicht zeigt die verschiedenen Gebiete, in denen heute biologisch-technische Untersuchungen mit dem Zweck einer technischen Nutzung für den Menschen tätig sind:

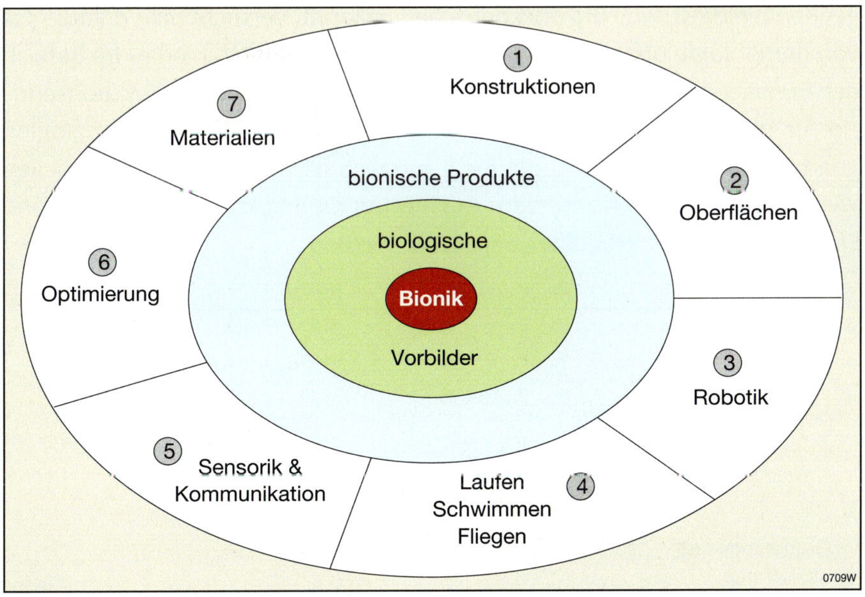

1. Beschreibe das grundlegende Anliegen der Bionik.

Methodisches Vorgehen
Um geordnet in dem Erkennen und technischen Umsetzen vorzugehen, haben sich zwei Herangehensweisen entwickelt, der Bottom-up-Prozess, auch Analogiebionik genannt, und der Top-down-Prozess (Abstraktionsbionik).

Der Bottom-up-Prozess
Biologen sind Wissenschaftler und damit neugierig. Sie untersuchen Pflanzen und Tiere, um zu verstehen, wie sie funktionieren. Die Natur hatte in ihrer Entwicklung circa 3,8 Milliarden Jahre Zeit, um Antworten auf viele technische Fragen zu finden. Wenn ein Biologe eine geniale Lösung in der Natur gefunden hat, kann er sie meist nicht einfach für die Technik kopieren. Zusammen mit einem Ingenieur entwickeln Biologen und Techniker Schritt für Schritt ein biologisch-technisches, also bionisches, Produkt nach dem Vorbild der Natur. Dazu muss in der Technik mit anderen Materialien gebaut werden als in der Natur vorzufinden ist. Oft müssen kleinste biologische Strukturen für das zu entwickelnde technische Produkt vergrößert werden oder umgekehrt. Die Wissenschaftler, die technische Lösungen nach biologischen Vorbildern entwickeln, nennt man Bioniker. Beginnt die Entwicklung eines bionischen Produkts mit der Entdeckung des biologischen Prinzips, spricht man von einem „Bottom-up-Prozess".
Kennzeichnend für diese Vorgehensweise ist, dass zunächst nicht die Entwicklung eines Produkts, sondern die Untersuchung eines biologischen Prinzips im Vordergrund steht.
Die Wissenschaftler analysieren zuerst, welche Gesetzmäßigkeiten einem biologischem Vorgang oder Prinzip zugrunde liegen. Solche Untersuchungen liefern zunächst neue Erkenntnisse im Bereich der Biologie. Sind die grundlegenden biologischen Funktionsprinzipien bekannt, versucht man daraus, das von der Biologie unabhängige Funktionsprinzip zu abstrahieren. Im Bereich der Ingenieurwissenschaften wird dann angestrebt, dieses Funktionsprinzip für technische Produkte zu nutzen. Dabei wird vielfach mit Analogien gearbeitet, da es in der Regel nicht möglich ist, die gleichen Materialien wie in der Biologie einzusetzen. Auch muss die Funktion dem Zweck und Einsatzbereich des Produktes angepasst werden.

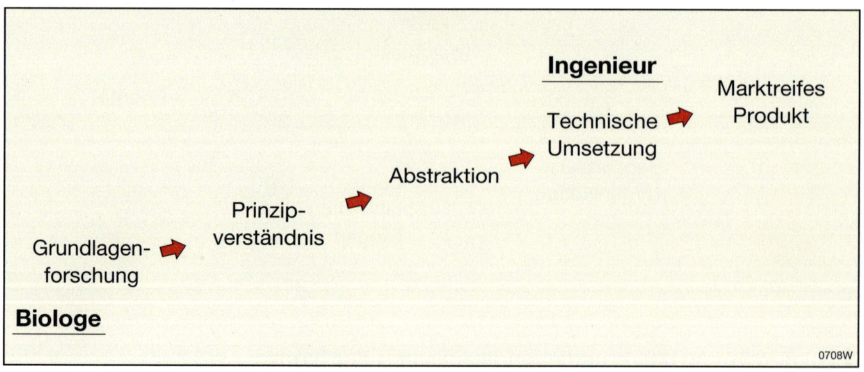

Klettfrucht

Das Vorbild aus der Natur: Klettfrucht und Tierfell

Der Schweizer Ingenieur George de Mestral (1907–1990) ging gerne mit seinem Hund zu Jagdausflügen. Am Abend hingen zahlreiche Klettfrüchte an seiner Kleidung und im Fell seines Hundes. Er untersuchte die Kletten unter dem Mikroskop. Dabei entdeckte er an den Klettfrüchten kleine Häkchen. Diese Häkchen sind so elastisch, dass sie auch dann nicht kaputt gehen, wenn man sie aus dem Fell herauszieht oder von der Kleidung löst.

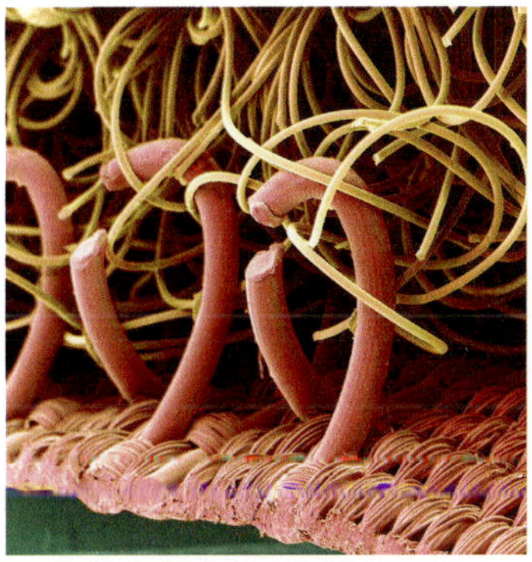

Schema Klettverschluss

Das bionische Produkt: Der Klettverschluss

Nach dem Vorbild der Klettfrüchte im Tierfell entwickelte George de Mestral innerhalb von acht Jahren nach der Entdeckung des Prinzips den Klettverschluss. Er meldete seine Erfindung 1955 in der Schweiz zum Patent an. Der Klettverschluss besteht aus einem Hakenband, das wie die Klettfrucht eine große Zahl von elastischen Häkchen besitzt. Das Flauschband entspricht dem Tierfell und besteht aus vielen feinen geschlossenen Schlingen, die sich in den Häkchen verfangen können. Der Klettverschluss stellt heute das bekannteste und erfolgreichste bionische Produkt dar.

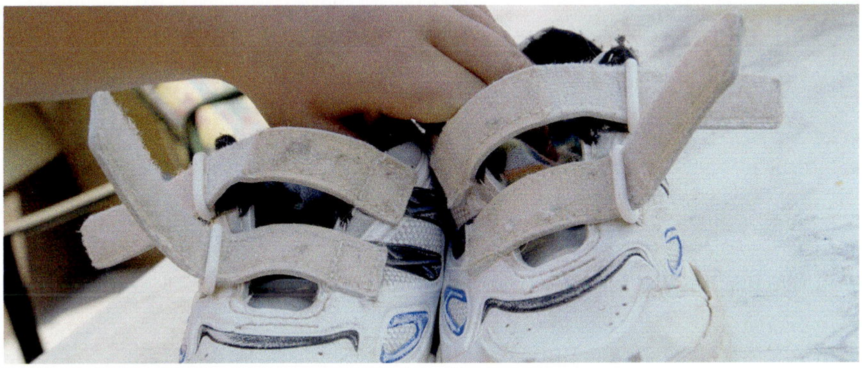

Klettverschluss

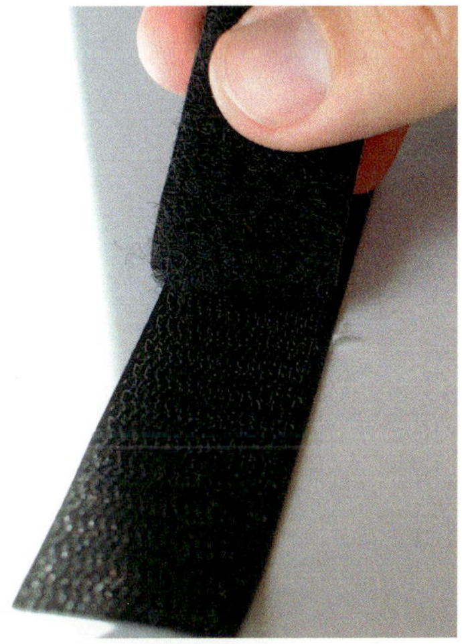

Klettverschluss

1. Beschreibe das Wirkprinzip eines Klettverschlusses.

Der Top-down-Prozess

Wie können Ingenieure technische Probleme lösen? Manchmal nimmt der Ingenieur Kontakt zu einem Biologen auf. Zusammen können beide herausfinden, ob die Natur dieses Problem im Laufe der 3,8 Milliarden Jahre biologischer Entwicklungszeit bereits gelöst hat. Aus der gemeinsamen Arbeit können neue Lösungsvorschläge für technische Fragen oder Verbesserungsvorschläge für bereits bestehende Produkte entstehen. Ein solcher bionischer Entwicklungsprozess, bei dem ein bereits bestehendes funktionierendes technisches Produkt durch die Übertragung biologischer Prinzipien neue oder verbesserte Funktionen erhält, nennt man Top-down-Prozess.

Die Vorgehensweise beim Top-down-Prozess ist genau umgekehrt wie beim Bottom-up-Prozess. Am Anfang steht hier eine technische Problemstellung. Für einen bestimmten Zweck soll ein neues Produkt entwickelt oder ein vorhandenes verbessert werden. Im Vordergrund steht also zunächst eine ingenieurtechnische Aufgabenstellung.

Zur Lösung der technischen Problemstellung analysiert nun der Ingenieur, wo geeignete Funktionsprinzipien zu finden sind. Dabei wird auch auf die Erfahrungen von Biologen zurückgegriffen. Sind geeignet erscheinende biologische Funktionsprinzipien gefunden, versucht man, sie nun für das zu entwickelnde Produkt zu nutzen und technisch umzusetzen.

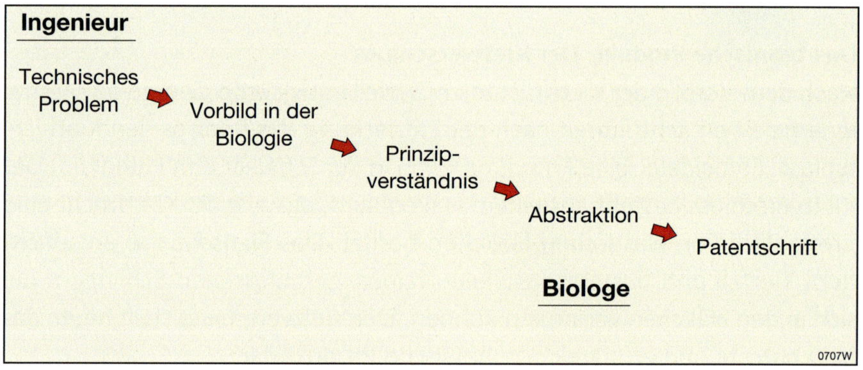

Ein Beispiel ist der „Bionische Streuer":

Der Münchner Biologe Raoul Heinrich Francé (1874–1943) hatte die Aufgabe bekommen, eine Bodenfläche gleichmäßig mit „Kleinstlebewesen" zu beimpfen. Aber alle entwickelten Streuer und Zerstäuber, die er ausprobierte, verteilten die Kleinstlebewesen nicht gleichmäßig genug. Weil er mit dem Ergebnis nicht zufrieden war, schaute er sich in der Natur um und nahm sich die Mohnkapsel als Vorbild.

Jede Mohnkapsel ist mit einer Vielzahl von Samenkörnern gefüllt. Sobald die auf einem langen Stängel sitzende Mohnkapsel durch Wind oder Berührung bewegt wird, fallen die Samen durch kleine Poren am oberen Ende der Kapsel heraus und werden gleichmäßig auf der Erde verteilt.

Mohnkapsel

Der nach dieser biologischen Vorgabe entwickelte Salzstreuer weist mittlerweile eine 100jährige Geschichte auf. Vor der Erfindung der Streuer wurde bisher Salz in einem Salzfass oder in einer geschmückten Schale in Form eines Schiffes, dem Salzschiff, serviert. Salz hat jedoch die Eigenschaft, Feuchtigkeit aus der Umgebungsluft aufzunehmen, sodass die Salzkörner miteinander verklumpen. Dies stand der Verwendung der Streuer lange im Wege. So gingen dem Streuer zuerst einmal verschiedene Erfindungen voraus, die dazu dienen sollten, entweder die Salzklumpen am Tisch wieder aufzubrechen oder das Verklumpen von vorneherein zu verhindern. Die ausschlaggebende Erfindung kam 1911. Der amerikanische Salzhersteller „Mortonsalt" entwickelte die Rieselfähigkeit des Salzes durch Zusatz von Trennmitteln. Ab diesem Zeitpunkt konnten sich die Salzstreuer als Hausgebrauchsgegenstände enorm weiterentwickeln.

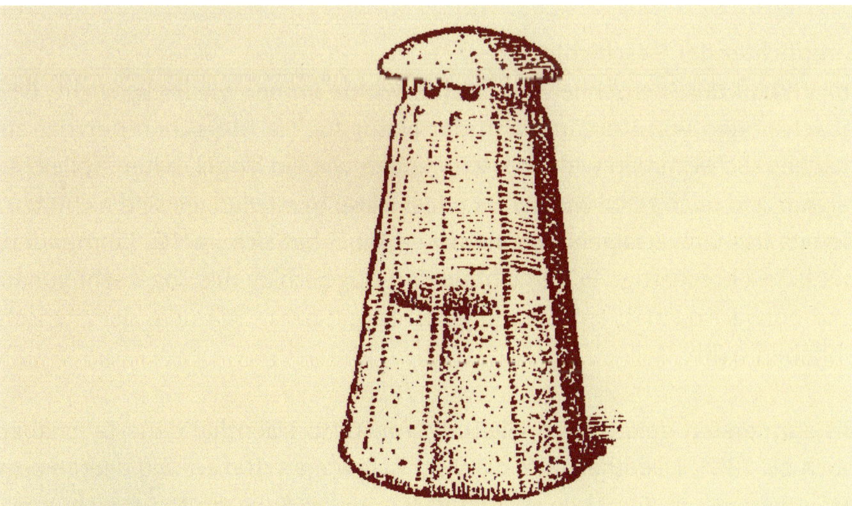

Entwurf eines Streuers von Francé

Moderner Salzstreuer

Vogelflug

Einsatzgebiete der Bionik
Die folgende Übersicht zeigt die verschiedenen Einsatzgebiete der Bionik:

Verfahrensbionik
- Baubionik
- Klimabionik
- Energiebionik
- Sensorbionik
- Bionische Kinematik und Dynamik

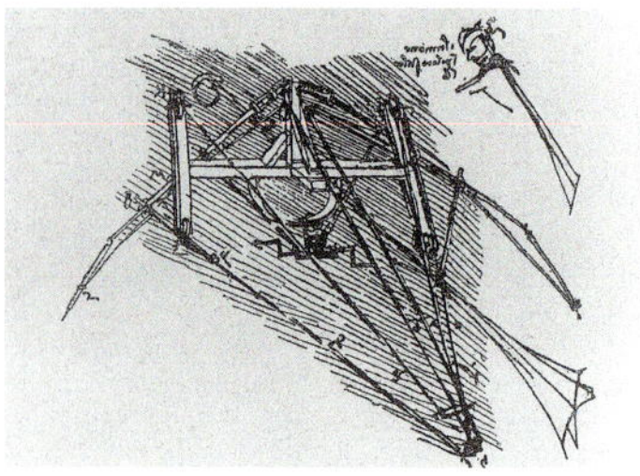

Skizze einer Flugmaschine von Leonardo da Vinci (16. Jahrhundert)

Informationsbionik
- Evolutionsbionik
- Organisationsbionik
- Prozessbionik
- Neurobionik

Konstruktionsbionik
- Materialbionik
- Gestaltungsbionik
- Bionische Robotik
- Bionische Prothetik
- Biomechatronik
- Medizinbionik

Erster Flugversuch von Otto Lilienthal

Marinebionik
- Unterwassersensorik und -kommunikation
- Unterwasser-Klebetechnologien
- Alternative Antriebssysteme
- Widerstandsminimierung
- Neue Werkstoffe

Streiflichter der Geschichte
Im Verlauf der Menschheitsgeschichte wurde immer wieder versucht, Beobachtungen von Vorgängen in der Natur für die Menschen nutzbar zu machen. Schwimmen wie ein Fisch, fliegen wie ein Vogel, bauen so leicht, filigran und doch stabil wie der Bambus! Diese Vorstellungen sind nicht neu. Bereits das Universalgenie Leonardo da Vinci hat sich im 16. Jahrhundert mit Bionik beschäftigt. Er betrachtete den Flügelschlag der Vögel sehr genau und entwarf nach ihrem Vorbild einen Flugapparat, mit dem der Mensch abheben sollte.

Bis zum ersten gelungenen Gleitflug von Otto Lilienthal dauerte es aber noch bis 1891. Lilienthal hatte die Vogelschwingen studiert und deren Form exakt vermessen. Er wurde allerdings dem Vorbild aus der Natur nicht ganz gerecht und starb bei einem Absturz 1896.

Beispiele für technische Lösungen aus der Natur

Der Hai

Der Hai muss sich ständig bewegen, um immer genügend Sauerstoff über die Kiemen aufnehmen zu können. Daher ist seine Fortbewegung so optimiert, dass er mit minimalem Energieeinsatz den Sauerstoffbedarf immer decken kann. Die Evolution hat ihm daher zu einer interessanten Lösung verholfen.

Hai

Die Haihaut ist nicht glatt, sondern sie ist mit vielen kleinen Schuppen bedeckt, die in Längsrichtung angeordnet sind und kleine Wirbel erzeugen. Diese Wirbel sorgen für ein energieeffizientes Gleiten im Wasser. Forscher haben diese Haihaut nachgebaut und in Strömungsbecken getestet. Sie haben ihr Modell der Haihaut durch ein Becken mit Babyöl gezogen und den Reibungswiderstand gemessen. Hierbei konnten sie einen geringeren Reibungswiderstand an der Haihaut, verglichen mit der glatten Beckenwand, nachweisen.
Auf die Anwendung in der Technik ergeben sich daraus eine Vielzahl von Möglichkeiten. Schiffrumpfbeschichtungen sparen Treibstoff, Schwimmanzüge erlauben bessere Wettkampfzeiten und sogar Versuche an Flugzeugen haben gezeigt, dass Passagiermaschinen, mit einer Kunststofffolie nach Haihautvorlage beschichtet, energieeffizienter betrieben werden können.

Haihaut mit vielen kleinen Schuppen

Der Sandfisch in der Sahara

Er hat sich den spezifischen Bedingungen angepasst. Um sich im lockeren Sand bewegen zu können, hat er eine extrem glatte Schuppenhaut. Sie hat einen geringeren Reibungskoeffizienten als polierter Stahl.

Sandfisch

Der Flügel eines Storchs

In der Flugzeugindustrie hat man zur Verringerung der Verlustenergie durch Luftwirbel Lösungen entwickelt, die auf Untersuchungen von Vögeln beruhen. So haben einige Vogelarten (z. B. Storch, Mäusebussard) am Ende der Flügel aufgespreizte Schwungfedern. Diese verringern die Luftwirbel am Flügelrand und damit die Verlustenergie. Das wurde im Windkanal untersucht und festgestellt, dass anstelle eines großen Randwirbels mehrere kleinere Wirbel entstehen und der Energieverlust wesentlich geringer ist. Auf der Grundlage dieser Erfahrung baut man Segelflugzeuge, die am Ende der Flügel ebenfalls eine Flügelspreizung besitzen.

Storch

Mäusebussard

Segelflugzeug

Segelflugzeug mit Flügelspreizung

Der Lotuseffekt

Die Lotuspflanze besitzt die Fähigkeit, ihre Blätter immer makellos sauber zu halten. Auf der Blüte und den Blättern wird sogar gut haftendes Farbpulver vom Wasser einfach weggespült und selbst Klebstoff bleibt an der Oberfläche nicht haften. Der Grund liegt in einer mikroskopisch kleinen Noppenstruktur der Blattoberfläche kombiniert mit einer Beschichtung aus Wachs. Aufliegende Schmutzpartikel werden dadurch sehr leicht weggespült, da die leichte Oberflächenspannung des Wassers erhalten bleibt und abperlt. Als Anwendungen ist es mittlerweile gelungen, die Oberflächenstruktur im Nanobereich nachzubilden und auf kommerzielle Produkte wie selbstreinigende Dachziegel und selbstreinigende Fassadenfarbe zu übertragen.

Lotuspflanze

Wasser perlt ab

Selbstreinigende Fassadenfarbe

Lotuspflanze mit Blüte

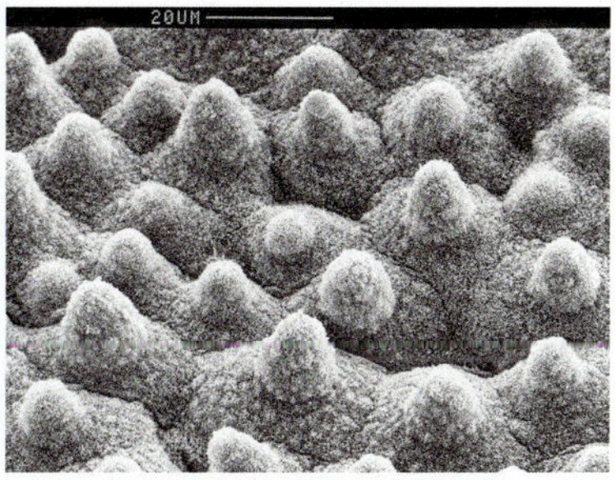

Struktur der Blattoberfläche

1. Erkunde Beispiele, wo der Lotoseffekt schon technisch genutzt wird.

Leichtbau: leicht, leichter, Pflanzenhalm

Ein Baukonzept, das die Natur an vielen Stellen realisiert hat, ist der Leichtbau. Er steht geradezu für eines ihrer Grundprinzipien: Maximale Effizienz bei minimalem Energie- und Materialverbrauch. Bioniker haben deshalb den Ehrgeiz, einen Werkstoff zu entwickeln, der mindestens so stabil, tragfähig und zugleich flexibel ist wie Stahl, aber vor allem eines: deutlich leichter.

Die Freiburger Biologen Thomas und Olga Speck sowie ihr Mitstreiter Markus Milwich vom Institut für Textil- und Verfahrenstechnik Denkendorf fanden ihre natürlichen Leichtbau-Vorbilder bei mehreren Pflanzenhalmen, u.a. dem Winterschachtelhalm. Seine Leichtbauweise ist sofort ersichtlich: Der Halm ist nicht nur hohl, sondern hat eine im Vergleich zum Durchmesser des Halms extrem dünne Wand, die zudem in Längsrichtung von hohlen Kanälen durchzogen ist. Ultraleicht! Diese Pflanze macht also vor, wie ein Profil Material sparend und zugleich stabil sein kann: durch eine Doppelringstruktur mit verbindenden Stegen. Darüber hinaus haben die Wissenschaftler in einem verholzten Gras, dem Pfahlrohr, Hinweise gefunden, wie Materialien aussehen können, die trotz großer dynamischer Belastungen in ihrer Verbundstruktur intakt bleiben. Die Forschungen mündeten schließlich in einem patentierten Produkt: der Technische Pflanzenhalm. Er ist leicht und stabil und damit hervorragend geeignet für den Einsatz in Luft- und Raumfahrt, in der Architektur oder im Fahrzeugbau.

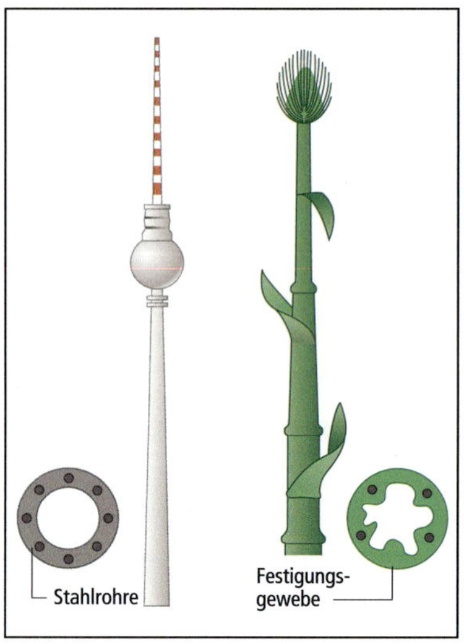

Winterschachtelhalm

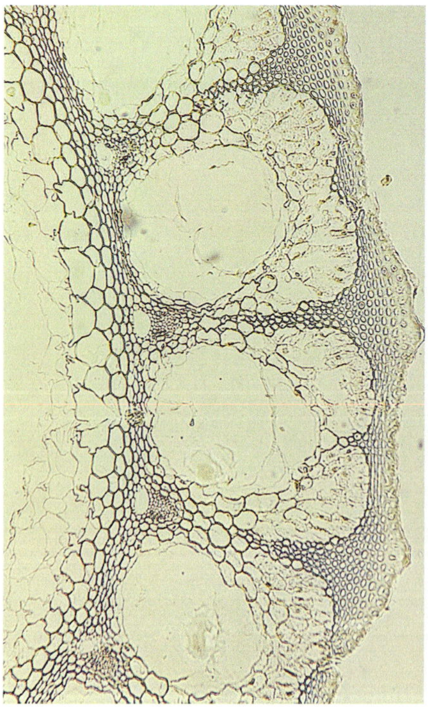

Querschnitt eines Winterschachtelhalms

Pflanzenhalm als Vorbild

Inneres des Kristallpalastes von Paxton

Kristallpalast von außen

Brückenkonstruktion

Leichtbau in der Architektur

Leichtbaukonstruktionen

Leichtbau und Material sparendes Bauen sind in der biologischen Welt selbstverständlich und kann in vielen Bereichen Vorbild sein.

Für die Weltausstellung 1851 in London baute Paxton den Kristallpalast als Ausstellungsgebäude und Wahrzeichen. Mit konstruktivem Interesse hatte Paxton, ein gelernter Gärtner, zuvor die Tragekonstruktion der Blätter der Riesenseerose untersucht. Auf der Blattunterseite laufen große Rippen radial vom Mittelpunkt zum Blattrand hin. Als aussteifende Elemente dienen senkrecht dazu angeordnete kleinere Rippen. Zusammen trägt die Skelettstruktur die Blattoberfläche und bei Bedarf auch noch das Gewicht von zwei Kindern dazu. Der Kristallpalast hat zwar keine radial verlaufenden Elemente, aber die Hierarchie der Träger ist von der Seerose übernommen. Auch die statisch wirksamen Faltungen seiner Glaskonstruktionen könnte sich Paxton zuvor bei der Pflanzenwelt abgeguckt haben.

1. Beschreibe das Wirkprinzip von Leichtbaukonstruktionen.

2. Welche wirtschaftliche Bedeutung haben Leichtbaukonstruktionen?

Bionischer Handling-Assistent: frei und beweglich

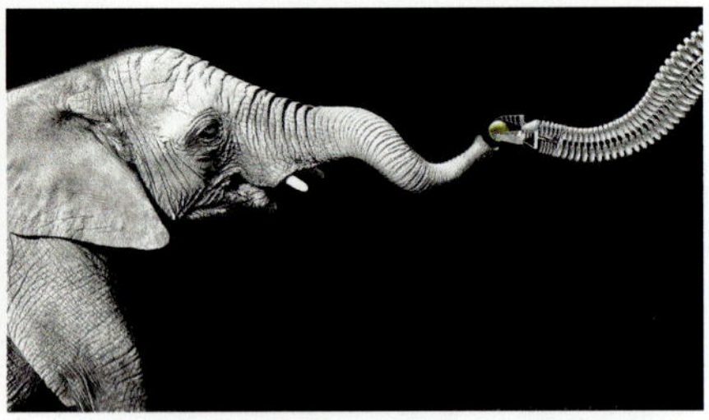

Bionischer Handling-Assistent: einem Elefanten-Rüssel nachempfunden

Biomechatronik

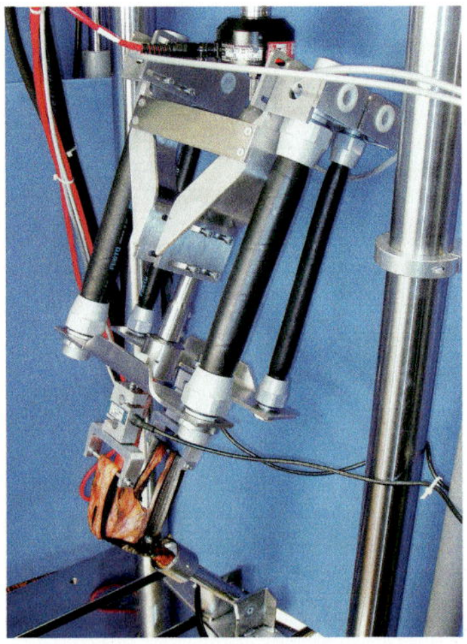

Kniegelenkssimulation mit pneumatischem Muskel (www.festo.com)

Fortbewegung beruht in der Natur fast ausschließlich auf Translation, denn höhere tierische Organismen werden vom Muskel angetrieben, der nur zur Verkürzung fähig ist. Es liegt also nahe, den Feinbau des Muskels unter dem Aspekt der Verknüpfung vieler kleiner kraft- und bewegungserzeugender Einheiten zu untersuchen, Modelle zu bilden, die Funktionsweise zu simulieren und auf technisch erzeugbare Energiewandlungsstrukturen zu übertragen.

Ausgehend von dieser Erkenntnis wurde ein völlig neuartiger pneumatischer Antrieb, der pneumatische Muskel, entwickelt. Die bionischen Muskeln bestehen im Wesentlichen aus einem hohlen Elastomerzylinder. Wird er mit Luft befüllt, vergrößert sich dieser im Durchmesser und wird in der Länge kontrahiert. Dadurch wird eine fließend-elastische Bewegung ermöglicht. Durch diese Konstruktion werden Bewegungsabläufe möglich, die der menschlichen Bewegung nahe kommen. Diese Konstruktionen sind sehr robust und auch unter extremen Bedingungen wie Staubbelastung einsetzbar.

Auf der Grundlage der Analyse der Struktur und Funktionsweise eines Elefantenrüssels wurde ein **bionischer Handling-Assistent** entwickelt. Im Unterschied zu herkömmlichen Handlungssystemen (z. B. Roboter), die im Wesentlichen mit einer Kombination von linearen Bewegungen arbeiten, ist der Assistent in allen Ebenen frei beweglich. Aufgrund seiner Nachgiebigkeit verringert sich auch die Unfallgefahr bei Kontakten zwischen Mensch und Maschine. Damit lässt sich das System auch dort einsetzen, wo ein enges Zusammenwirken von Mensch und Maschine notwendig ist, so in der Medizintechnik, als Hilfsmittel für Behinderte, bei Montagearbeiten im Produktionsprozess, aber auch zu vielfältigen Tätigkeiten im Haushalt.

1. Beschreibe die Vorteile eines bionischen Handlungs-Assistenten gegenüber einem herkömmlichen Roboter.

2. Nenne Beispiele für einen möglichen Einsatz eines solchen Assistenten, für die ein Roboter ungeeignet wäre.

Aerodynamischer Leichtbau

Das Fliegen nach dem Vorbild eines Vogels ist schon lange ein Traum der Menschen. Es gab schon viele Versuche, mit künstlichen Flügeln in die Lüfte zu steigen. Diese Versuche endeten meist tragisch.

In jüngster Zeit ist es gelungen, auf der Grundlage von Beobachtungen des Fluges der Silbermöwe ein leistungsfähiges Flugmodell zu entwickeln. Es ist sehr leicht und besitzt eine sehr gute Aerodynamik. Es kann ohne zusätzlichen Antrieb starten, fliegen und landen. Beim Flug schlagen die Flügel nicht nur, sondern können sich zielgerichtet verdrehen und damit das Flugzeug steuern.

Ikarus und Daedalus

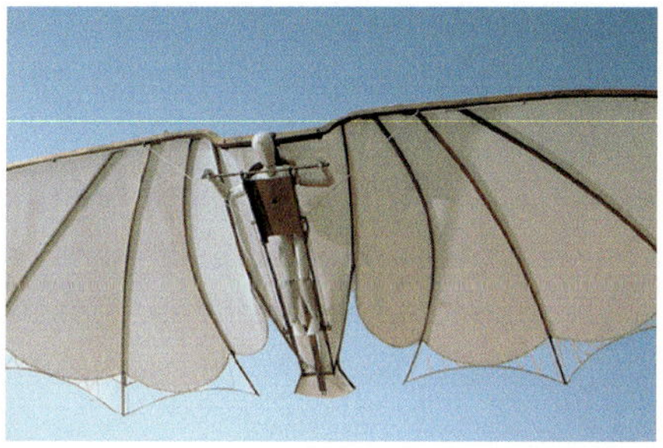

Modell nach Leonardo da Vinci, 16. Jahrhundert

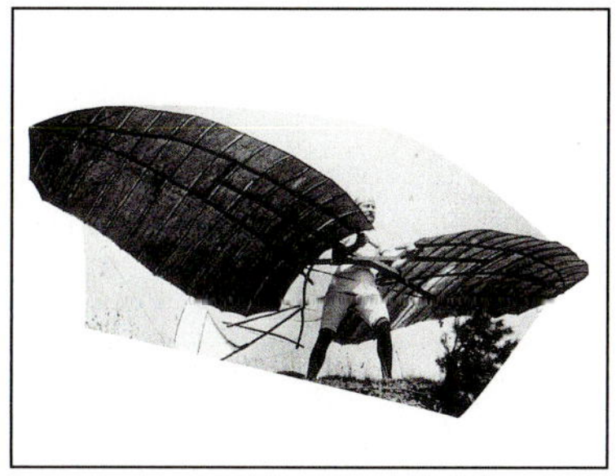

Flugapparat von Otto Lilienthal, 1891

Zeppelin, 1900

Drachenflieger

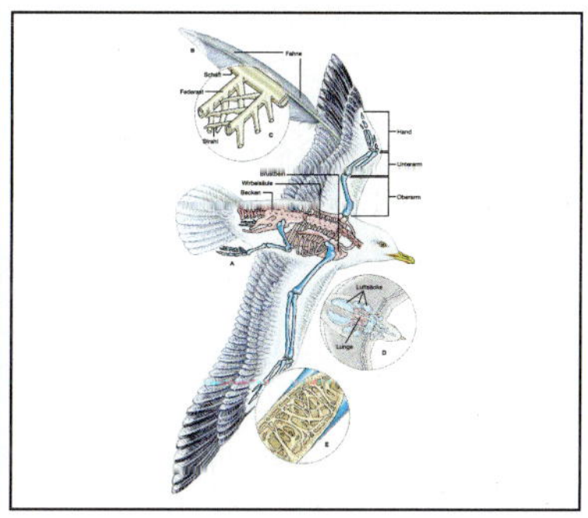

Skelett

Segelflieger

Silbermöwe

Modellflugzeug aus Balsaholz

Der Schwerpunkt dieses Kapitels liegt in der Darstellung absehbarer Perspektiven bei der Energieversorgung sowie bei der Entwicklung neuer Anlagen und Geräte auf der Grundlage der Analyse von Naturerscheinungen. In diesem Zusammenhang habt ihr kennengelernt,

- was regenerative Energien sind und welche Bedeutung sie für die Energieversorgung haben,
- welche verschiedenen Formen der Nutzung von regenerativen Energien es gibt,
- wie Anlagen für die Erzeugung regenerativer Energien prinzipiell funktionieren,
- welche globalen und regionalen Möglichkeiten es für die Nutzung regenerativer Energien gibt,
- welche wirtschaftlichen und technischen Probleme es beim Ausbau der regenerativen Energien gibt,
- welche prinzipielle Funktion die Bionik hat und welche Bedeutung sie für die Technikentwicklung hat,
- wie z. B. Naturphänomene genutzt werden, um zu völlig neuen technischen Lösungen zu gelangen,
- wie bereits vorhandene Geräte und Anlagen funktionieren, die auf der Grundlage der Erkenntnisse der Bionik entwickelt wurden.

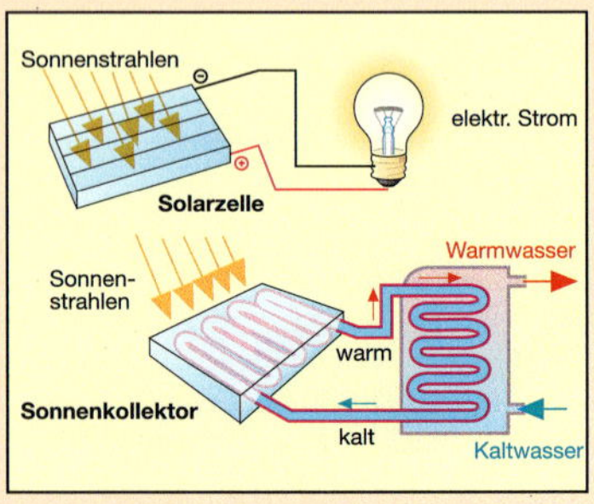

Solarzelle

Die folgenden Fragen und Aufgaben sollen dazu beitragen, das vorhandene Wissen zu festigen und zu vertiefen.

Hochspannungsleitung

1. Was versteht man unter regenerativen Energien?

2. Begründe die Notwendigkeit des wachsenden Einsatzes von regenerativen Energien für die Energieversorgung.

3. Beschreibe die Möglichkeiten der Nutzung regenerativer Energien im Haushalt.

4. Beschreibe die Funktionsweise einer Solarzelle.

5. Warum sind durch den Bau von Offshore-Windparks neue Hochspannungsleitungen von Nord- nach Süddeutschland notwendig?

6. Welche Stoffe sind für eine Biogasanlage nutzbar?

7. Warum gewinnt bei der Nutzung regenerativer Energien die Energiespeicherung besondere Bedeutung?

8. Beschreibe die Möglichkeit der Energiespeicherung mithilfe von Wasserstoff.

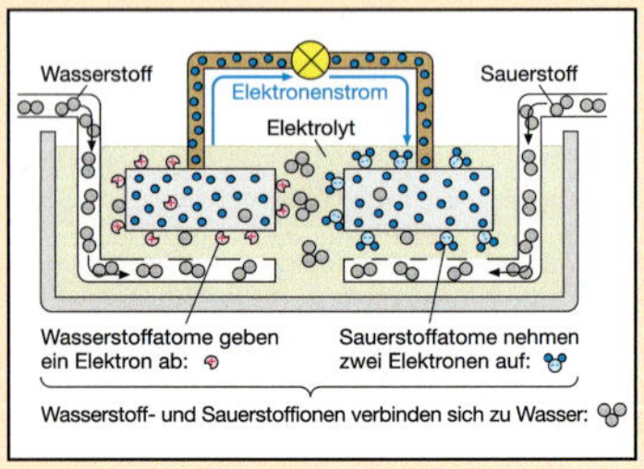

Schema einer Brennstoffzelle

9. Welche Regionen in Afrika wären für den Aufbau von Solaranlagen besonders geeignet? Begründe deine Aussage.

10. Beschreibe die prinzipielle Funktionsweise einer Biogasanlage.

11. Welche Aufgabe hat die Bionik?

12. Beschreibe an einem konkreten Beispiel, wie die Beobachtungen in der Natur für neue technische Lösungen genutzt wurden.

13. Konstruiert aus Schilf oder Bambus eine Leichtbaukonstruktion eines Gebäudes.

14. Für welche Aufgaben sind bionische Handlungsassistenten besonders geeignet, weil herkömmliche Roboter nicht eingesetzt werden können?

15. Erarbeite eine Tabelle zu den in der Technik bereits genutzten Erscheinungen aus der Natur und ordne sie Technikbereichen zu.

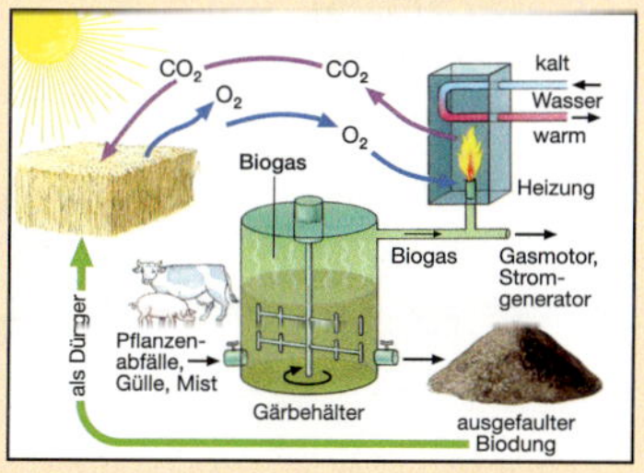

Biogasanlage

Bambushütte in Asien

Gebotszeichen

 Gebotsschild G1 nach DIN 40 008	 Vor Arbeitsbeginn freischalten	 Vor Öffnen Netzstecker ziehen	 Unterbrechungsfreie Stromversorgung nur für EDV-Anlagen	 Augenschutz tragen	 Schutzhelm tragen	 Gehörschutz tragen
 Atemschutz tragen	 Schutzschuhe tragen	 Schutzhandschuhe tragen	 Schutzkleidung tragen	 Gesichtsschild tragen	 Für Fußgänger	 Übergang benutzen

Warnzeichen

Es wird gearbeitet! Ort Entfernen des Schildes nur durch:	Hochspannung Lebensgefahr	Entladezeit länger als 1 Minute	Teil kann im Fehlerfall unter Spannung stehen

 Warnung vor feuergefährlichen Stoffen	 Warnung vor explosionsgefährlichen Stoffen	 Warnung vor giftigen Stoffen	 Warnung vor ätzenden Stoffen	 Warnung vor radioaktiven Stoffen oder ionisierenden Strahlen
 Warnung vor gefährlicher elektrischer Spannung	 Warnung vor explosionsfähiger Atmosphäre	 Warnung vor Gefahren durch Batterien	 Warnung vor elektromagnetischen Feldern	 Warnung vor einer Gefahrenstelle
 Warnung vor Laserstrahlen	 Warnung vor schwebenden Lasten	 Warnung vor Flurförderfahrzeugen	 Warnung vor brandfördernden Stoffen	 Warnung vor Kälte
 Warnung vor gesundheitsschädlichen oder reizenden Stoffen	 Warnung vor Gasflaschen	 Warnung vor Biogefährdung	 Warnung vor Quetschgefahr	 Warnung vor Handverletzungen
 Warnung vor Fräswelle	 Warnung vor automatischem Anlauf	 Warnung vor heißer Oberfläche	 Warnung vor Stolpergefahr	 Warnung vor Rutschgefahr

Aktor
Ein Bauteil, das elektrische Signale in Schaltbefehle umwandelt (z. B. Licht aus oder ein).

Antriebssysteme
Maschinen und Anlagen, die verschiedene Energieformen in kinetische Energie (Bewegungsenergie) umformen.

Biomasse
Bezeichnet zunächst die gesamte Masse der Lebewesen. Zur Biomasse zählt man sowohl lebende Pflanzen als auch abgestorbenes biologisches Material wie Holz, Stroh oder Mist. Da sie sich immer wieder erneuern, bezeichnet man sie auch als nachwachsende Rohstoffe. Sie werden in zunehmendem Maße zur Energieerzeugung genutzt, z. B. als Biogas.

Biomechatronik
Befasst sich mit der Entwicklung von mechatronischen Produkten auf der Grundlage von Erkenntnissen der Biologie und Medizin. Sie ist eng verbunden mit der Robotik sowie der Mess-, Steuerungs- und Regelungstechnik.

Bionik
Der Begriff ist eine Zusammensetzung aus den Begriffen Biologie und Technik. Die Bionik befasst sich mit dem Zusammenhang von Natur und Technik. Bioniker untersuchen, wie für technische Aufgabenstellungen Prinzipien aus der Biologie genutzt werden können.

Brennstoffzelle
Wandelt Wasserstoff in elektrische Energie um.

CAD (engl. computer-aided-design)
Die computerunterstützte Konstruktion von Maschinen, Anlagen oder Gebäuden. Damit entfällt meist das zeitaufwändige Zeichnen per Hand. Veränderungen oder Ergänzungen können schnell und problemlos vorgenommen werden. Ursprünglich erfolgte die Darstellung in 2D. Heute wird meist die 3D-Darstellung genutzt. Für jeden Technikbereich gibt es dafür spezielle Computerprogramme, z. B. für Maschinenbau, Bauwesen, Elektrotechnik.

DIN
Abkürzung für das Deutsche Institut für Normung e. V., die bedeutendste nationale Normungsorganisation in der Bundesrepublik Deutschland. Die unter der Leitung von Arbeitsausschüssen dieser Normungsorganisation erarbeiteten Standards werden als DIN-Normen bezeichnet.

Dreitafelprojektion
Ein Verfahren der darstellenden Geometrie, um ein räumliches Objekt zeichnerisch in verschiedenen ebenen Ansichten darzustellen.

Duroplaste
Kunststoffe, die nach ihrer Aushärtung nicht mehr verformt werden können.

Einzelfertigung
Bei dieser Art der Fertigung wird in der Regel nur eine Einheit eines Produktes gleichzeitig hergestellt. Kein Erzeugnis gleicht völlig oder annähernd dem anderen.

Elastomere
Formfeste, aber elastisch verformbare Kunststoffe. Die Kunststoffe können sich bei Zug- und Druckbelastung elastisch verformen, finden aber danach wieder in ihre ursprüngliche Gestalt zurück. Elastomere finden Verwendung als Material für Reifen, Gummibänder usw.

Energie
Physikalische Größe, die in allen Bereichen unseres Lebens eine zentrale Rolle spielt. Sie wird in Joule gemessen.

Energieträger
Stoffe oder physikalische Vorgange, die Energie enthalten oder übertragen. Man unterscheidet Primärenergieträger und sekundäre Energieträger.

Energieumwandlungsmaschinen
Maschinen und Geräte, die die vorhandene Energie in eine für den Arbeitsvorgang notwendige Energie umwandeln, z. B. elektrische Energie in kinetische Energie zum Antrieb von Maschinen.

Forstnerbohrer
Dient zur Herstellung von planen Bohrungen mit größeren

Durchmessern (erhältliche Größen: ab 6 mm).

Fotovoltaik
Bezeichnung für Vorgänge zur direkten Umwandlung von Lichtenergie in elektrische Energie. Diese Umwandlung erfolgt in Solarzellen.

Gebrauchseigenschaften
Wichtige Eigenschaften eines Stoffes oder Produktes. Am Beispiel Papier: beschreibbar, bedruckbar, saugfähig (Aufsaugen der Farbe, Tinte).

Geothermie
Die Wärme, die im zugänglichen Teil der Erdkruste gespeichert ist. Sie zählt zu den regenerativen Energien. Sie wird entweder zur Wärmeerzeugung mit Wärmepumpen oder auch zur Erzeugung von Elektroenergie genutzt.

Hybridantrieb
Antriebsform besonders bei Fahrzeugen, bei denen ein Elektromotor und ein Verbrennungsmotor kombiniert werden.

Hydraulik
Geräte und Maschinen, bei denen Flüssigkeit zur Energieübertragung genutzt wird.

Insel- bzw. Gruppenfertigung
Bei dieser Form der Fertigung werden alle Einzelteile in Inseln/Gruppen angefertigt und anschließend montiert.

ISO
Abkürzung für die Internationale Organisation für Normung – die internationale Vereinigung von Normungsorganisationen. Sie erarbeitet internationale Normen in allen Bereichen mit Ausnahme der Elektrik und der Elektronik.

Leuchtdioden (LED = Light Emitting Diode)
Halbleiterbauelemente wie Dioden, die in Durchlassrichtung elektromagnetische Wellen im sichtbaren Bereich aussenden, die dann als Licht erscheinen.

Maßhilfslinie
Hilfslinien, die ca. 2 mm über die Maßlinien hinaus und senkrecht zur Maßlinie stehen. Sie schließen an das zu bemaßende Element an. Maßlinien und Maßhilfslinien von unterschiedlichen Maßen sollen sich möglichst nicht kreuzen.

Maßlinie
Verläuft parallel zur Werkstückkante im Abstand von ca. 10 mm und schließt an die Maßhilfslinie an. Mehrere parallele Maßlinien haben zueinander einen Abstand von jeweils 7 mm.

Maßlinienbegrenzung
Als Maßlinienbegrenzung werden im Maschinenbau ausgefüllte Maßpfeile verwendet. Bei der Liniengruppe 0,5 sind sie ca. 2,5 mm lang und haben einen Öffnungswinkel von 15°.

Maßpfeil
Maßpfeile werden in der Regel zwischen die Maßhilfslinien gezeichnet. Bei Platzmangel werden sie von außen an die Maßhilfslinien geführt.

Maßzahl
Steht über der Maßlinie und zwischen den Maßhilfslinien. Maßzahlen haben die Einheit mm, diese wird jedoch nicht angegeben. Die Maße sind so einzutragen, dass sie von unten und von rechts lesbar sind. Maßzahlen werden in Normschrift geschrieben.

Perspektive
Von lateinisch perspicere = hindurchsehen, hindurchblicken; die Möglichkeit, dreidimensionale Objekte auf einer zweidimensionalen Fläche so abzubilden, dass dennoch ein räumlicher Eindruck entsteht.

Recycling
Von englisch recycle = wiederverwerten; Vorgang, bei dem aus gebrauchten, defekten, nicht mehr benötigten Produkten (meist Abfall) ein Sekundärrohstoff wird.

Reihenfertigung
Hier sind die Materialien und Werkzeuge in der Reihenfolge der Arbeitsgänge angeordnet. Jeder hat eine bestimmte Aufgabe im Fertigungsprozess.

Schaltpläne
Zeichnungen zum Aufbau elektrotechnischer Anlagen.

Sekundärrohstoffe
Rohstoffe, die durch Aufarbeitung (Recycling) aus Abfällen gewonnen werden und als Ausgangsstoffe für neue Produkte dienen.

Sensoren
Elektronische Bauteile, die physikalische Größen wie Licht, Wärme, Druck, Schall usw. in elektrische Größen umwandeln. Sie sind in Messfühlern enthalten und ermöglichen die Messung physikalischer Größen durch elektrische Messgeräte. Sie sind eine wichtige Voraussetzung zur Automatisierung von Produktionsprozessen.

Skizze
Der Versuch der Darstellung einer Idee, auch ein Entwurf, ein Konzept, ein erster Überblick. Sie wird freihändig und ohne zeichnerische Hilfsmittel (Lineal usw.) angefertigt.

Solarthermie
Verfahren, bei denen die Sonnenenergie zur Erzeugung von Wärmeenergie (z. B. Dampf) genutzt wird. Diese Wärmeenergie verwendet man dann zum Antrieb von Turbinen für die Stromerzeugung.

Spiralbohrer
Bohrer mit einer kegelförmigen Schneide, üblich ist ein Spitzenwinkel von 118° (HSS-Bohrer) oder 135° (Hartmetallbohrer). Da die Schneidengeometrie auf die Bearbeitung von Metallen ausgelegt ist, wird dieser Typ auch als Metallbohrer bezeichnet. Es lassen sich mit ihm zwar auch Kunststoffe und Hölzer zerspanen, doch dafür eignen sich spezielle Bohrer wesentlich besser.

Steuerungs- und Regelungstechnik
Durch eine Steuerung werden in einem Gerät oder in einer Anlage veränderliche Größen zielgerichtet beeinflusst, um ein bestimmtes Ergebnis zu erreichen. Durch eine bestimmte Eingangsgröße, z. B. Schalter- oder Ventilstellung, wird eine bestimmte Ausgangsgröße, z. B Licht, Druck, Temperatur, gesteuert. Bei einer Regelung erfolgt eine Rückkopplung, ob der vorgesehene Wert erreicht wurde oder eine Korrektur notwendig ist.

Technische Zeichnung
Laut DIN 199 „eine Zeichnung in der für technische Zwecke erforderlichen Art und Vollständigkeit, z. B. durch Einhaltung von Darstellungsregeln und Maßeintragungen."

Thermoplaste
Kunststoffe, auch Plastomere genannt, die sich in einem bestimmten Temperaturbereich (thermo-plastisch) verformen lassen.

Thyristor
Halbleiterbauelemente, die aus vier oder mehr Halbleiterschichten bestehen. Es sind einschaltbare Bauelemente. Sie können durch einen kleinen Gatestrom eingeschaltet werden. Nach dem Einschalten bleibt der Thyristor auch ohne Gatestrom leitend. Sie werden in elektrischen Haushaltsgeräten eingesetzt. Sie können aber auch in Hochleistungsanlagen wie Antrieb in Elektrolokomotiven (ICE) und bei der Hochspannung-Gleichstrom-Übertragung genutzt werden.

Transistor
Elektronisches Bauelement zum Schalten und Verstärken von elektrischen Signalen. Es ist das wichtigste Bauelement in elektronischen Schaltungen. Eine besondere Bedeutung haben Transistoren in integrierten Schaltkreisen der Mikroelektronik.

Verknüpfungsschaltungen
In der Technik ist es meist notwendig, analoge Signale in digitale umzuwandeln, da nur diese mit elektrischen Schaltungen bearbeitet werden können. Digitale Signale haben in der Regel nur zwei Werte: 1 und 0 oder H und L. Um auf dieser Grundlage verschiedene Schaltfunktionen realisieren zu können, nutzt man Verknüpfungsschaltungen wie UND, ODER, NICHT, NAND, NOR

Wirkungsgrad
Bezeichnet das Verhältnis von abgegebener Leistung zur zugeführten Leistung

$$\eta = \frac{P_{ab}}{P_{zu}}$$

A. Friedr. Flender AG, Bocholt: 62 M1, 81 M1;
action press, Hamburg: 154 M1 (G. Gajanin);
adpic Bildagentur, Bonn: 6 Mi. (M. Schenkelberg);
AgroConcept GmbH, Bonn: 148 M2;
akg-images GmbH, Berlin: 74 M3, 160 M2;
alimdi.net, Deisenhofen: 79 M1 (O. Maksymenko);
Anders ARTig, Braunschweig: 15 M1, 52 M1;
argus, Hamburg: 67 M2 (H. Schwarzbach), 99 M3 (P. Frischmuth);
Autorenteam Hannover, Hannover: 94 M3;
BAM Bundesanstalt für Materialforschung und -prüfung, Berlin: 91 M3;
Bildagentur Geduldig, Maulbronn: 149.2, 167.4;
Bildagentur Huber, Garmisch-Partenkirchen: 10 M2;
bildagentur-online, Burgkunstadt: 167.5 (TIPS/Vandystadt);
Bildarchiv Monheim, Krefeld: 94 M2 (F. Monheim);
Bildarchiv Werner-von-Siemens Institut: 74.1;
Blickwinkel, Witten: 157.2 (K. Thomas);
BSH Bosch und Siemens Hausgeräte, München: 102 M2;
Caro Fotoagentur, Berlin: 3 u. + 17 M1 + 136 M1 (R. Oberhaeuser), 72.6 (Oberhaeuser), 89 M2 (Bastian), 99 M1 (Teich);
Connolly, P., Spalding: 82 M1;
ContiTech AG, Hannover: 81 M2;
Corbis, Düsseldorf: 11.1 (Fleumer), 94.2 (© B. Barbier/Robert Harding World Imagery), 100/101 (G. Mendel), 163.1 (W. Kaehler);
ddp images, Hamburg: 28 M2 (J. Schlüter), 72.3 (Solar Systems);
Deutsche Energie-Agentur, Berlin: 86 M1;
Deutsche Post, Bonn: 3 o. + 14 M1;
Deutsches Museum München, München: 160 M3, 167.1 + 3 + M1;
die bildstelle, Hamburg: 131 M2 (Rex Features Ltd.);
Dobers, J., Walsrode/Krelingen: 59 M1;
Druwe & Polastri, Weddel: 113 M1, 114 M1 +M3, 118.1 +2;
ecopix-Fotoagentur, Berlin: 73.6 (Heinrich);
Energieagentur NRW, Wuppertal: 56 u.;
Evers Betonbau, Markkleeberg: 89.1;
Ex, K., Ubstadt-Weiher: 96 M1;
eye of science, Reutlingen: 140 Mi. (O. Meckes/N. Ottawa), 157 M1;
Fabian, M., Hannover: 79 M2;
Feeken, H., Bad Zwischenahn: 24.1, 25 M1- M4, 26 M1, 111.1 + M1, 116 M1 + M2;
Fehmer, S., Cremlingen: 136.1, 136.2, 137.1 + 2;
Feldhaus, H.-J., Münster: 131.1;
Festo AG & Co. KG, Esslingen: 166.1 + 2 + M1;
Fix, W., Speyer: 94.1;
Focus, Hamburg: 161 M2 (Eye of Science/SPL);
fotolia.com, New York: Titel li. (Image Source), Titel re. u. (F. Pfluegl), 18.1 (goldbany), 74 M2 (A. Gutjahr), 77 M3 (G. Seybert), 89.2 (Peter38), 89 M1 (R. Wellmann), 92.1 (jomare), 92.2 (Sigtrix), 92 M1 (khorixas), 92 M2 (M. Langer), 96.1 (Aamon), 128 M3 Mi. (Kaarsten), 128 M3 li.o. (S. MacLeay), 128 M3 li.u., 138.2 (G. Grand), 147.1 (chaya1), 167.6 (ostracion);
Getty Images, München: 152.5 (N. Cope), 165 M1 (London Stereoscopic Company);
Gremme, T., Köln: 140/141;
Hagenmayer, G., Deggingen: 66.1;
Helga Lade Fotoagentur, Frankfurt/M.: 6 o. (J. M. Voss), 159 M1;
Henzler, Nürtingen: 14 M3, 30.1, 31.1, 44 M1;
Holfeld, U., Kleinsaubernitz: 135 M1 + M2;
Image & Design, B. Kumpe, Braunschweig: 19 M1 + M2, 19 M2, 26.1 - 4 + M1 + M2;
Institut für Kulturaustausch, Tübingen: 167.2;
Institut für Technikfolgenabschätzung und Systemanalyse, Karlsruhe: 60 M1;
iStockphoto, Calgary: 128 M3 (8), 131 M1, 131 M3 (S. Lavrentev), 169 M2 (Jen Harders);
IZE, Informationszentrale Elektrizitätswirtschaft, Frankfurt/M.: 72.2;
Keystone, Hamburg: 6/7 (Christian Jablinski), 150 M2 (J. Zick);
Kreuzburg, Armin, Braunschweig: 118 M1;
Kulkafoto - Mathias Kulka, Berlin: 151 M1;
Kull, U., Stuttgart: 165 M3;
Künstner, R., Halle: 15 M3;
Küppersbusch Hausgeräte, Gelsenkirchen: 82 M3;
laif, Köln: 11.2 (Ulutuncok), 56 o., 58 M2 (REA/M. Nascimento), 73.3 (Langrock/Zenit), 161 M1 (GAMMA);
Langner & Partner, Hemmingen: 42.1 + M1 + M2, 128 M1;
Liebherr-International Deutschland GmbH, Biberach an der Riss: 99 M2;
Linder, Dr. Philipp, Münster: 152.1 - 4 + 6;
Lüdecke, M., Berlin: 73.2;
Mader, F., Barsbüttel: 150 M1;
Martens, S. , Braunschweig: 15 M2;
mauritius images, Mittenwald: 3 Mi. + 64.1 (Nordic Photos), 8 M1 (STOCK4B), 62.1 (Kabes), 82 M2 (A. Marka), 100 u. (imagebroker/M. Peucker), 162.1 (AGE), 167 M3 (Haag + Kropp);
Media-Saturn-Holding, Ingolstadt: 127.1;
mediacolors, Zürich: 106 M1 (Baumann);
Meyer Werft, Papenburg: 153.1 + 2 (M. Wessels);
Miele & Cie., Gütersloh: 102 M1;
Naturbildportal, Hannover: 160 M1 (Aschemann);
Nees Institut für Biodiversität der Pflanzen, Bonn: 163.4 + M1 (Barthlott);
OKAPIA, Frankfurt/M.: 163.2;
Osram AG, München: 86.1;
Otto Bock HealthCare, Duderstadt: 154 M2;
Panther Media, München: 140 u. (Deutsche Bundesstiftung Umwelt), 161.1 (/H. Reimann);
Pechtel, D., Bremen: 127 M1;
photoplexus, Dortmund: 68.1 (Dirk Bauer);
Picture-Alliance, Frankfurt/M.: 14 M1 (ZB/P. Pleuel), 27 M1 (ZB/B. Settnik), 27 M2 (dpa/Keystone/M. Ruetschi), 28 M1 (dpa/H. von Heydenaber), 58 M1 (dpa/D. Karmann), 64.2 (ZB/W. Grubitzsch), 65.1 (dpa/Wagner), 65.2 (EPA/Molina), 67 M3 (dpa/D. Karmann), 67 M4 (dpa/TOSHIBA), 68 M1 (dpa/R. Weihrauch), 69 M3 (ZB/H. Schmidt), 70 M1 (UPPA/Gary Lee), 70 M3 (dpa/I. Wagner), 73.1 (ZB/P. Pleul), 73.4 (dpa/F. Schuh), 74 M1 (ZB/W. Thieme), 77 M1 (ZB/P. Förster), 77 M2 (Berlin Picture Gate/K. Keikus), 83.1 (dpa-Infografik), 88.3 (dpa/Auer), 142.1 (dpa-infografik), 149.1 (dpa/P. Seeger), 154.3 (dpa/I. Wagner), 154.4 (dpa/R. Jensen), 164.1 + 2 (Klett/A. Jung), 165.1 (imagestate/HIP/Museum of London), 168 M2 (dpa/F. Mächler);
Picturefile David Graham, Paris: 88.2;
PreussenElektra AG, Hannover: 72.1;
REpower Systems, Wedemark: 150 M3;
Rixe, D., Braunschweig: 59.2;
Rohloff AG, Fuldatal: 80.1;
RWE AG, Essen: 58.1;
Scheu, Konstanz: 165 M2;
Schmidt, G., Stromberg: 63 M2, 94 M1;
Schmidt, S.: 131 M4;
Schwanke + Raasch, Hannover: 150 M4;
Scharz, J., Bornheim: Titel re.Mi.;
SENERTEC, Schweinfurt: 72.4;
Shutterstock images, New York: Titel re.o. (K. Jaehne);
Siemens AG, München: 73.5, 128 M2, 147 M2;
Simper, M., Wennigsen: 100 Mi.;
Solar Millennium AG, Erlangen: 144 M1;
Solites, Stuttgart: 72.5;
Stache, M., Potsdam: 162.4;
Starke, A., Leipzig: 157.1, 159.1;
Teamwork, Hamburg: 4 o. + 145 M1 (K.-B. Karwasz);
Tegen, H., Hambühren: 63.1;
TopicMedia Service, Ottobrunn: 147 M1 (Spaeth);
Toyota Deutschland, Köln: 56 Mi., 76 M1;
TV-yesterday, München: 63 M1 (W. M. Weber);
TÜV SÜD, Stuttgart: 24;
ullstein bild, Berlin: 69 M2 (C.-W. Schmidt-Luchs), 78 M1 (Imagebroker.net/Rosseforp), 140 o. (Schellhorn), 157 M2 (imagebroker.net/U. Niehoff);
Uwe Schmid-Fotografie, Duisburg: 59.1;
vario images, Bonn: 69 M1, 129 M2;
velowerk.ch, Schaffhausen: 80 M1 (T. Lösch);
Visum, Hamburg: 56/57 (B. Goettlicher), 68.2 (PhotoXpress/M. Malinovsky), 154.2 (M. Kneffel/buchcover.com), 162.3 (Aufwind-Luftbilder);
Volkswagen AG, Wolfsburg: 63.2;
Wandmacher, I., Bad Schwartau: 10 M1;
Wefringhaus, K., Braunschweig: 129 M3 (8);
Weisflog, R., Cottbus: 65 M1, 148 M1;
Wildlife Bildagentur GmbH, Hamburg: 162.2 (R. Usher);

Alle übrigen Schaubilder und Grafiken: Westermann Technisch-Graphische Abteilung.